U0144865

# 生命教育
# 理論與實務
## 一素養導向

五南圖書出版公司 印行

# 總策劃序

　　這是一本生命教育「素養」教與學的專書。全書十六章依據生命教育五素養：終極關懷、價值思辨、靈性修養、哲學思考、人學探索撰稿。第一章由臺灣大學哲學系孫效智教授精心撰寫生命教育發展與內涵。孫效智教授對臺灣生命教育歷史發展的貢獻無人能取代，感謝孫教授百忙中爲這本書撰寫第一章，爲本書奠定扎根的基礎。期許生命教育任課教師能在授課時先就第一章生命教育發展與內涵傳授，讓學生們認識臺灣生命教育的發展，對生命教育之內涵有更正確的認識。第二章由總策劃黃雅文教授論述生命教育之教與學，以六頂思考帽閱讀法與共有體驗，強調省思、喚醒生命意義、生活實踐的重要。接下來每一素養有一章該素養概論之內容簡介，接著有兩章該素養的教學活動設計。主要由現任通識課程資深的生命教育授課教師撰寫。教育部已經將生命教育素養納入十二年國教高中以下課程教學中。期待本書的發行可以提供各級學校及大專師生生命教育素養教與學之教材。感謝屏科大張碧如教授與溫瓊芳碩士協助編輯初稿。願本書以生命教育素養爲基礎，使每個人成爲愛自己、傳播愛的天使！謹以本書獻給對生命教育有興趣者。榮耀我天上的父、生養育我的爸媽與深愛的逸群、泓毓、啓文、信長、信恩。

總策劃　黃雅文

東京大學博士

國立臺北教育大學生命教育與健康促進研究所創所所長

現任元培醫事科技大學醫務管理系講座教授

謹誌於 2022 年 2 月 8 日壬寅虎年新春

# 目　錄

總策劃序

第一章　臺灣生命教育的發展與內涵

　　第一節　生命教育的發展背景與歷程　　　　　　　001

　　第二節　生命教育的意義與內涵演進過程　　　　　006

　　第三節　生命教育五大核心素養　　　　　　　　　011

　　參考文獻　　　　　　　　　　　　　　　　　　　014

第二章　生命教育素養教與學──共有體驗與六頂思考帽閱讀
　　　　法之應用

　　第一部分　生命教育素養教與學　　　　　　　　　018

　　第一節　六頂思考帽閱讀法　　　　　　　　　　　018

　　第二節　共有體驗生命教育素養的教與學　　　　　024

　　第三節　共有體驗生命教育素養教與學模式　　　　033

　　第二部分　生命教育通識課程與教學分享　　　　　033

　　參考文獻　　　　　　　　　　　　　　　　　　　035

第三章　哲學思考

　　第一節　思考的模式　　　　　　　　　　　　　　041

第二節　避免思考謬誤　　　　　　　　042

第三節　學習正確思考　　　　　　　　045

第四節　思考的訓練　　　　　　　　　048

第五節　後設思考　　　　　　　　　　054

參考文獻　　　　　　　　　　　　　　056


第四章　教案：思考素養

第一節　學習內容　　　　　　　　　　057

第二節　教學活動設計　　　　　　　　065

參考文獻　　　　　　　　　　　　　　071


第五章　教案：後設思考

第一節　學習內容　　　　　　　　　　075

第二節　教學活動設計　　　　　　　　080

參考文獻　　　　　　　　　　　　　　085


第六章　人學探索概論

第一節　人學探索的內涵　　　　　　　089

第二節　人學探索的路徑　　　　　　　095

第三節　人學探索的趣味　　　　　　　104

參考文獻　　　　　　　　　　　　　　105

# 第七章　教案：情緒管理

第一節　認識情緒　107

第二節　情緒功能　109

第三節　生理、認知、行為與情緒之互相影響　110

第四節　情緒管理　111

參考文獻　117

# 第八章　教案：自殺防治與靈性健康

第一部分　自殺防治　119

第一節　學習內容　119

第二節　教學活動設計　131

參考文獻　134

第二部分　正向思考與靈性健康　137

第一節　學習內容　137

第二節　靈性健康　138

第三節　正向思考的教學活動　141

參考文獻　143

# 第九章　終極關懷

第一節　人生目的與意義　145

第二節　生死關懷與實踐　148

第三節　終極信念與宗教　153

第四節　結論　157

參考文獻　157


第十章　教案：生與死的終極關懷

第一部分　死亡的意義與學習面對死亡　159

第一節　學習內容　159

第二節　教學活動設計　167

第二部分　生命的意義與生命關懷之實踐　170

第一節　學習內容　170

第二節　教學活動設計：改寫生命的故事　173

參考文獻　175


第十一章　教案：生命意義感與藥物濫用防制

第一部分　教案：生命意義感　177

第一節　學習內容　177

第二節　教學活動設計　179

參考文獻　182

第二部分　藥物濫用預防　183

第一節　學習內容　183

第二節　教學活動設計　188

參考文獻　195

## 第十二章　價值思辨概論

第一部分　價值思辨　　197

第一節　價值思辨的重要性　　197

第二節　道德哲學與兩難情境的思考　　199

第三節　如何進行價值思辨的教學　　201

參考文獻　　203

第二部分　生活美學的省思　　204

第一節　美感經驗　　204

第二節　生活美學　　206

第三節　生活美學反思在生命教育素養的呈現　　207

參考文獻　　208

## 第十三章　教案：道德哲學的素養

第一節　學習內容　　212

第二節　教學活動設計　　214

參考文獻　　221

## 第十四章　教案：生活與生命美學

第一部分　生活美學　　223

第一節　學習內容　　223

第二節　教學活動設計　　227

參考文獻　　237

第二部分　生命美學　　　　　　　　　　　　　　　　238

　第一節　學習內容：以繪本融入生命美學　　　239

　參考文獻　　　　　　　　　　　　　　　　　242


第十五章　靈性修養概論

　第一節　前言：靈性是人之所以為人的核心　　245

　第二節　生命教育課綱中的「靈性修養」　　　246

　第三節　靈性自覺、靈性修養與人格統整　　　248

　第四節　靈性修養與人格統整的途徑與方法　　254

　參考文獻　　　　　　　　　　　　　　　　　260


第十六章　教案：靈性自覺與修養

　第一節　學習內容　　　　　　　　　　　　　263

　第二節　教學活動設計　　　　　　　　　　　272

　參考文獻　　　　　　　　　　　　　　　　　281

# 第一章 臺灣生命教育的發展與內涵

孫效智

國立臺灣大學哲學系教授／生命教育研發育成中心主任

在重物輕人的社會背景下，學校教育重視人才教育，忽略人的培育，導致個人及社會都失去了方向。但也正是在這樣的脈絡中，生命教育應運而生。經過二十幾年的發展，臺灣各級學校的生命教育逐漸厚實理論與教學內涵，並在推廣實踐上得到愈來愈多的認同。本文分三節，第一節介紹臺灣生命教育的發展背景與歷程，生命教育如何逐步進入正式課程，及其在師資培育、高等教育及社會教育等各個面向的展開；第二節說明生命教育的意義與內涵之演進歷程。首先是「終極關懷與實踐」、「倫理思考與反省」、「人格統整與靈性發展」三個向度所凝聚出來的「人生三問」，接著再以「人學探索」做為人生三問的基礎，並以「哲學思考」做為人學探索及人生三問的方法，發展出系統性的「五大核心素養」；最後一節詳細說明了五大核心素養的內涵，以及其間環環相扣、相互為用的關聯，五大核心素養撐起了生命學問的架構，以及生命教育的內涵。

## 第一節 生命教育的發展背景與歷程

理想上，教育應以「人的培育」為體，以「人才教育」為用，但現實上，學校往往只關注「人才教育」，忽略「人的培育」。教育現場之所以如此顛倒體用，原因很複雜。首先，當代文化過度重視經濟與科技發展，本身的價值取向就是重物輕人。二十世紀七零年代 UNESCO 的《Learning To Be》報告，清楚揭示了當代教育「去人化」（dehumanization）的問題（Faure et al., 1972）。與之呼應的，林治平也提出「人不見了」的呼籲，希望教育能夠重視全人教育，把完整的人找回來（林治平，2019）。其次，完整的人不容易被重視，正如同「體」不容易被看見一樣。至於「有

沒有用」則直接涉及人與社會的生計與生存，因此顯而易見。同理，教育重視「用」而忽略「體」，並不足為奇。這就好比應用科學總比基礎科學熱門，因為前者有用。後者雖是前者的基礎，但就個人而言，學了之後不容易找工作；就國家來說，更重要的是四年一次的選舉，而非社會的永續發展，自然也不容易在意它。

社會整體之所以高度重視經濟與科技，一言以蔽之，就是為了要生存，更簡單地說，就是為了要吃飯。吃飯非常重要，不然，古人就不會說「民以食為天」了。然而，吃飯是為了活著，活著不是為了吃飯。因此，吃飯的重要不是目的性的，而只是工具性的，吃飯是活著的工具或手段，而不是活著的意義與目的。照理說，人做為萬物之靈，之所以異於禽獸，就在於人不只追求活著，還追求活著的意義與目的。問題是，追求意義與目的是人的精神與靈性的一種展現，而精神與靈性是「操則存，捨則亡」的，在一個重物輕人的文化脈絡裡，大部分人在大部分時候只是庸庸碌碌地活著，活不出人的精神與靈性，所追求的不過就是吃飽飯、開好車、住豪宅，而不在意人生目的或意義這類虛無縹緲的問題。於是乎，整個社會文化或教育關心的主要問題，便是吃飯問題以及與之相關的各種科技與經濟發展問題。事實上，即使人想不清楚活著的目的，也無所謂。對大部分人而言，活著本身就是最重要的目的與最基本的渴望。為了能夠活著，已經有太多知識與技能需要學習，哪有餘裕顧及其他？

人們重視與吃飯相關的實用知識，學校當然也必須重視經濟與科技，才能回應人們的需要，爭取學生與家長的認同，而這就形成了整體社會在精神與靈性上沉淪的惡性循環。人們愈缺乏精神與靈性，便愈只關注物質與吃飯層次的實用知識，而學校也就愈容易受到這種影響而重物輕人，其結果則是加劇受教者在精神與靈性上的匱乏，以及他們的物化與俗化。在重物輕人的氛圍下，學校教育著重於教導學生就業相關的專業技能，忽略生命意義與目的的探索，其結果是訓練出精於專業能力，卻昧於生命方向與缺乏情感溫度的人。這樣的人即使有一技之長，卻只在乎自身的短暫利益，忽視他人，或甚至傷害社會。社會中這樣的人多了，整體社會必定要付出慘痛的代價。這代價包含許多面向，例如缺乏人生意義的虛無感、道德觀念的模糊、家庭功能式微、暴力猖獗、社會失去正義，乃至政治上的

民粹、政黨相爭和意識型態的錯亂而不自覺等。

　　生命教育就是在這樣的背景下應運而生。1994 年我從德國完成學業回到臺大任教，當時雖然還沒有「生命教育」這樣的語彙，但我心目中最想做的事情就是強化學校教育中的「人的培育」。傳統學校教育中與「人的培育」相關的主要概念，大概是倫理教育、道德教育或品格教育等。這些教育的重要性雖然無人否認，不過，學校更重視的是與升學相關的科目，至於倫理道德則往往聊備一格，口惠而實不至。我認為要讓倫理教育擺脫口號或形式主義，必須關注三個面向，首先，「倫理教育」不應只是教忠教孝的灌輸，而該有更多的思辨；其次，「倫理教育」得有情意在內，它不能只是一種理性的知識而已。是非善惡、愛與被愛的實踐都需要感性與態度的陶養，才能達到知行合一；最後，倫理需要動機，亦即「人為何應該道德」的深層理由，這就涉及到人生觀與宇宙觀的問題。

　　因緣際會地，1995 年起，透過耶穌會的耕莘文教院，我開始了與曉明女中的合作，一起推動倫理教育。1996 年則在前省教育廳廳長陳英豪的支持下，在臺灣省開始生命教育（life education）的倡議與推動。前省教育廳於 1997 年底實施中等學校生命教育計畫，是生命教育全面進入學校教育之濫觴。由於精省的緣故，前省教育廳不復存在，但相關工作的繼續推動，獲得教育部重視。教育部於 2000 年 2 月設立「生命教育專案小組」，並宣布 2001 年為「生命教育年」，期能逐步將生命教育的理念納入小學至大學十六年之學校教育體系，生命教育自此成為臺灣教育改革的主軸之一。

　　首先，教育部在 2003 年發布《國民中小學九年一貫課程綱要》時，「生命教育」這個概念第一次進入正式課程，成為綜合活動學習領域的指定內涵。[1] 接下來，更重要的是，在 2006 年施行的《普通高級中學課程

---

[1]　根據 2003 年 1 月 15 日發布的《國民中小學九年一貫課程綱要》之規定，「生命教育活動」是「綜合活動學習領域」十大「指定內涵」之一，所謂的「指定內涵」是綜合活動學習領域的最低要求。「生命教育活動」的內涵為「從觀察與分享對生、老、病、死之感受的過程中，體會生命的意義及存在的價值，進而培養尊重和珍惜自己與他人生命的情懷」。（教育部國民及學前教育署，2003）

暫行綱要》（以下簡稱九五暫綱，九五是因為 2006 年是民國 95 年）中，「生命教育」正式進入課程家族，成為一門選修課。由於當時政策希望各學門都能多多規劃選修課，於是，由我擔任召集人的生命教育類選修課課綱小組規劃了「生命教育概論」1 科以及生命教育進階課程 7 科，共 8 科，各 2 學分的生命教育類選修課課程綱要。[2] 2009 年教育部將九五暫綱修正為《普通高級中學課程綱要》，並於 2010 年（即民國 99 年）開始實施（以下簡稱九九正綱），「生命教育概論」更名為「生命教育」，學分規劃上則仍為 2 學分，其餘 7 科選修科目亦維持各 2 學分不變，較大的改變是學生要從這 8 科中必選 1 學分修習。[3] 2019 年十二年國民基本教育正式上路，生命教育對於《十二年國民基本教育課程綱要》有兩方面的影響：其一，《十二年國民基本教育課程綱要》〈總綱〉（以下簡稱總綱）中的「各教育階段核心素養內涵」融入了許多生命教育的元素，使得生命教育的理念成為各領域課綱規劃時的最高指導原則[4]；其二，生命教育正式課程被歸類

---

2　教育部於 2003 年成立「普通高級中學生命教育類科課程綱要專案小組」，委由筆者帶領團隊，進行高中生命教育課綱的創科規劃與訂定。九五暫綱於 2004 年 8 月 31 日發布，2005 年 1 月 20 日修正發布，並於 2006 年 8 月 1 日起，由一年級逐年實施，其中「生命教育類」科共規劃了八個科目的生命教育選修課，供各高中選擇開設。包含基礎入門課程「生命教育概論」（於九九正綱中更名為「生命教育」）以及七科進階課程：「哲學與人生」、「宗教與人生」、「生死關懷」、「道德思考與抉擇」、「性愛與婚姻倫理」、「生命與科技倫理」和「人格統整與靈性發展」（教育部，2009）。教育部於 2006 年後逐步修訂九五暫綱，於 2008 年公告發布九八課綱，2009 年公告發布九九正綱，並於 2010 年開始施行。

3　「生命教育類」科仍維持八個科目之選修課，九九正綱並規定高中生一定要在「生命教育類」八科選修課中必選一學分，而非一定要修「生命教育」那一科。這個作法相當違背教學原理，因為「生命教育」是「生命教育類」課程之入門科目，其餘七科是進修課程（教育部，2009，頁 2）。

4　筆者於 2013 年接受國教院委辦研究計畫「生命教育融入 12 年國民基本教育課程之研究」，計畫成果獲得國教院課發會及教育部課審會的認同，將之正式融入國教「課程目標」及「各教育階段學生的核心素養」中，使得 2014 年 5 月 5 日版《總綱》的「課程目標」與「各教育階段學生的核心素養」有了相當豐富的生命教育元素（孫效智，2015，頁 58-68）。

到綜合活動領域，在普通型高級中等學校計有 1 學分之必修課以及一門 2 學分之選修課課綱規劃。此外，生命教育也引入技術型高級中等學校、綜合型高級中等學校和單科型高級中等學校之課程綱要，取得 2 學分選修課的施行空間。[5]

　　生命教育正式課程在國教端的發展，當然不能只依靠課綱的規劃，更重要的是師資培育、教學資源如教材教案的研發等，臺灣大學生命教育研發育成中心（以下簡稱臺大生命教育中心）及臺灣生命教育學會在這兩部分均扮演不可或缺的角色。中心與學會所培養出來的生命教育正式師資占全國百分之九十以上。[6]國教生命教育主要是在高中階段有正式必修或選修課程，雖然只有微薄的 1 學分，但足以讓全國有心的老師在這個基礎上去開枝散葉，並且逐漸向下往國中與國小發展。國中、國小的生命教育一直都比較是非正式或融入其他課程的方式，但隨著十二年國教在 2019 年的正式上路，或許各教育階段及各領域都能有更好的機會，發展出適齡適性的生命教育正式課程單元、非正式課程及潛在課程。

　　在國教生命教育推動的基礎上，大學生命教育在最近幾年也積極展開。大學生命教育有四方面任務：其一，生命教育的學術研究；其二，國教生命教育的師資培育；其三，大學校園本身之生命教育推動工作；最後則是社會生命教育或生命教育的終身學習。大學之所以為大學，應在這四方面扮演積極角色，承擔社會責任。

　　臺大生命教育中心從創立之初就與臺灣生命教育學會合辦《生命教育

---

5　2014 年發布的國民教育總綱中，普通型高級中等學校部分規劃了「生命教育科」1 學分必修課程及 2 學分加深加廣選修課程「思考：智慧的啟航」；在技術型高級中等學校、綜合型高級中等學校和單科型高級中等學校中，則為「生命教育科」2 學分之選修課程，各校可從「綜合活動領域」及「科技領域」中，自選二科共 4 學分彈性開設。「綜合活動領域」的科目包含「生命教育」、「生涯規劃」、「家政」、「法律與生活」、「環境科學概論」等五科，而「科技領域」則包含「生活科技」及「資訊科技」等二科（教育部，2014，頁 20）。

6　依 2020 年版《中華民國師資培育統計年報》（教育部師資培育及藝術教育司，2021）之統計，全國具有生命教育專長教師共有 713 位。由臺大生命教育中心及臺灣生命教育學會培育出來的有 654 位。

研究》學術期刊，從無到有，一路走來，目前已被科技部認可為人文及社會科學期刊綜合類第三級期刊。此外，中心與學會每年均固定舉辦生命教育國際或國內學術研討會，近十年來，其他大專校院也一直持續辦理各種生命教育研討會，生命教育的學術研究在國內可說方興未艾。師資培育部分，臺大生命教育中心與臺灣生命教育學會合作，推動高中、國中生命教育師資培育，從九五暫綱開始，從無間斷，兩年一期的師資培育學分班，目前已完成八期，2022 年初開始第九期之師資培育。有關大學校園本身之生命教育推動工作，臺大生命教育中心除了陸續透過相關課程與活動，在臺大進行生命教育外，2015-2017 年間，也接受教育部委託執行「大學生命教育建構計畫」，探索大學推動生命教育的各個面向，並從 2018 年起開始發展大學校院跨校之生命教育教學社群，希冀透過學術探討與教案開發，逐步充實大學生命教育的課程內容。至於生命教育之社會教育與終身學習面向，則尚待積極展開。這幾年主要切入點是病人自主與善終尊嚴的課題，藉由「病人自主權利法」之立法與施行，培訓全國醫、護、社、心人員為病主法核心講師及 ACP 諮商人員，對全國民眾進行自主尊嚴、生命識能與死亡識能之觀念推廣與提升。

## 第二節　生命教育的意義與內涵演進過程

從 1996-1997 年間，前省教育廳推動生命教育以來，生命教育這個概念便在臺灣逐漸普及，甚至傳播到中國大陸以及港澳地區。不過，這個概念究竟有怎樣的意義與內涵，卻是人言言殊的。中國大陸及港澳地區如何理解生命教育這個概念，暫且存而不論，臺灣各界對這個詞彙的理解也是百家爭鳴、百花齊放的。佛光山理解的生命教育與他們重視的「三好運動」緊密相連，亦即存好心、說好話與做好事。福智文教基金會推動的生命教育則強調「觀功念恩」。中原大學從「天人物我」去架構整個全人教育或通識教育的內涵，他們沒有特別使用生命教育一詞。不過，它們的全

人或通識教育中，有不少課題與「人的培育」或人的生命造就密切相關。[7]

從國教端來看，生命教育有其確切的意義與內涵，不過，這個意義與內涵並非是靜態而一成不變的，它一直在發展變化的過程中。國教生命教育的發展過程大概可以分為三個階段：第一個階段是 1996 年到 2006 年間，亦即從前臺灣省教育廳開始推動生命教育起，一直到十年後生命教育進入教育部頒發的九五暫綱中，成為高中的正式課程；第二個階段是 2006 年之後到 2010 年，在這個階段中，高中課程綱要先後經歷了九八課綱的修正與九九正綱的微調，「生命教育概論」被更名為「生命教育」，其他進階課程科目名稱不變；第三階段則是十二年國教新課綱的訂定與施行。國教新課綱於 2014 年發布，由於種種因素，延宕至 2019 年才正式施行。在國教新課綱中，「生命教育」成為 1 學分之必修課。學分數減少了，但卻成為所有高中生必修的科目，雖然整個高中三年只有杯水車薪的 1 個學分。

## 一、第一階段：從省教育廳生命教育計畫到九五暫綱

在這個階段中，生命教育從零開始摸索，逐漸發展為高中的正式課程，九五暫綱為其里程碑。九五暫綱中的「生命教育概論」課綱開宗明義，便將生命教育定義為「探索生命中最重要議題並引領學生在生命實踐上，達到知行合一的教育」（教育部，2005，頁 452）。這個簡短的定義有幾個值得注意的地方：其一，從文義來看，這裡所提到的「生命」特指人的生命，因此，九五暫綱的生命教育要探討的並非是生物學或生命科學的課題，而是人的生命課題；其次，生命教育是以人生中最重要的課題為

---

7　在中原大學的通識教育中心網站中，可以看到該校以「天人物我」為架構的通識教育或全人教育內涵。「天」指的是「探討生命的意義與價值判斷的形上思考。……著重於宗教信仰、靈性關懷、生命意義與價值判斷等基本素養。例如宗教哲學、人生哲學、價值判斷與分析、生命與品格典範等相關課程」；「人」著重於「理解人類社會中之群體現象與互動原則」；「物」的部分應「致力於加深個人科學思辨能力與永續關懷」；「我」則「藉由孕育個人主觀經驗而產生深度生命意涵」（中原大學，無日期）。

對象，引領學生去關注與探索它們，並引領學生透過這樣的關注與探索，去調整生活或生命的態度，好能達到知行合一的境界；其三，生命教育以「生命中最重要的議題」為探討對象，似乎凸顯出教育現場並不太關心所謂「生命中最重要的課題」的事實，否則又為何需要引進生命教育這樣的新課程來探討這些問題？而如果這些問題真的是生命中最重要的議題，那麼，與升學考試的科目動輒十幾二十個學分相比，高中三年只有 1 或 2 學分的生命教育且只是選修課，是否太不符合比例原則？這個問題的根源其實正是前文所探討的精神與靈性沉淪的惡性循環。大部分人只關心生存與吃飯，學校教育也就投其所好，只教人與生計相關的知識技能，而這樣教出來的人自然也就愈發只關心生存與吃飯的問題，而不容易有精神與靈性層次的追求，人們昧於精神與靈性層次的追求，又進一步強化學校的實用主義與科學主義。令人訝異與遺憾的是，教育界的諸多先進與佼佼者對於探討人生最重要議題的生命教育，在整個高中三年只有 1 學分這一點，似乎少有人覺得有什麼違和之處。更有甚者，還有不少學者想把生命教育與自傷或自殺防治連在一塊，殊不知自傷或自殺是整體社會無明顛倒的病徵，而非疾病的根源。

　　九五暫綱的生命教育如何界定生命中最重要的議題呢？「生命教育概論」課綱指出：

　　生命教育涵蓋三個向度，一是終極關懷與終極實踐，涉及人生哲學的建構，生死課題的關懷以及宗教議題的探索。其次是倫理思考與反省，涉及基本倫理學與應用倫理學的議題。最後則是探索知情意行的人格統整以及身心靈的發展提升。

　　生命教育的三個向度雖然各有側重，但必須統合觀之，才構成完整的生命教育。蓋生命教育以知行合一為目標，人要知行合一必須先要有深刻的「知」，這就涉及了人生觀、生死觀及宗教觀等終極智慧的涵養。終極智慧賦予人生意義與目的，並提供人生實踐的終極基礎。在這個基礎上，人必須慎思明辨來建構實踐的倫理價值體系，這就涉及了倫理思考與批判能力的養成。最後，終極智慧與倫理價值不能只停留在「知」的層

面，而必須融貫到人的知情意行與身心靈各層面，這就構成了生命教育的
第三個向度，也就是有關人格統整與靈性發展的課題（教育部，2005，頁
452）。

這三個向度預示了我後來提出的「人生三問」的概念。

## 二、第二階段：高中課綱微調與九九正綱

在本階段的九九正綱中，生命教育的定義與九五暫綱大同小異。主
張生命教育為引導學生探索生命的根本課題，並在實踐上邁向知行合一的
教育。至於生命教育的內涵則包含了「人生觀的深化」、「價值觀的內
化」、「知情意行的人格統整與靈性發展」等三個向度，亦即前文提及
九五暫綱的「生命教育概論」課綱所指出的「終極關懷與實踐」、「倫理
思考與反省」、「人格統整與靈性發展」三大課題領域（教育部，2009，
頁 409）。

要怎麼樣讓這三大領域的生命課題，以比較淺白的方式來呈現呢？
九九正綱提出「人生三問」這個概念，它們分別是：

人為什麼活著？

該怎樣活著？

又如何能活出該活出的生命？[8]

這三個問題的文字雖然非常淺白，不過，它們卻能將「生命的根本課
題」以有系統的方式架構出來，從而發展出生命學問的理論體系。第一問
屬於「終極關懷與實踐」的範疇，涉及人生目的與意義的探索，意在「深
化人生觀」，建立人生的終極信念；第二問涉及「倫理思考與反省」，探
討的是人生應行的道路以及做人的「有所為與有所不為」。思考反省是
「價值觀內化」的前提，只當人透過批判思考釐清了怎樣的價值觀是值得

---

8　筆者在規劃九五暫綱時，雖尚未正式提出「人生三問」的概念，但九五暫綱中終極關
懷與實踐、倫理思考與反省、人格統整與靈性發展這三大範疇已經預示了九九正綱中
的「人生三問」。「人生三問」是以實踐為核心所架構的人生根本課題，九九正綱首
次將這三個課題納入「生命教育」課程綱要中。

持守的，解構了不合時宜的價值觀，並重構了合乎客觀眞理的價值觀，才會有動機將之內化爲自己的價值信念；第三問與「人格統整及靈性修養」有關，探討的課題是如何讓人內在的知情意能達到統整一致，俾「誠於中，形於外」地達到知行合一的境界。

　　「人生三問」看似各自獨立，各有旨趣和問題意識，實則彼此之間緊密相連。第一問探討人生的終極意義，確立人生的終極信念，這提供了第二問進行倫理思辨的形上基礎。欠缺這個基礎，道德實踐的意義便難以確立。道德實踐的意義既經確立，則需透過進一步的愼思明辨來建構實踐的價值體系，這便觸及了第二問的課題，亦即倫理的價值思辨。至於人生第三問所關切的人格統整與靈性發展，主要是指第一問與第二問所得出的人生信念與倫理價值不能僅止於「知道」，而還必須「做到」。這就必須將之內化，融貫到人的知情意行與身心靈各方面。一言以蔽之，人的靈性愈清明，愈容易達到人格的統整，也愈能對於生命實相有究竟的了悟；而生命的了悟愈究竟，便愈能強化批判思考與實踐的能力；批判思考與實踐能力的提升，復又增進人格之統整與靈性的發展。如此週而復始、綿綿不已，便形成人生旅者向上超升的正向循環（孫效智，2008，頁 3-5，2010a；頁 17-18；2010b，頁 21-22）。這種正向循環，正足以對治教育顛倒體用所帶來的惡性循環。

## 三、第三階段：十二年國教課綱的發展與施行

　　在這個階段中，生命教育的內涵及其在國教所扮演的角色，都有了相當大的變化。首先，整個十二年國教總綱的「各教育階段核心素養」融入了許多生命教育的元素。由於「各教育階段核心素養」應做爲各領域課綱發展的最高指導原則之一，因此，生命教育有機會影響各領域的課程規劃及施行。問題是，各領域的本位主義以及各領域專家對於生命教育的陌生，使得「各教育階段核心素養」是否眞能融入各領域，又或者融入後是否眞能在課程上落實，還有待各方的持續努力。

　　其次，就正式課程而言，生命教育在之前的高中課綱中是獨立的選修課，不屬於任何學習領域，共有 8 科，包含一門 2 學分的概論課程「生命教育」，以及 7 科各 2 學分之生命教育進階課程。在十二年國教課綱中，

生命教育屬於綜合活動領域高中教育階段的課程，計有一個 1 學分必修課「生命教育」以及一個 2 學分之選修課「思考：智慧的啟航」。

十二年國教必修課「生命教育」的核心課題仍然是「人生三問」。其中第一問及第三問仍屬於「終極關懷」與「人格統整及靈性修養」領域，至於人生第二問則已不限倫理思辨的範疇，而擴大到更廣義的「價值思辨」。另一個較重大的改變是，生命教育的內涵架構從「人生三問」擴展為「五大核心課題」，新增兩大核心課題分別是「人學探索」與「哲學思考」（國家教育研究院，2018，頁 95-98），這五個核心課題即為生命教育的五大核心素養。

## 第三節　生命教育五大核心素養

五大核心素養是由「終極關懷」、「價值思辨」、「靈性修養」、「人學探索」與「哲學思考」所構成[9]。前三者即「人生三問」，後二者為探討人生三問的基礎與方法。精確地說，人學探索是「人生三問」的基礎，哲學思考則是探究一切學問的方法，放在此處則是指探討「人生三問」以及探討人學課題的方法。

前文已初步說明「人生三問」各自的內涵與彼此的關係，以下將更整體地說明五大核心素養之間的關係。首先，「終極關懷」涉及人生整體目的、意義，以及理想人生所應包含之素質的探討，與人生哲學、幸福學、生死學及宗教學密切相關。它要解決的最核心問題就是人生第一問的「人

---

[9] 有關五大核心素養的用詞，「終極關懷」、「價值思辨」與「靈性修養」這三個詞彙分別脫胎自前述九五暫綱及九九正綱生命教育概論課綱中的「終極關懷與實踐」、「倫理思考與反省」與「人格統整與靈性發展」這三個向度。其中「終極關懷」與「靈性修養」縮短了語彙，但在意義上不變；「價值思辨」則以原本的倫理思考、應用倫理學再加上各種實踐領域的價值判斷為擴充。另外，基礎與方法的部分，我在之前的文章使用的概念是「人學圖像」與「哲學思考」（孫效智，2015），後者包含「批判思考」與「後設思考」。不過，本文則隨十二年國教生命教育課綱的版本，將「人學圖像」改為「人學探索」，「批判思考」則改為「思考素養」。

爲何而活」以及「什麼是有意義且美好的人生」等課題。「價值思辨」與人時時刻刻都要做的選擇相關。人在每一個當下都希望、也應該做「更好」的選擇，而什麼是「更好」就涉及了價值觀。價值觀不是現成的，在人生任何階段也都不是完美的，本身總含藏著許多迷思、錯謬、先入爲主的成見或主觀的意識型態等。因此，人要「苟日新，日日新，又日新」地朝著「終極關懷」所建構的理想人生去不斷解構、重構、發展與深化自己的價值觀，這就是「價值思辨」的意義，它要解決的核心問題是人生第二問所要探討的「人應如何生活」，與價值哲學、道德哲學以及各種實踐領域之價值判斷相關。「靈性修養」涉及知情意行合一的努力歷程與方法，這包含了內在的人格統整以及「誠於中，形於外」的覺察與努力，與人生第三問探討的「人要如何才能活出應活出的生命」相關。從某種角度講，人生第三問在整個「人生三問」中有畫龍點睛的作用。人生第三問不僅觸及知情意行的統整（integrity），也關乎如何將生命智慧落實於生活實踐，引領身心靈的統整與生命的覺醒，進而活出應活出的生命（孫效智，2013，頁113）。人生三問架構了以「終極關懷」、「價值思辨」以及「靈性修養」爲底蘊的生命學問，並成爲生命教育的核心內涵。

「人學探索」中的「人學」是哲學人學的簡稱。哲學人學是以理性思考及經驗歸納的方式，吸納各個學科對於人的理解，從而探索「人是什麼」、「我是什麼」、「什麼是人性」等課題的哲學學問。「人學探索」是探討「人生三問」的基礎，因爲要探討人生最根本的問題就必須先了解「人是什麼」，對人的了解愈透徹，就愈能透徹答覆「人生三問」。依此，「人生三問」與「人學探索」可以說是一體的兩面，要進行「人學探索」就必須探索做爲人生最根本課題的「人生三問」，要探索「人生三問」就必須探索「人是什麼」以及「什麼是人性」等人學課題。

「哲學思考」包含「思考素養」及「後設思考」兩部分。思考素養就是好的思考應具備的素養。至於思考好壞的評價則應從思考的目的談起。思考是爲了追求客觀眞理、掌握事實眞相。思考素養就是爲了達到這個目標，所需具備的有關思考之知識、技能、情意與態度。「後設思考」是對思考進行思考，「後設思考」探討思考該有怎樣的素養，才能達到思考的目標。依此，「思考素養」的內涵可以說是「後設思考」的成果。「後設

思考」有兩種進行的時機，其一是系統性的哲學活動，其二則是個別思考者在思考特定主題的當下，對自己如何進行思考的一種反思。哲學性的後設思考目的是爲了建構吾人對思考素養的系統性理解，以提出有關思考素養的理論。個別思考者透過哲學家所建構出來的思考素養理論來學習思考素養，並在實際思考的操練中培養思考素養。對個別思考者而言，除了哲學性的學習外，學習思考素養最重要的時機就是在思考萬事萬物的同時，做爲一個能夠反思與自覺的主體，反求諸己地省思自己的思考，亦即在當下進行後設思考。當下的後設思考讓人看見自己在思考素養上的缺失與不足，例如是否被先入爲主的成見或意識型態所綑綁、又是否會被自己有限的經驗所侷限、或受到情緒與感性波動的影響，以及是否有思考上的邏輯跳躍，以致造成思考推論上的謬誤等。當下的後設思考能幫助人在看見問題後，設法改善缺失，從而持續精進思考素養。以是觀之，兼具後設思考與思考素養，並讓兩者交互爲用的哲學思考是探究一切學問不可或缺的方法，當然也是探索「人生三問」必備的方法與途徑，以及進行人學探索時所必須具備的核心素養。

　　總之，五大核心素養彼此環環相扣。「終極關懷」涉及人生目的的探索，「價值思辨」則涉及人生道路的選擇。正如同道路是跟著目的而決定的，同理，「價值思辨」的標準則依賴「終極關懷」所確立的終極方向。「靈性修養」設法將價值思辨的成果內化爲價值觀，調和知情意並貫徹於行動，如此循序漸進，才能終抵於成。至於「人學探索」則是人生三問的基礎，而「哲學思考」則是人生三問及「人學探索」的方法。五個核心素養共構生命的學問，而生命的學問則是生命教育的內涵。

表 1-1　生命教育五大核心素養

| 層面 | 項目 | 細目 |
|---|---|---|
| 一、人生三問 | 1. 終極關懷 | (1) 人生目的與意義<br>(2) 生死關懷與實踐<br>(3) 終極信念與宗教 |
| | 2. 價值思辨 | (1) 價值哲學的省思<br>(2) 道德思辨<br>(3) 各種實踐領域之價值判斷 |

| 層面 | 項目 | 細目 |
|---|---|---|
| | 3. 靈性修養 | (1) 靈性自覺與發展<br>(2) 價值內化與修練<br>(3) 知情意行的調和與人格統整 |
| 二、基礎與方法 | 1. 人學探索 | (1) 人是什麼？<br>(2) 我是什麼？<br>(3) 人性與人的關係性 |
| | 2. 哲學思考 | (1) 思考的知識與技能<br>(2) 思考的情意與態度<br>(3) 後設思考 |

資料來源：此表經筆者整理修訂自：生命教育核心素養的建構與十二年國課綱的發展（頁54），孫效智，2015，教育研究月刊，251。

# 參考文獻

中原大學（無日期）。中心簡介。**中原大學通識教育中心**。取自：http://cge.cycu.edu.tw/index.php/welcome/about

林治平（2019）。**人啊！你在哪裡？全人生命理念的尋思與落實**。臺北：宇宙光。

孫效智（2008）。以生命教育為核心的通識教育。**通識在線**，*19*，頁3-5。

孫效智（2010a）。**臺大學生的生活筆記：靈修六原則**。臺北：聯經出版公司。

孫效智（2010b）。導言人生三問。載於：孫效智等著，**打開生命的16封信**（頁7-22）。臺北：聯經。

孫效智（2013）。盧嘉勒與臺灣生命教育。**哲學與文化**，*40*(10)，103-120。

孫效智（2015）。生命教育核心素養的建構與十二年國教課綱的發展。**教育研究月刊**，*251*，48-72。

國家教育研究院（2018）。**十二年國民基本教育課程綱要國民中小**

學暨普通高級中等學校綜合活動領域。https://www.naer.edu.tw/upload/1/16/doc/817/%E5%8D%81%E4%BA%8C%E5%B9%B4%E5%9C%8B%E6%B0%91%E5%9F%BA%E6%9C%AC%E6%95%99%E8%82%B2%E8%AA%B2%E7%A8%8B%E7%B6%B1%E8%A6%81%E5%9C%8B%E6%B0%91%E4%B8%AD%E5%B0%8F%E5%AD%B8%E6%9A%A8%E6%99%AE%E9%80%9A%E5%9E%8B%E9%AB%98%E7%B4%9A%E4%B8%AD%E7%AD%89%E6%A0%A1-%E7%B6%9C%E5%90%88%E6%B4%BB%E5%8B%95%E9%A0%98%E5%9F%9F.pdf

教育部（2005）。普通高級中學課程暫行綱要（九五暫綱）。（93年8月31日發布，94年1月20日修正發布）。臺北：教育部。

教育部（2009）。普通高級中學課程綱要（九九正綱）。

https://www.k12ea.gov.tw/files/common_unit/a7285432-45bf-4371-b514-3eb12aff9871/doc/99%E6%99%AE%E9%80%9A%E9%AB%98%E4%B8%AD%E8%AA%B2%E7%A8%8B%E7%B6%B1%E8%A6%81.pdf

教育部（2014）。十二年國民基本教育課程綱要總綱。（103年11月）。臺北：教育部。https://www.naer.edu.tw/upload/1/16/doc/288/%E5%8D%81%E4%BA%8C%E5%B9%B4%E5%9C%8B%E6%95%99%E8%AA%B2%E7%A8%8B%E7%B6%B1%E8%A6%81%E7%B8%BD%E7%B6%B1.pdf

教育部師資培育及藝術教育司（2021）。中華民國師資培育統計年報（109年版）。取自：https://ws.moe.edu.tw/001/Upload/8/relfile/7805/82022/6d63badc-4715-4478-8a43-d1d97e8cd7d4.pdf

教育部國民及學前教育署（2003）。綜合活動學習領域。92年中小學九年一貫課程綱要。https://www.k12ea.gov.tw/files/92_sid17/integrative.pdf

Faure, E., Herrera, F., Kaddoura, A.-R., Lopes, H., Petrovsky, A. V., Rahnema, M. & Ward, F. C. (1972). *Learning to be. The world of education today and tomorrow.* Paris: UNESCO.

# 第二章 生命教育素養教與學
## ——共有體驗與六頂思考帽閱讀法之應用

黃雅文（第一部分）

元培醫事科技大學醫務管理系講座教授

葉至誠[1]、吳娟娟[2]（第二部分）

敏惠醫護管理專科學校校長[1]、通識教育中心講師[2]

　　根據衛生福利部死因統計資料：蓄意自我傷害（自殺）是 15-24 歲青年及 15-44 歲青壯年的第二大死因。大學生除了專業課程的精進，學習如何找到生命意義、珍視生命，以健康的身心靈跨出校門，成為建構健康繁榮社會與幸福家庭的推手極為重要！孫效智教授與多位學者共同研究，於十二年國民教育基本綱要中，明訂高中以下各級學校生命教育學習重點五大素養：哲學思考、人學探索、終極關懷、價值思辨與靈性修養及其學習內容（教育部，2018）。然而，大專校院課程因教師理念的不同，得以自由的設計生命教育課程大綱與教學方法，其間差異甚大。高中生接受十二年國教生命教育五素養，畢業進入大專校院後，除了透過教師教學外，自主學習將是提升自己生命力與生命教育素養的重要策略。介紹生命教育素養學習方法之前，先就素養（literacy）做個說明。

　　聯合國教科文組織定義素養為使用各種不同內容的印刷和書面材料來識別、理解、解釋、創造、溝通和計算的能力。素養包括一個連續的學習過程，使個人能夠實現他們的目標，發展他們的知識和潛力，並充分參與他們的社區和更廣泛的社會（UNESCO Institute for Statistics, 2021）。教育部（2021）在十二年國民教育課程總綱中，說明「核心素養」是指一個人為適應現在生活及面對未來挑戰，所應具備的知識、能力與態度。「核心素養」強調學習不宜以學科知識及技能為限，而應關注學習與生活的結合，透過實踐力行而彰顯學習者的全人發展。十二年國民基本教育之核心素養，強調培養以人為本的「終身學習者」，分為三大面向：「自主

行動」、「溝通互動」、「社會參與」。三大面向再細分為九大項目：「身心素質與自我精進」、「系統思考與解決問題」、「規劃執行與創新應變」、「符號運用與溝通表達」、「科技資訊與媒體素養」、「藝術涵養與美感素養」、「道德實踐與公民意識」、「人際關係與團隊合作」、「多元文化與國際理解」。

　　生命教育教與學，原則上以學習者為中心、強化體驗學習、著重省思分享、強調生活實踐、力行實踐與創新、建構內化意義（教育部，2018）。本文介紹六頂思考帽閱讀法與共有體驗生命教育教與學，期能透過實作練習將理論應用在生活當中。

# 第一部分　生命教育素養教與學

## 第一節　六頂思考帽閱讀法

### 一、水平思考與垂直思考

　　相對於傳統的垂直思考（vertical thinking）（邏輯推理的思考方式），著名的六頂思考帽是思考大師、劍橋大學博士 Edward de Bono 於 1980 年代提倡水平思考（lateral thinking）。其著作出版甚多，當中《水平思考法》（Lateral Thinking）與《六頂思考帽》（Six Thinking Hats）為其代表著作。水平思考，也被翻譯成橫向思維，是一種突破邏輯限制的思考方式。Edward de Bono 以聖經中所羅門王審判的故事為例。主張水平思考是不一樣的思考（thinking differently）方式，創造想法（creating ideas）（國家教育研究院，2000；Edward de Bono 網站，nd；Wikipedia, nd）。

故事：所羅門王的審判（Judgement of Solomon）
　　所羅門王的審判出自於聖經列王紀上 3 章 16-28 節。有一天，妓女兩人來到王面前。一個說：我們兩人住在一起；我生一個男孩第三天，她也生孩子。房裡除了我們二人以外沒有別人。夜裡她睡覺時壓死了自己的孩

子。趁我睡著，她抱走我的孩子，卻將死去的孩子放我懷裡。天亮時，我要給我孩子吃奶，發現孩子是死了；我仔細看，並不是我自己的孩子。她說：活的孩子是我的，死的孩子是你的。兩人在王面前爭論。王說：妳說活孩子是我的，死孩子是你的，她說，死孩子是你的，活孩子是我的。王吩咐：拿刀來！將活孩子劈成兩半，一半給妳，一半給她。活孩子的媽媽心疼自己的孩子，就說：活孩子給她吧，萬不可殺孩子！另一婦人說：這孩子不是我的，也不是你的，就劈成兩半吧！王說：心疼活孩子的媽媽，萬不可殺孩子，他是真的母親。眾人聽見王這樣判斷，就敬畏他有神的智慧斷案。

---

**自學**

　　水平思考是不一樣的思考方式，創造想法。請上網查：**創意思考**的方法、**心智圖** Mind map、**腦力激盪**。

問題一：如果你是所羅門王，你會用什麼不一樣的方式正確判斷／智慧斷案呢？請用你查到的創意思考法提出你不一樣的斷案方式。

分組討論與發表：

---

## 二、六頂思考帽（Edward de Bono, nd）

　　水平思考是為了創造想法，六頂思考帽是為了探索、發展和實踐。六頂思考帽方法強調從不同角度思考同一個問題，客觀地分析各種不同的看法，評估優點、缺點與喜好，最後作出結論去實踐。

## (一) 六頂思考帽

### 1. 藍色思考帽：計畫與執行帽（Conductor's Hat）

用在思考管理你的思考歷程。藍色帽要求做總結、下結論、作決定與生活實踐之行動計畫。用在確保遵守規則、設定議事日程、思考焦點重點與順序。藍色思考帽是一頂控制思考的帽子，也是帽子中的帽子，是一頂主持帽，有系統性的使用帽子，應該以藍色思考帽為開始，藍色思考帽為結束。

### 2. 綠色思考帽：創意帽（Creative Hat）

產生各種不同的想法。創新與創意，也就是創意思考、產生新構想、其他替代方案、不同的可能性、產生新概念。水平思考就是綠色思考帽的延伸。

### 3. 紅色思考帽：感覺及直覺心靈之帽（The Hat for Heart）

紅色思考帽是體貼我們心理本能的直覺和感覺。紅色思考帽可能在沒有理由、非理性的情況下引發感情。關心人的情緒、感覺與直覺；當你戴上紅色思考帽時，就要允許自己表達自己內心的感覺與喜好。常常被運用在各項決策或投票行為動機。

### 4. 黃色思考帽：樂觀主義者的帽子（Optimist's Hat）

黃色思考帽是針對所面對的事物，用積極正向看法去思考這件事的價值及其好處、利益或優點。

### 5. 黑色思考帽：法官帽（The Judge's Hat）

黑色思考帽強調批判思考、識別風險、提出警告。使用在批判性判斷，找出邏輯原因。假消息真詐騙的時代，黑色思考帽是最強大、極重要的帽子。養成黑色思考帽批判思考的日常生活習慣是現代人的重要素養能力。黑色思考帽要去思考事情的缺點、風險、隱憂與潛在的問題。簽合約條款時若沒有戴上這頂黑色的法官思考帽，很可能讓你傾家蕩產、血本無

歸，甚至鋃鐺入獄。戴上黑色思考帽時，請專注於考慮事情的負面，思考短期、中期、長期的風險，發覺明顯存在與潛在的危機，任何行動或下決定前，必須帶上這頂保護你的黑色思考法官帽。

### 6. 白色思考帽：事實帽子（The Factual Hat）

白色思考帽是思考關於有什麼訊息？你需要什麼訊息？哪裡可以得到你真正需要的訊息？搜尋或提供有實證科學證明的相關數據與事實，考慮事情的各個層面，深入地探究事實，尊重他人的意見一併考慮進來。

### (二) 運用六頂思考帽需要注意的要點

六頂不同顏色思考的帽子可以單獨一個人或自學時使用，也可以小組或集體使用。在小組討論中必不可少的是，每個人同時使用一樣顏色的帽子（思考目的）進行思考、討論。如此可以避免個人喜好或思考目的的不同，造成相互之間的衝突。

黑色思考法官帽的批判思考是必不可少的。這是訓練自己思考的必要程序，但要小心過度使用。使用六頂思考帽自我學習或訓練時，要思考如何將六頂不同顏色的思考帽組織成系列，才能應對不同的生活情況。

## 三、六頂思考帽在閱讀與自我學習上的應用

閱讀可以讓人站在巨人的肩膀上成長。每一本有益的書報、每一部優良的視聽媒體影片或走讀旅遊都是一個巨人。將六頂思考帽閱讀法應用在自我學習生活中，將幫助自己站在這些巨人的肩膀上穩健快速的成長，走上成功之路。傳記／歷史相關的人物故事或記事、圖書、戲劇、多媒體影片是生命教育很好的閱讀題材。傳記／歷史書籍有助於為日常生活帶來歡樂和愉悅，使人們放鬆。閱讀，可以培養道德感與同理心（Chen, 2009）。學會閱讀，就擁有自主學習的能力，打開視野，豐富人生；養成閱讀好習慣，就擁有一輩子可用的好工具（洪蘭，nd）。閱讀對焦慮、悲傷和創傷的療癒是有效的（Sevinç, Gülşah, 2019）。閱讀是大學生構建心理健康的重要途徑（陳紅，2021）。透過體驗省思學習是情緒復原力的基礎（Milicevic, O'Loughlin, & Milton, 2016）。

　　教育部 12 年國民基本教育課程之核心素養多元的能力指標中，閱讀是核心基礎。多文本閱讀（multiple texts reading）成為常見的自學途徑。多是指 1 個以上。文本（例如：文、圖、表、紙本、資訊數位載具、知識雲、多媒體影片、走讀旅遊）。透過 SMILE 閱讀方式（林玫伶，nd；清華大學多文本閱讀教學中心，nd）：

1. Survey 或 Study 瀏覽同時間閱讀多個文本。
2. Monitor 掌控：邊讀邊評估不同文本裡的相同訊息。
3. Integrate 整合：不同訊息來源加以歸納統整文本中的訊息。
4. Learn 學習：歸納統整後的學習成效或所獲得的新思維。
5. Evaluate 評估：自己的學習成效。

　　將六頂思考帽應用在閱讀與自我學習，以下簡稱為六頂思考帽閱讀法：

## 1. 白色思考閱讀帽（what）

　　閱讀書報、看影片、聽故事後，試著寫出、說出、畫出、唱出或演出閱讀之內容。(1) 試說出你所閱讀的文本（書報、故事、影片、視聽媒體或戲劇），其中心思想為何？(2) 試說出文本中陳述了哪些事實？故事中的人、事、時、地、物為何？

## 2. 紅色思考閱讀帽（feel）

　　試說出閱讀書報、故事、視聽媒體影片或戲劇觀賞後的感覺或感動。

## 3. 黑色思考閱讀帽（evaluate）

　　針對情節的批判思考。提出懷疑：有無實證研究根據？與證據相符否？安全否？批判書中想法及情節之缺誤。

## 4. 黃色思考閱讀帽（profit）

　　指出全文之優點利益何在？可取之處為何？

## 5. 綠色思考閱讀帽（create）

閱讀書報、故事、視聽媒體、影片或戲劇觀賞後有無不同的創新想法，思考各情節可否有不同的情節發展建議？或多元可行之提案？或新的問題解決策略、具體建議或新觀念等創造性思維。

## 6. 藍色思考閱讀帽（plan & do）

(1) 根據綠色思考帽創新的思考或情節，參考黑色、白色、黃色、紅色等思考帽所思考出來的結果，重新對讀本提出整體性的新故事、新計畫、創新行動與實踐。(2) 為所閱讀的書報、故事、視聽媒體、影片或戲劇中情節編續集。

---

### 六頂思考帽閱讀法之練習

2021 年 12 月 8 日週三上午 11：00 Yahoo 新聞報導

#### 大學生熱血送愛！透過單車環島陪伴長者過冬

　　大學生透過單車環島陪伴長者過冬，離開老人院前，一位外省爺爺握著他的手說：「再回來啊！」。看護阿姨說，爺爺已經好久沒有這樣笑了。他的子孫都在國外，只剩一人孤獨在老人院。因只會說外省方言，難與其他長輩溝通，一人孤獨餘生。這樣的例子很多。臺灣走向超高齡社會，每 5 人中就有 1 位是超過 65 歲的長輩。根據衛生福利部的統計，至 110 年 6 月，臺灣已有 51,744 老人住老人院所，且人數逐年增加。高齡化是重要社會議題，然而「養老院所」一詞常被避而不談，讓人覺得是悲傷沉悶的場所。有一群大學生熱血送愛，嘗試著改變，努力將愛與活力的行動改變院所的刻板印象。

　　請備一張白紙寫出你的思考。參考本章節介紹的六頂思考帽及六頂思考帽閱讀法，試著問問題並自己回答。根據自己的答案進行小組討論。

1. 白色思考帽（事實 what）

　問問題：

　我的答案：

小組討論結果：

2. 紅色思考帽（感覺直覺愛心 Feel）

問問題：

我的答案：

小組討論結果：

3. 黑色思考帽（批判思考、實證科學、驗證缺失 evaluate）

問問題：

我的答案：

小組討論結果：

4. 黃色思考帽：（欣賞優點 profit）

問問題：

我的答案：

小組討論結果：

5. 綠色思考帽（創意 create）

問問題：

我的答案：

小組討論結果：

6. 藍色思考帽（計畫與執行 plan & do）

問問題：

我的答案：

小組討論結果：

## 第二節　共有體驗生命教育素養的教與學

　　為了讓大學生可以在生活中有多元的生命教育素養學習，本文試以體驗學習、情意教學、生活技能、五官距離與共有體驗、傳統的儒家思想、生命意義、接納行動訓練，建構共有體驗生命教育素養教與學模式。

## 一、生活技能

依據世界衛生組織五大行動綱領，教育部將生活技能列為健康促進學校重要的六大範疇之一。生活技能（life skills）於日本譯為「心的能力」，配合日本國家教育政策「生命力」由 Life skills 研究會在各校推動，以提升學生的自尊與生命價值感。

### (一) 生活技能之內涵

世界衛生組織將生活技能歸類為三大核心內涵（世界衛生組織WHO，2003）

### 1. 溝通與人際

人際溝通技巧、協商技巧、拒絕技巧、衝突管理、自我主張技巧、同理心、合作與團隊、倡議技巧、影響與說服。

### 2. 做決定與批判思考的技巧

(1) 做決定的技巧、問題解決技巧、蒐集資料的技巧、評估當前行為對自己、他人的未來後果——確定問題的替代解決方案、關於價值觀和對自我、他人的態度、對動機的影響的分析技能。

(2) 批判思考技巧：分析同儕與媒體的影響、分析態度、價值、社會規範、信念及影響因素、識別相關信息和信息來源。

### 3. 因應與自我管理的技巧

增強自信的技巧、負責任、創造改變、建立自尊、自覺權利價值與優缺點、設立目標、自我評價、憤怒管理、憂傷與焦慮管理、失落虐待創傷之因應、壓力管理、時間管理、正向思考、放鬆技巧、自我監控。

### (二) 生活技能之學習方法

以生活技能為基礎的學習方法以「主動的」、「參與式的」學習方式最為有效。參與式學習方法如下：討論、腦力激盪、根據指導的練習、角色扮演、小組活動、個案研究、說故事、辯論、與人一起練習、藝術音樂

戲劇舞蹈等活動、制定決策過程圖和樹狀圖（世界衛生組織，2003）。本文僅就「根據指導的練習」之參與式學習法，參考教育部健康促進學校提供生活技能之技巧與步驟，設計案例練習題如下：

## 1. 做決定

(1) 技巧與步驟（資料來源：教育部健康促進學校）

- 你真的必須作決定嗎？有時零決定才是最好的決定。例如：15 歲的小女生問媽媽「我要嫁給小明還是大強呢？」也許先不要決定結婚是更好的決定。
- 列出所有可能的選擇。任何問題的解決策略不會只有一個，除了自己閉門思索，還可以透過探究實證研究資料、網路搜尋、請教良師益友家人，將所有可能之選擇列出。
- 寫出所有選擇的優缺點。在列各種選擇優缺點時，可以自己一個人，也可以與良師益友家人一起討論。
- 根據上述優缺點評析後，作出決定。
- 好決定的評價：自評這個決定是 a. 健康的嗎？b. 安全的嗎？c. 是否尊重自己？是否尊重別人？d. 有無符合家庭、學校及社會的規範？

(2) 案例練習

---

### 案例練習（做決定）

大學四年我該學習什麼？請依照做決定的技巧與步驟練習做決定。

---

## 2. 批判思考

(1) 技巧與步驟

批判思考是素養學習的重要基礎。學生成為批判性思考者所需的共同特徵為：①內容豐富的知識，以解決跨學科和多樣化的問題。②基於反思他人論點的探究和自我修正。③運用批判性思考技能的經驗（NSW, 2021）。綜合 Vanicheva, Kah, 與 Ponidelkoa（2015）、溫明麗（2003）、

徐薇琪（2020）論述，提出批判思考五步驟如下：

① 釐清（誰說什麼？）：a. 正確了解人事時地物發生的經過。b. 暫停判決／暫緩做決定。

② 質疑（真的嗎？實證研究在哪？）：判斷／論據：了解並比較所有可能的選項，對它們做出判斷。查看並分析數據，就這些數據進行辯論。制定／形成清晰、有組織、合乎邏輯的論點。取得以往的意見並進行判斷。超越情感，不可感情用事。使用信息／提供解釋（寫作業／實驗）。學習如何得出有實證研究或證據基礎的結論。論辯一個觀點。

獲取（綜合分析各證據與己見，吸收他人思考方式）

③ 反省（綜合／類推／建立連結）：綜合知識並應用於已知情況、比較科學數據和一般常識數據、綜合分析各項來源、反省評估自己的經歷，將個人觀點與其他人的（寫出來），透過案例學習類推到生活中。

④ 解放：放棄不合理的價值觀，欣賞／看到解決問題的不同方法（創新的解決問題方法／策略）、量化資料和質性資料，以解決問題。

⑤ 統整重建（提出結論／修正，改善自己的思考、價值觀重新定位）：a. 循證思維（有證據基礎的假設思考）：使用證據來評估假設並依據數據改變或支持假設、評估信息來源、比較／評估替代方案。b. 提出結論／推論：從數據得出合乎邏輯的結論，從文本中得出推論。

(2) 案例練習

> 珍愛藻礁是 2021 年公投主題之一。媒體素養的基礎是批判思考，請在網路上搜尋正反方論述，依照批判思考技巧與步驟進行批判思考練習，並說明你提出的結論與理由。

## 二、體驗學習（Experiential learning circle）

　　哈佛大學教授 David Kolb（2005）整合教育家杜威的「做中學 learning by doing」、皮亞傑等各學理提出體驗學習。體驗學習包括四大要素（楊國樑，2005；Kurt, 2020）：

### (一) 體驗階段（experiencing）

　　具體的經驗。做／有經驗 doing/having an experience。

### (二) 反思內省階段（reflecting）

　　觀察與省思（Reviewing or reflecting on experience）。Driscoll（1994）提出反思三問題：What？So what？Now what？（什麼？所以呢？怎麼辦？）。經歷生活事件後，可以問以下三個問題：

1. What 什麼？描述情況。您應該確定情況的事實和感覺。
2. So what 所以呢？深思前述「What 什麼？」的意義。此外，盤點在這情況下有哪些知識？哪些知識或理論可以幫助你理解這種情況？
3. Now what 怎麼辦？根據前面 what, so what 的問題為未來製定行動計畫。

　　Roger Greenaway（2018）博士提出「Active Reviewing Cycle 主動省思循環」「4F」反思提問重點：Facts（事實）、Feeling（感受）、Finding（發現）、Future（未來），從經驗中批判思考學習的模式。同時思考如何在未來使用所學到的東西。4F 是：

1. 事實 Facts：對發生的事情的客觀描述。
2. 感受 Feeling：對情境的情緒反應。
3. 發現 Finding：您可以從情境中學到的具體知識。
4. 未來 Future：建立您的學習結構，以便您將來可以使用它。

### (三) 歸納階段（generalizing）

　　形成抽象概念。從經驗中學習到什麼或結論。

　　反思先前的知識、使用熟悉的想法或與同儕討論可能的理論，藉此由經驗得出結論。解釋經驗並對目前的概念理解進行比較。概念不必是新的，學習者可以分析新信息並修改他們對現有想法（Serhat Kur, 2020）。

## (四) 應用階段（applying）

於生活中實踐、新情境中的試驗。計畫或試行實踐所學。

學習者重新參與一項任務，目標在將歸納的結論應用到新的生活體驗中。分析任務並制定計畫。學習者將自己歸納的知識，付諸行動實踐並與自己的生活相關，這樣可以確保未來持續保留這些概念信息與行為。Javis主張生活實踐後應予以評價。

各級學校推動的服務學習強調體驗學習的重要。反省／檢討階段（reflection）是四大階段歷程重要歷程之一（教育部，2007）：

1. 準備／構思階段（preparation）
2. 服務／行動階段（service/action）
3. 反省／檢討階段（reflection）。把握經驗學習週期：What？（我做了哪些服務？）；So What？（這些服務帶給我的意義與學習？）；Now What？（未來我將如何運用所學？）
4. 發表／慶賀（celebration）。

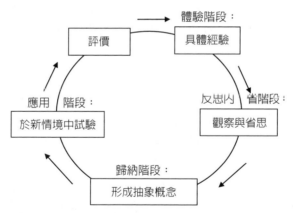

圖 2-1　**體驗學習圈**（參考 David Kolb, 2005）

## 三、五官心距離與共有體驗

日本生命教育學會理事長近藤卓（2005）提出共有體驗、共視論。不宜由一人孤獨的經驗不安、死亡、絕望、各種喜怒哀樂經驗，累積「某人

與我共有／分享感情經驗」，就感覺「我並不孤單」並且能接受「現在的我」接納自己。近藤卓教授亦主張「五官心距離」。小女孩趴在媽媽的背上說：「媽媽的味道好舒服」，媽媽問什麼味道呀？女孩回答：「柔柔軟軟的味道，聞起來好放心。」五官感覺不靠近距離無法感覺到，這是五官距離與心靈觸動的秘密。五官心靈觸動以味覺最近、其次是觸覺，接著依序為嗅覺、聽覺、視覺。因此透過五官學習可以觸動心靈令人感動，進而採取行動。

## 四、情意學習

　　學習分為認知、情意、技能動作三大領域。情意 Affective 過程五個層次從低至高為：1. 接受（Receiving）：專注。2. 反應（Responding）：主動參與，對訊息作出反應。3. 評價（Valuing）：對訊息予以評價。4. 組織（Organizing）：比較、關聯和引申所學過的不同的價值、信息及意念。5. 內化（Characterizing）：學習者將所學內化為一種本能（Bloom, 1956）。Krathwohl（1964）修正為以下五個目標層次：1. 接受；2. 反應；3. 價值判斷；4. 組織；5. 價值性格化。將價值內化成為個性的一部分，並升至理念，依其理念與倫理道德規劃並實踐生活（簡紅珠於國家教育研究院辭書，2000）。鍾聖校（2000）指出情意教學之本質在於理性、感性、協調、統整。透過情意教學可培養四個基本情意態度：邁向美感人生的欣賞、寬容；邁向倫理人生的關懷、尊重。歐秀慧（2006）主張情意教學的實踐，聚焦在「感動」。因為感動後就會融入行動，透過感動融入行動可培養正向積極的價值觀、態度與行為，「模擬體驗」及「實作體驗」都能達到「感動」及其他情意目標。模擬體驗如：看影片、聽故事、閱讀。實作體驗如：戶外教學、角色扮演、自然體驗、社區服務（歐秀慧，2006）。

## 五、儒家思想的生命教育

　　黃俊傑（1996）主張全人教育包括三個層面：身心一如、成己成物不二、天人合一。孟子曰：「從其大體為大人，從其小體為小人。耳目之官不思而蔽於物……心之官則思，思則得之。」強調「大體」的「心」具

有「思」的能力，但「小體」的「耳目之官」缺乏「思」的能力。又主張「君子所性，仁義禮智根於心」（《孟子・盡心上》）。儒家首重「心」的價值判斷能力之培養，以「心」支配「身」。其方法有二：「思」與「慎獨」。人透過「思」與「慎獨」達到「身心一如」、「以心攝身」。

成己成物不二是全人教育的第二個面向，也就是己立而立人，己達而達人。方法上可藉由孟子的四端：「惻隱之心」、「羞惡之心」、「辭讓之心」與「是非之心」達成。「惻隱之心，仁也。善惡之心，義也。恭敬之心，禮也。是非之心，智也。」

尊重自然與人性的尊嚴是全人教育的第三個面向。心之覺醒是全人教育的根本所在（黃俊傑，1996）。

## 六、生命的意義感

弗蘭克是精神醫學家，也是意義治療的鼻祖。常以「你為什麼不自殺？」問劇痛的病人。綜整病人的回答，主要是為了子女，或為尚待發揮某項才能。也就是為了重要的人或重要的事編織出生命的意義。呼應了德國哲學家尼采（Friedrich Nietzsche, 1844-1900）的哲言：He who has a why to live for can bear almost any how.（參透為何，才能迎接任何）。

「求意義的意志」（a will to meaning）是意義治療（logotherapy）的目標。也是 Frankl 弗蘭克博士存在主義 Existentialism 上的創見。要能幫助人在痛苦中看出一些道理或意義來，才能鼓舞生存意志。心理健康是奠基於：人「應該成為什麼」與人「是什麼」之間的緊張，或人「還應該完成」與人「已經達成」之間的緊張。人真正需要的是喚醒那等待他去實現的潛在意義。是緊張的兩極之間的「心靈動力學」：一極是這個「人」，另一極代表需實現的「意義」。而不是不惜任何代價地解除緊張的生物學平衡。「找到」自己生命的意義是人重要的任務，發展找出生命意義的三價值：

1. 藉著創造、工作：重要的事。
2. 藉著一種經驗體認價值：如愛情。重要的人。
3. 藉著受苦：面對無法改變的命運，如罹患癌症仍賦予生命意義，將苦難轉化為成就的動力。

（Victor E. Frankl 著，趙可式、沈錦惠譯，2008；鄭納無譯，2017）

## 七、接納行動訓練（Acceptance and therapy/trainning, ACT）

Steve Haye 於 1999 年提出 ACT 模式。ACT 在於建立一套積極正向的心理彈性力（psychological flexibility）的六個核心過程。ACT 包括 A 接納與 C 承諾行動兩大過程階段（蘇益賢，2016；Haye, nd）：

### (一) 接納過程

接納（acceptance）的過程包括：

1. 接納（acceptance）：是指接納自己的想法、感覺，而不奮力試圖改變。例如，焦慮症患者去感受並接納自己的焦慮，完全不作抗爭；疼痛患者接納疼痛感，放棄與疼痛爭鬥。

2. 認知脫鉤（cognitive defusion）：是指減低自己與想法、情感等內在經驗過度糾結。認知脫鉤技術在試圖改變思想和事件的不良功能，而不是改變它們的形式、頻率或情境敏感性。例如，一個消極的想法可以冷靜地觀察它的形式，將其視為外部觀察到的事件。例如（我有「我不好」的想法），檢查「我不好」那個想法時發生的感受，而不是直接體驗到思想「我不是好的」。

3. 以自我為背景（self as context）：是指觀察自我，看著自己發生的事，但不要陷入情緒中。

### (二) 承諾行動過程

承諾行動（commitment & action）的過程包括：

1. 活在當下（being present）：是指逝者已矣，來者未必可追。覺察當下，把握當下。

2. 價值觀（values）：是釐清對你來說重要的人與重要的事。

3. 承諾行動（committed action）：是依據前述價值觀設定目標與實踐行動。一方面接納自己的想法與感覺，一方面把握當下，釐清對自己重要的人與重要的事等價值觀，針對價值觀設立目標，為珍惜重要的人與完善重要的事採取行動。

## 第三節　共有體驗生命教育素養教與學模式

　　生命教育在幫助人喚醒生命的意義，培養理性感性協調的人。綜合上述生活技能、體驗學習圈、五官距離與共有體驗、情意學習、儒家思想、生命意義、接納行動訓練等理論基礎，作者試提共有體驗生命教育素養教與學模式如下頁圖（修改自黃雅文，2006）。

## 第二部分　生命教育通識課程與教學分享

　　每人即使是螢火蟲微光，也可以照亮黑暗的角落！由不完美中出發，大家集合起來帶給學生光明與希望！我們要讓生命教育發揚光大，使大家知道這是對的事情！回顧在 2013 年 2 月的寒假，我參加了福智文教基金會辦理的全國教師生命成長營，在 4 天半的 課程中竟然哭了 4 天，那是生命感動生命、心靈感動心靈的課程，內心的震撼與感動實非筆墨所能形容！回到學校，隨即數度邀請了當年雲科大通識中心的周文祥主任帶領的生命教育團隊蒞校分享，緊接著在 2014、2015 年寒假，敏惠連續每年各有 12 位老師，自動自發報名參加了全國教師生命成長營及暑生營，據說是當年各大專院校報名人數最多的學校，而這些老師不約而同的感想是，很想把營隊所學帶回學校傳遞給學生。

　　敏惠醫專的創辦人楊鳳和先生遺留的校訓是「飲水思源──孝順父母、尊師愛校」，這是他辦學的教育宗旨，跟福智文教基金會創辦人日常師父強調，老師要先帶著學生學會念父母恩、念師長恩的理念不謀而合！幸運的是自 2015 年 9 月起，本校正式通過將生命教育納為全校必修的課程，以「觀功念恩」為核心教育主軸。目前全校擔任生命教育任課的夥伴早已超過 20 人，全是參加過教師營且自願加入生命教育團隊的各科老師，加上校長全力支持，也自願加入全校生命教育跨領域授課的行列，敏惠的生命教育列車順利啟動，迄今已整整 6 年！每個人在看到社會現象時，有沒有想到和自己有什麼關係，當你有了責任感就有了希望，即使是辦法很卑微，做法未必是最好的，但是卻讓人類生命會因此而更加美好，希望社會

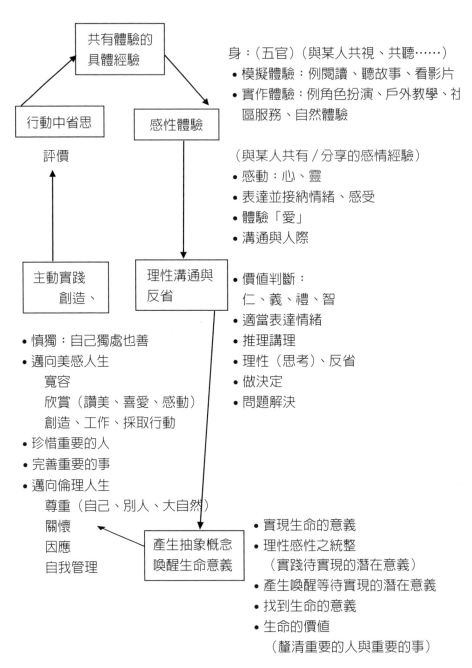

圖 2-1　共有體驗生命教育素養教與學模式（黃雅文，2022）

的清流愈來愈多，願意為地球盡一點心力，當每人願為生命盡一點責任，肯為他人付出，這是時代的希望！

　　老師的教學，並非只是在學生答錯時懲罰他，而是讓學子受到老師那麼多的陪伴，他會感受到溫暖、光明與希望！認為自己是可以突破、改變，因此帶來正向快樂，也給他人快樂，這才是真正的教育！有了老師的陪伴，在困難中找到希望，他就能幫助別人，人生大有作為，有力氣去突破困境，帶給人活力，心裡不再冰冷、昏暗。當他看到別人也有希望，同時也實現了他的理想，自利利他，透過學習突破自己、超越自己，改變生命，改變對困境的看法，用積極心態去面對，完成自己生命極限的超越。因為想法改變不斷學習超越，痛苦自然就會減少，不再悲哀絕望，讓他知道生命是有希望的，可以改變，當學生透過學習因而改變，這就是世界的希望！

　　一群志同道合的人讓學生的生命更加美好，不是只看到教他的一年、兩年或三年，而是關注到他的一輩子，透過帶領學生的過程，老師自己也在實踐，身體力行，即使有困難點，當學生看到我們的突破與改變，他就會充滿希望！我們要讓生命教育發揚光大，使大家知道這是對的事情！「生命是個老師，但是它通常不是透過科學的研究，而是透過經驗，才讓我們得到最深沉的學習。」榮格說：「人們回首過往，對那些才華橫溢的老師固然讚賞，但令其心中最感念的，卻是那些曾經觸動過他們心靈的人。」我想這一輩子做得最對的一件事，就是找選對了一個神聖的志業——能當生命教育的好老師！道路因為有人指引而有方向，生命因為有人引導而有光明。

## 參考文獻

孟子，公孫丑，萬章（372BC-289BC）。孟子。

林玫伶（nd）。多文本閱讀教學。2021年12月16日，取自http://eb1.hcc.edu.tw/edu/data/research/20210405222754 2504.pdf

近藤卓（2005）。「いのち」の大切さがわかる子に。京都。PHP研究所。圖書印刷株式會社。

洪蘭（nd）。**洪蘭老師談閱讀**。2021年12月16日，取自https://parents.hsinyi.org.tw/Topic/Index/129？TopicID=1070

徐薇琪（2020）。**職場核心技能：如何培養「邏輯思維」與「批判性思考」能力（下）**。2021年12月16日，取自https://blog.hahow.in/iron-vicky-logical-thinking-2/

國家教育研究院（2000）。**水平思考**。2021年12月16日，取自https://terms.naer.edu.tw/detail/1303392/

教育部（2007）。**教育部大專校院服務學習課程與活動參考手冊**。2021年12月16日，取自http://webc1.must.edu.tw/jtmust042/attachments/article/223/h12.pdf

教育部（2018年12月）。十二年國民基本教育課程綱要。**綜合活動領域課程手冊**。2020年7月5日擷取自https://www.naer.edu.tw/ezfiles/0/1000/img/67/376957114.pdf

教育部（2021）。**十二年國民基本教育課程綱要總綱**。2021年12月16日，取自https://edu.law.moe.gov.tw/LawContent.aspx？id=GL002057

清華大學多文本閱讀教學中心（nd）。2021年12月16日，取自https://www.youtube.com/watch？v=VutuWjq2TTE

溫明麗（2003）。**批判性思考與創意人生**。國立臺灣大學教學發展中心。2022年1月29日取自http://ctld.ntu.edu.tw/_epaper/news_detail.php?f_s_num=380

陳紅（2021）。大學生閱讀與健康成長。**科教文匯**，*8*，171-172。

黃俊傑（1996）。從古代儒家觀點論全人教育的含意。見林治平主編，**全人教育國際研討會論文集**。臺北：宇宙光。

黃雅文（2006）。共有體驗生命教育教學模式──自殺預防的基礎教育。**研習資訊雙月刊**，*23*(4)。

楊國樑（2005）。何謂體驗學習。2021年12月16日，取自http://www.pataiwan.org/page/explore.php

歐秀慧（2006）。**情意感受之喚醒──以家長回函與詩歌欣賞之情意**

活動設計爲例。2006年7月20日，取自http://www.dyu.edu.tw/-cd9000/new/c04.doc

鍾聖校（2000）。**情意溝通教學理論：從建構到實踐**。臺北：五南。

蘇益賢（2016）。**接納與承諾療法**（Acceptance and commitment therapy）簡介。2021年12月16日，取自https://contextualscience.org/blog/acceptance_and_commitment_therapy

Bloom, B. S., Engelhart, M. D., Furst, E. J., Hill, W. H., & Krathwohl, D. R. (1956). Taxonomy of educational objectives: The classification of educational goals. Handbook I: Cognitive domain. New York: David McKay.

Chen, Su-Yen (2009). Functions of Reading and Adults' Reading Interests. Reading Improvement, 46(2), 108-116.

Driscoll J. (1994). Reflective practice for practice. Senior Nurse, 13, 47-50.

Edward de Bono (nd). Six Thinking Hats. https://www.debono.com/

Edward de Bono著，劉慧玉譯（2010）。**6頂思考帽**（Six thinking hats）：**增進思考成效的6種魔法**。臺北：臉譜。

Kolb, A. Y. & Kolb, D. A. (2005). Learning styles and learning spaces: Enhancing experiential learning in higher education. Academy of Management Learning & Education. pp193-212.

Kurt.S.(2020). Kolb's Experiential Learning Theory & Lng Styles.2021/12/16 Retrieved from https://educationaltechnology.net/kolbs-experiential-learning-theory-learning-styles/

New South Wales (NSW). Australia (2021). Education for a changing world: Critical thinking. Retrieved from https://education.nsw.gov.au/teaching-and-learning/education-for-a-changing-world/thinking-skills/critical--thinking#Ho

Roger Greenaway (2018). Reviewing Skills Training.2021/12/16 retrieved from https://reviewing.co.uk/_site.htm

Sevinç Gülşah (2019). Healing Mental Health through Reading: Bibliotherapy. Psikiyatride Güncel Yaklaşımlar.

Hayes, S. (n.d.). About ACT. 2021/12/19 retrieved from https://contextualscience.org/act

UNESCO Institute for Statistics (2021). Literacy definition http://uis.unesco.org/en/glossary-term/literacy

Vanicheva, T., Kah, M., Ponidelkoa, L. (2015). Critical thinking within the current framework of ESP curriculum in technical universities of Russia. Procedia - Social and Behavioral Sciences, 199, 657-665.

Viktor E. Frankl著，趙可式、沈錦惠譯（2008）。活出意義來（Man's Search for Meaning）。臺北：光啟文化。

Viktor E. Frankl著，鄭納無譯（2017）。意義的呼喚——意義治療大師法蘭可自傳。Was nicht in meinen Büchern steht. Lebenserinnerungen。臺北：心靈工坊。

Wikipedia (n.d.). Edward de Bono. https://en.wikipedia.org/wiki/Edward_de_Bono

World Health Organization (2003). Skills for health: skills-based health education including life skills: an important component of a child-friendly/health-promoting school. https://apps.who.int/iris/handle/10665/42818

# 第三章 哲學思考

張碧如

屏東科技大學師資培育中心副教授

　　思考是探究各種科學或處理生活問題不可或缺的素養，而哲學思考是進行思考學習及訓練的終極目標。在生命教育中，具備良好的思考素養，才能進行人學探索、終極關懷、價值思辨及靈性修養等學習，因此哲學思考的教學，應著重在生命教育這四大學習重點的融入。

　　哲學思考之所以重要，是因為在變化巨大且不確定性高的時代中，人們經常要面對重大的困難與抉擇。此時，良好的思考素養可以讓人們具備預見與洞察能力，幫助人們做出更趨向正確的判斷，如此才能解決複雜的社會問題、提高組織或個人的行動力，因而能夠面對這個劇變的新時代。

　　思考是解決問題、尋找答案、獲取意義的心理活動（張明貴譯，2007）。要提升思考能力，首先需要了解人是怎麼思考的，也就是要了解思考的模式，之後需透過適切的訓練，以提升正確思考的能力。

　　在了解思考模式方面，人的思考有系統一及系統二兩大運作模式。在系統一的運作下，「直覺」會變成「想法」，當直覺有偏誤而系統二又持續不運作時，就會慢慢加深認知的謬誤、形成偏見、造成思考阻礙。系統一的缺點可以透過系統二的運作而獲得改善。但系統二要運作良好，必須學習如何正確思考，包括要具備清楚的邏輯與了解論證的結構，也要能判斷論證是否有效。也就是，思考人人都會，但重要的是，要避免系統一的錯誤思考，以及要了解系統二的正確思考。

　　在訓練正確思考方面，當了解思考模式與其運作的狀況後，應透過正確思考的方法、技能、情意與態度等練習，來提升思考的質與量，之後再透過「後設思考」的運作，來知覺與調整思考，並以學習「思考如何思考」，來幫助成為正確思考者。本章的內容結構，如下圖：

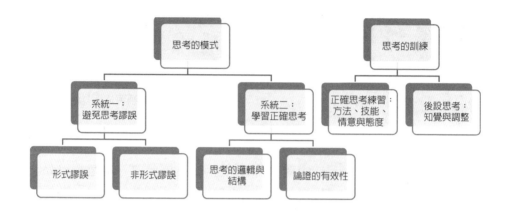

# 第一節　思考的模式

人總覺得自己是理性的，但卻經常做出不理性的決定。人是怎麼思考的？人的思考真的是理性而清楚嗎？近代解釋人類思考的重要著作，當屬《快思慢想》（洪蘭譯，2018）一書了。該書的作者卡尼曼（D. Kahneman）是第一個以心理學家身分但拿到諾貝爾經濟學獎的人。他延續心理學家 Keith Stanovich 和 Richard West 的分類法，把人的思考分成系統一的快思考模式及系統二的慢思考模式。

## 一、系統一模式

系統一又稱為「快思考」，是直覺系統，運作時不用意識控制。在回答簡單問題時，大部分人都不會細想，並習慣性的利用直覺瞬間回答。因為速度快、腦力消耗少，人們有經常採用「捷思」（heuristic thinking）的傾向。例如，當同學問你要在哪裡討論功課時，你可以快速的考慮地點的便利性、交通的可能性，而立刻說出回答。類似這種思考在日常生活中隨處可見，它默默的協助我們解決問題、做出決定、舒緩情緒。因為它運作很順利、不費力，人們經常不太注意其存在，甚至不覺得自己是經常性的運用它來處理生活大小事。然而，系統一缺乏深思熟慮、容易逃避困難、經常受到內外在因素干擾、容易在求證不足或分析偏誤時驟下評斷，因此

容易產生認知偏差。

## 二、系統二模式

　　系統二又稱為「慢思考」，是非直覺系統，所以需要保持足夠的專注來主動控制，因此腦力的消耗大。平常系統二會處於未啟動狀態，在遇到系統一的「捷思」或「快思考」無法解決的複雜任務時，才會啟動運作。例如，經常騎車的人在熟悉又寬闊的馬路上會利用系統一來運作，所以可以一邊唱歌、一邊騎車；當騎在陌生又擁擠的道路，要一邊騎車、一邊看導航、一邊注意壅塞交通時，就需要轉由系統二的運作模式。系統二是心智的理性指揮官，它在處理問題時較緩慢，因此較為正確而客觀。人們的很多判斷經常在事後證實是不理性或有偏見的，所以應該要有意識的運作「慢想」，以彌補「快思」的缺陷。

## 三、思考模式的運作

　　系統一是反射性的直覺思考，系統二則是按部就班、嚴謹分析的理性思考，兩者運作的分工方式可以將工作量減到最低、將效能充分提高。在遇到簡單問題時，系統一的快速回答可以省力而有效率的運作；當問題複雜而困難時，耗力的系統二便會接手，並做出精準而正確的判斷。雖然人們同時擁有兩種系統的思考，多數情況下只會用到系統一，但會以為自己的判斷是經過系統二深思熟慮的結果。例如上街購物時，人們會做很多計算與比價，因此自覺是經濟實惠的購物者，但卻經常因賣場的設計或暗示，而買了過多東西。

| 貼心小整理 | |
| --- | --- |
| 系統一思考 | 系統二思考 |
| • 快思考：直覺系統、省力、快速、適用於簡單問題<br>• 特性：缺乏深思熟慮、容易有形式謬誤或非形式謬誤<br>• 建議：人們未能自覺的過度使用，應學習自我檢視 | • 慢思考：非直覺系統、費力、能處理複雜問題<br>• 特性：緩慢，但判斷較正確而客觀<br>• 建議：經常未啟動，因此應學習如何使用它，以成為理性的思考者 |

## 第二節　避免思考謬誤

　　系統一運作下，可能會產生偏見與主觀等思考謬誤。「謬誤」（fallacy）是指不當的推理思路，「思考謬誤」是指個人根據其對輸入的感知，而創造其「主觀現實」，而不是客觀現實，因而導致知覺的扭曲、不準確的判斷、不合邏輯的解釋或廣義的非理性等。這種思考的不理性或偏差，發生在學有專精、社會地位高、有長期成功經驗者身上的可能性更高（林欣儀譯，2011；劉福增，2002）。

　　思考的謬誤包括形式謬誤與非形式謬誤。

### 一、形式謬誤

　　形式謬誤是指做的推理有邏輯結構的缺陷，因而讓推理變得無效的論證錯誤。形式謬誤將在第四節的「無效推論形式」中說明，在此先不贅述。

### 二、非形式謬誤

　　非形式謬誤不是因為邏輯有缺陷而造成的推理無效，而是因為一些習焉不查的推理謬誤，或認知偏差的結果。

#### (一) 習焉不察的推理謬誤

　　有些聽起來很有道理的推理，可能只是有個理性的偽裝，所以需要小心檢視，否則會誤以為是正確的。劉福增（2002）提出了 21 項具有邏輯推論外型的謬誤，僅就常見的幾項進行說明。

#### 1. 訴諸權威／訴諸無知

　　訴諸權威是引用某些重要人士說過的主張來支持其主張，而不是對主張本身提出客觀的理由或證據。例如：心理學家說學前階段的孩子適合學外語，所以幼兒園應該多學幾種語言。訴諸無知是找不到理由來支持論點，因此認為該論點是錯的。例如：因為不能證明疫苗的療效，所以傳染病不應該用疫苗來治療。

## 2. 人身攻擊／訴諸憐憫

　　人身攻擊是指不對論述本身提出客觀的理由或證據，但提出論述者的品德有問題，因而認為其論述不正確。例如：他的話不可信，因為他是個殺人犯。訴諸憐憫則是企圖讓人產生憐憫或同情，因而做出錯誤判斷。例如：他偷錢雖然不對，但他真的已經餓好幾天了。

## 3. 偶例／假因

　　偶例是把一個普遍的原理，應用到不是這個原理應該應用的地方。例如：憲法規定人有受教育的權益，那進大學為什麼還要考試呢？假因是誤把某一個不是真正的原因當成原因。例如：學校午餐時間會播放音樂，這個學校的升學率表現不錯，所以音樂會提升學生的升學表現。

## 4. 合稱／分稱

　　合稱（composition）是全體中有一部分具有某特質，因而推論全體具有該特質。例如：這篇文章的每個段落都寫得很好，所以這是篇好文章。分稱（division）是全體有某特質，因而認為部分也具有該特質。例如：在街上常可以看到狗，哈巴狗是狗，所以街上常可以看到哈巴狗。

## 5. 一語多義／強調詞

　　一個句子有兩種或以上的解釋。例如：「我贈送一萬元給阿蘭和阿香」，可能是我「各」贈送一萬元，或我「共」贈送一萬元兩種意涵。強調詞是利用強調某字眼，以改變語句的意義。例如：Woman without her man would lost. 可能是 Woman, without her, man would lost，也可能是 Woman, without her man, would lost.

## 6. 循環論證／複合問題

　　循環論證是把待證的結論當前提，因而形成循環。例如，殺人者應該要死，因為殺人者是罪不可赦的。複合問題是問甲問題，但裡面潛藏了乙問題，並企圖透過對甲問題的回答，來連結乙問題的答案。例如：「你為什麼要把槍上的指紋擦掉？」是問你會做這件事的原因，如果你回答了，

則同時複合了你承認你有做過這件事。

## (二) 認知偏差

除了具有邏輯推論外型的謬誤，認知偏差（cognitive bias）也可能造成思考謬誤。認知偏差是個人對現實的建構，可能不是客觀的輸入，而是由人們在世界上的想法或行為而決定。常見認知偏差包括（整理自維基百科）：

### 1. 暈輪效應

又稱光環效應、月暈效應等，是指對某人或某事的認知，是先根據初步印象，再從這個印象推論出其他特質。例如，徵聘員工時有個人畢業於名校，面審官就認為這個人是菁英。

### 2. 錨定效應

在進行決策時，會過度偏重先前取得的資訊（稱為錨點），之後便以這個資訊為基準，而做出後續決定。例如，一件衣服定價 1000 元，這個 1000 元便成為「錨點」，之後以 800 元買到時，會因為之前的錨點而判斷這件衣服很便宜。

### 3. 框架效應

在面對問題時，會選擇乍聽之下較有利或順耳的決定方案。例如：有個吝嗇鬼掉到河裡，好心人在岸邊喊「快把手給我，我把你拉上來！」吝嗇鬼就是不肯伸出手。好心人轉口喊「我把手給你，你快抓住我！」吝嗇鬼立刻抓住好心人的手。

### 4. 基本歸因謬誤

我們會用不同標準來評斷他人及自己，因而產生歸因的謬誤。例如，別人的小孩在公共場合吵鬧，我們會歸因為孩子的家教不好（個人歸因），但自己的小孩在公共場合吵鬧，則會歸因為空間太大，讓孩子太累了（情境歸因）。

### 5. 確認偏誤

　　人們會傾向於尋找能支持自己理論或假設的證據，而忽略不能支持的證據。例如，討厭某個地區時，會下意識的關注該地區的負面消息，忽略正面消息，以強化該認知。

| 貼心小整理 | |
|---|---|
| 形式謬誤 | 非形式謬誤 |
| • 邏輯結構有缺陷的推理（無效推論形式） | • 習焉不查的推理謬誤<br>• 認知偏差 |

## 第三節　學習正確思考

　　長遠來說，一個人能否成功，與其所學領域或在該領域中的表現有關，但更重要的是要能善用系統二思考模式，也就是需要具備正確思考的能力。正確思考可以幫助我們把想法想清楚（內在），也可以表達得更準確（向外），而其學習的內容包括：

### 一、思考的邏輯與結構

　　邏輯是思考的論證基礎，結構是論證的方法與模式。最早提出演繹與歸納論證邏輯，並有系統的研究推理結構與模式的，是希臘的亞里斯多德（Aristotélēs）。之後英國人培根（F. Bacon）把歸納邏輯做為唯一能夠達到新知的推理模式，法國人笛卡爾（R. Descartes）則將演繹邏輯的推理論證引向極端（張則幸、全福順，1994；劉福增，2002）。演繹與歸納雖為兩個不同，甚至相反的論證邏輯，但張則幸、全福順（1994）卻強調這兩者是互補相成的。也就是，經由歸納，可以得到普遍的概念；經由演繹，可以運用這些概念來理解、解釋、組織，並由此檢測其歸納得到概念的正確性。

## (一) 演繹邏輯（deductive thinking）

演繹是指以一個普遍承認的原則或知識為「前提」，透過觀察而推理到特定事例，最後得到「結論」的思考過程。在這個結構中，每個陳述都是從前面的陳述推導出來的。

前提與結論的關係，就是論證。演繹邏輯所運用的論證結構非常多，最傳統的是三段論（syllogism）。三段論是指一個結論，必定是從另外兩個前提所推論出來的，其組成包括：大前提、小前提、結論。大前提是一般性原則，小前提是特殊陳述，結論則是基於小前提之上，應用大前提而得到的結果（張明貴譯，2007）。

亞里斯多德的經典「Barbara」三段論的論證結構為：

1. 大前提：所有人都會死（普遍原理）。
2. 小前提：蘇格拉底是人（特殊陳述）。
3. 結論：所以蘇格拉底會死（結論）。

在三段論中，邏輯學家為了分析便利，以及讓大家注意在結構，而不是意涵，因此使用符號來代替名詞。最常用的符號是 P、Q、R。所以在上面的例子中：如果是人（P）則死（Q）；蘇格拉底是人（P）；蘇格拉底會死（Q）。再例如：如果滿七歲（P）則要上學（Q）；小美未滿七歲（P）；小美不必上學（Q）。

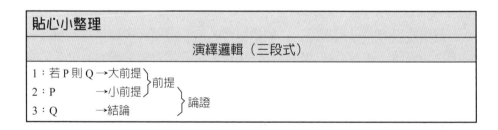

**貼心小整理**

| 演繹邏輯（三段式） |
|---|
| 1：若 P 則 Q →大前提 ⎫前提⎫ |
| 2：P →小前提 ⎬ ⎬論證 |
| 3：Q →結論 ⎭ |

## (二) 歸納邏輯（inductive thinking）

歸納是以觀察多個事例所獲得的經驗為根據，從而歸納出一個共同的特性或概括原則，也就是從個別經驗推論出普遍知識的過程。例如，發現張三會死，發現李四會死，張三、李四都是人，所以是人都會死。這是從

觀察張三和李四都會死，而得到人都會死的原則或知識。然而，歸納論證的論據與論題之間缺乏必然的邏輯聯繫，要得到可靠的結論，就必須選擇有代表性的典型事例，以及要有精確的觀察和實驗。例如買番茄時，我們會先嘗幾顆，如果都很甜，就歸納出所有番茄都是甜的，這是用歸納法所得到的結論。但是，如果我們嘗的幾顆都是放在最上層的，也就是不是典型的幾顆，那麼歸納的結論就可能會錯。

## 二、論證的有效性

　　根據論證結構而得到的推論是否成立，通常會用有效（valid）或無效（invalid）來說明。一個論證是否有效，在於其前提是否能支持結論，也就是前提與結論之間必須有因果關係；前提與結論間有所關聯，爲有效論證，如關聯性不足，則可能是無效論證。特別的是，邏輯專家對邏輯的關聯性很有興趣，但對內容眞假的興趣則沒那麼高，所以就算前提或結論是假的，只要具有關聯性，還是可以是有效論證（劉福增，2002）。例如：約會時你遲到，遲到是結論（主張或要證明的結果），說明遲到的原因是前提（支持結論的理由）。如果提出的原因是太陽從東邊升起，因爲原因（前提）與遲到（結論）間的關聯不足，是無法接受的；如果是因爲塞車，因爲原因（前提）與遲到（結論）間的關聯較充足，就可以接受。遲到跟塞車的原因是眞是假业不重要，重要的是兩者間要有關聯，也就是要說起來有道理。

## (一) 有效推理形式（effective form of inference）

　　前提推導出結論時，只要推理過程是正確的，或符合推理規則的，也就是只要結論是從前提推導出來的，即使前提爲假，都可能是有效論證。當前提與結論都是眞的之有效論證，稱爲健全（sound）論證。劉福增（2002）提出表 3-1，可以看出有效論證的前提與結論間的眞僞關係。

表 3-1　有效論證

|  | 結論真 | 結論假 |
|---|---|---|
| 前提真 | 所有鯨魚都是哺乳動物（真）<br>所有哺乳動物都有肺臟<br>所以所有鯨魚都有肺臟（真） | 無（不可能有這個狀況） |
| 前提假 | 所有魚都是哺乳動物（假）<br>所有鯨魚都是魚<br>所以所有鯨魚都是哺乳動物（真） | 所有蜘蛛都有六隻腳（假）<br>所有六隻腳的動物都有翅膀<br>所以所有蜘蛛都有翅膀（假） |

整理自劉福增（2002）。

## (二) 無效推理形式（in-effective form of inference）

　　無效論證是指推理過程中，無法從前提導出結論的論證。無效論證的結論可能為真，也可能為假，但只要結論不是從前提推導出來，即使結論為真，都是無效論證。劉福增（2002）提出表 3-2，可以看出無效論證的前提與結論間的真偽關係。

表 3-2　無效論證

|  | 結論真 | 結論假 |
|---|---|---|
| 前提真 | 地球是圓的、太陽從東方升起（真）<br>地球是圓的<br>所以太陽從東方升起（真） | 在火星上沒辦法呼吸（真）<br>現在小明沒辦法呼吸<br>所以小明去了火星（假） |
| 前提假 | 所有哺乳動物都有翅膀（假）<br>所有鯨魚都是魚<br>所以所有鯨魚都是哺乳動物（真） | 所有哺乳動物都有翅膀（假）<br>所有鯨魚都有翅膀<br>所以所有哺乳動物都是鯨魚（假） |

整理自劉福增（2002）。

## 第四節　思考的訓練

　　在了解思考的模式後，便可以開始做思考的訓練了。為了正確思考，首先要了解思考的方法，之後才能夠透過思考技能的提升、思考情意與態

度的養成等，來訓練思考能力。

## 一、思考的方法

　　了解思考的方法，才能知道要怎麼訓練思考。Fisher（引自張玉成，2013：21）用兩兩相對來分析思考的方法，包括：創造與批判、探究與分析、歸納與演繹、非正式與正式、冒險探索與封閉、左半腦與右半腦、擴散性與聚斂性、水平與垂直等。以下僅就比較常用的幾項進行說明。

### (一) 垂直思考

　　思考方法的最核心分類，是垂直思考與水平思考，而且幾乎影響了後續所有思考的探討，兩者特性的整理，請參考表 3-3。

表 3-3　垂直思考與水平思考之比較

| 垂直思考 | 水平思考 |
|---|---|
| 收斂思考 | 散發式思考 |
| 邏輯思考 | 非邏輯思考 |
| 分析、辨明的思考 | 綜合、直觀的思考 |
| 單向、線性的思考 | 多向、動態的思考 |
| 主要是意識層次的運作 | 涉及潛意識層面的運作 |

資料來源：饒見維（2005），頁 22。

　　垂直思考（vertical thinking）又稱聚斂性思考（convergent thinking）、深層思考等，是由亞里斯多德首先提出的傳統思考方式。它是從已知的理論、知識或經驗出發，把事實統合於合理及和諧的邏輯中，並以縮小問題範圍的方式，做垂直、深入的分析與整合，以引導出期望的結果或解答。

　　垂直思考講究思考的嚴謹順序，重視邏輯推理的合理性，所獲得的真理較具系統性、正確性及普遍性，是一般學校較為重視的學習方法。

### (二) 水平思考

　　水平思考（lateral thinking）又稱擴散性思考（divergent thinking）、

開放性思考，是由波諾（Edward de Bono，引自饒見維，2005：22）在1960 年代末期所提出，並認為是改善垂直思考缺點的重要方式。它不遵循傳統的分析與整合邏輯，而是從多元、不同角度來自由聯想，並透過擴大關注範圍，搜尋所有可能答案的方式，期望能產生大量、多樣的資訊。饒見維（2005）提到水平思考有較多創新的可能，因為它具備的特徵包括：增進思考力、產生大量創意、突破刻板印象、產生獨創想法、充分運用知識與經驗。

## (三) 批判思考

在垂直與水平思考的論述外，經常有人將思考分成批判性思考及創造性思考（林欣儀譯，2011；張明貴，2007；饒見維，2005）。

批判思考（critical thinking）是指思考者透過準確、持續和客觀的分析、評估與重構，來提高思考的精確性、妥當性和價值性的心智活動。批判性思考運用了垂直思考的方法，其目的在盡可能求得最理性與客觀的判斷，建立嚴謹而紮實的推理結構，以期更接近真理與真相。

## (四) 創造思考

創造思考（creative thinking）是產生原創、有效和複雜想法的一種發散、開放性思考方式，具有適應性及原創性。創造思考者通常會運用水平思考法或其他新奇方式來解決問題，包括：腦力激盪（brainstorming）、創造性問題解決（creative problem solving, CPS）、屬性列舉（attribute listing）、分合法（synectics）、六頂思考帽（6 Thinking Hats）、逆向思考（reverse thinking）等。

## 二、思考的技能

思考技能是思考的工具，其分類沒有一定共識。蕭亮（2020）提出深度思考的養成，需要六項技能：定義資訊、抽離、辨別、篩選、設計、反饋。張玉成（2013）整理學者們對思考技巧的論述，其中馬薩諾（R. J. Marzano）將之分為八大類、21 項技能。本文認為，能掌握事實、分辨價值，並能對特定觀點或立場進行判斷，才是一個有思考技能的人，因此就

馬薩諾的論述為基礎，將思考的技能分成三個部分。

## (一) 掌握資訊的技能

能正確蒐集、理解資訊，並做客觀觀察，以初步驗證資訊。包括：
(1) 聚焦技能：將注意力集中在重要資料的能力，如界定問題、設定問題。(2) 資料搜集技能：察覺認知過程中所需資料的能力，如：觀察（從環境中獲得資料）、構思問題（透過問題的構思和澄清而注意到資料）。

## (二) 釐清資訊的技能

在掌握資訊之後，應能釐清資訊，使之成為深入、有條理、完整之統整性資訊。包括：(1) 記憶技能：對事物深入思考，以便記憶的能力，如：編碼（把零散資料有系統地連結）、回憶（提取記憶中的資料）。(2) 組織技能：對資料從事有計劃和結構性排列的能力，如：比較（找出事物的相關性）、分類（適切歸類）、排序（依某標準進行順序）、呈現（找出資料的顯示方式）。(3) 分析技能：檢視組成元素間的關係，以釐清資料的能力，如：確認特質屬性和成分、確認關係和組型、確認主旨、指出錯誤（偵查出邏輯、計算、程序或知識上的錯誤及原因）。(4) 衍生技能：透過過去的知識和經驗，而綜合出新資料的能力，如：推論（推算出不明顯的可能事實）、預測（對事物的可能發展作出猜測）、精進（提出例證以幫助解釋）。(5) 統整技能：連結各部分為整體，以了解事物全貌的能力，如：摘取要點（區辨重點、濃縮資料）、重組建構（對既存概念作新的調整）。

## (三) 判斷資訊的技能

對事物的品質及合理性進行評估與判斷的能力。包括：建立標準（事先設定評鑑標準）、驗證（根據標準進行判斷）。

## 三、思考的情意與態度

思考的方法與技能可以幫助思考能力的訓練，但訓練成效則顯著受到情意與態度等潛在因素的影響。情意與態度是個體對特定對象所持有的穩

定心理傾向，透過這種心理傾向來訓練思考，在消極方面可以學習自我覺察，在積極方面可以培養思考美德。

## (一) 學習自我覺察

覺察的目的在了解自己的立場與客觀真理之異同，以檢視各種可能的謬誤與偏見。當摒除這些思考的阻礙，才能達到立場不必中立，態度必須公正的理想。認知的謬誤在第三節已有說明，在此謹討論思考的偏見。

一個人在資訊有限、欠缺實證或調查、缺乏事實根據時，可能會「預先」做出自己的喜好、傾向或判斷，並以為其間有必然的因果關係，因而形成偏見（prejudice）。正確思考的首要工作，是要透過自我覺察以避免可能的偏見。心理偏見包括：

1. 意識型態（ideology）：抱持拒絕自我革新，並要求追隨者絕對服從的態度。例如：保守主義、自由主義、社會主義等。
2. 刻板印象（stereotype）：心中有固定看法，並依此來描述一個群組成員的特徵。例如：男生適合讀理科、女生適合讀文科。
3. 歧視（discrimination）：基於心理偏見而給予不同對象其不同對待的行為。例如：年齡歧視是對老人的貶抑；性別歧視是對女性的貶抑；種族歧視或國家歧視是以人種的相異所進行的分離或隔離。

## (二) 建立思考美德

蕭亮（2020）認為思考必須：(1) 目的純粹，也就是不偏離思考的主要目標；(2) 直達本質，也就是要避免複雜和表層的無關現象。為了進行這種純粹及重視本質的活動，必須培養思考的美德。包括：

### 1. 追求真理的意願

思考的美德首先要對追求客觀真理這件事是有意願，甚至是熱情的。這種意願的特徵包括：理性的、保持懷疑的、無偏見的、以證據來評估的。當有這些意願，才能踏實的進行追求真理的旅程。包括：(1) 在事實辨認階段，要能經常性的剖析事實真相，並能勇敢的區分真假或對錯；(2) 在價值分析階段，要能分析不同價值的觀點，並能解決價值觀的衝

突；(3) 在忠實傳達階段，要能避免因扭曲而造成誤解，並能精準傳達眞理的內容。

## 2. 善於思考的特質

　　一個思考者應具備某些特殊的特質。張明貴（2007）表示，創造者必須具備動態、勇敢、機智、辛勤、獨立等性格；批判者必須具備願意克服思考障礙、善於利用好奇心、不願臆測、能面對爭議等性格。張玉成（1993）強調，創造思考者的特性爲：敏於感知問題、見解流暢、具變通性與獨創性、直觀、願意冒險、能跳出常規、有反抗群體壓力等。綜言之，一個有思考美德的人應培養的特質包括：不過度依賴一套經驗或系統、願意冒險與挑戰、勇於接受不確定性、有好奇心及想像力、能善用質疑與直觀來審愼思考、能面對爭議及群體壓力等。

## 3. 持續思考的習慣

　　有好的思考能力，就必須持之以恆的行動，因此持續思考的習慣，也是重要的思考美德。蕭亮（2020）提到，持續思考是一種長久、深入和重複的練習。林欣儀（2011）的譯作提到頭腦有四大惡習，包括：思考放棄、思考依賴（屬於思考關機類別），以及思考扭曲、思考偏頗（屬於思考不周類別）。爲了改善這些惡習，必須養成三個習慣，包括：認眞投入事物的習慣（如，應經常進行理性對話）、學習的習慣（如，經常閱讀分析性文章）、徹底思考的習慣（如，追根究柢的運用邏輯）等。

| 貼心小整理 | | | |
|---|---|---|---|
| 了解思考的方法 | 訓練思考的技能 | 自我覺察 | 建立思考美德 |
| • 垂直與聚斂<br>• 水平與擴散<br>• 批判<br>• 創造 | • 掌握資訊<br>• 釐清資訊<br>• 判斷資訊 | • 意識型態<br>• 刻板印象<br>• 歧視 | • 追求真理的意願<br>• 善於思考的特質<br>• 持續思考的習慣 |

## 第五節　後設思考

知道自己在做什麼思考，或者知道爲何要這麼思考，這種「思考如何思考」，就是後設思考。對思考進行思考時，可以動態的掌握思考本質，是思考訓練的一種檢視與控制的過程。

### 一、後設思考的定義與理論基礎

後設思考，又稱後設認知（meta-cognition）、元認知、對認知的監控、認知的認知、思考的思考等，是指個人對自己的認知進行掌握、控制、支配、監督和評鑑的歷程。根據彭新強、李傑江（2008），認知是「知其然」，包括回憶、編碼、資訊處理、創造思考、批判思考、做決定等概念化要素，而後設認知是「知其所以然」，包括計畫、監控、檢核等控制的能力。

後設認知是弗拉維爾（J.H. Flavell）在 1967 年所提出。他認爲，人對認知活動的理解、意識、監控，是三大元素互相作用的結果。這三大元素包括（彭新強、李傑江，2008）：

1. 後設認知知識：是對自己認知活動的認識，包括：(1) 知人的知識：對認知主體（自己或他人）的認識。(2) 知事的知識：對認知任務目標、難易、對錯的認識。(3) 知術（策略）的知識：能隨機應變、採用適當方法的知識。
2. 後設認知經驗：隨認知活動的進行所產生的情感體驗。例如：失敗會帶來焦慮的預測、成功會帶來喜悅的預測。
3. 後設認知監控：即對認知活動的自我監視或控制，以及包括計畫、監控、檢核等調節動作。

### 二、後設思考的策略

彭新強、李傑江（2008）引用弗拉維爾的認知監控模式，強調後設認知策略重視學生的自我覺知，以及對自我學習歷程的檢討。因此，需要訓練他們知覺和調整兩大後設認知策略。

## (一) 知覺：認知的知識

　　知覺是指對弗拉維爾的「後設認知知識」及「後設認知經驗」的覺察與了解。當對認知主體、認知任務、認知策略、認知經驗都很清楚時，才能有一種了然與胸的從容，因而能進行後續的監控與調整。知覺的訓練策略包括：

1. 知人的知識：例如，利用角色扮演來協助學生了解自己。
2. 知事的知識：例如，協助了解作業的目標、協助辨識教材的內在結構。
3. 策略的知識：例如，介紹各種認知策略（畫重點、作大綱、構圖、作筆記等）、引導要用不同策略來處理不同作業。
4. 經驗的知識：例如，讓學生有自我檢討的機會。

## (二) 調整：認知的調整

　　調整是以覺知到的「認知的知識」為基礎所進行的主動監視，控制和調整，是屬於個人控制及引導心智歷程的現象，該過程類似於弗拉維爾的「後設認知監控」。調整的訓練策略包括：

1. 計畫（planning）：在認知活動前預先作結果的預測，以及作時間安排、策略選擇之規劃。包括：設置學習目標、瀏覽閱讀材料、產生待回答問題、設立完成任務的規劃等。
2. 監控（monitoring）：在認知活動過程中，隨時監控自己的學習歷程。包括：閱讀時隨時注意理解的狀況、經常自我提問、自我監視學習進度等。
3. 調節（regulating）：在認知活動結束後進行評估、修正、補救等歷程。包括：調整學習方法（有困難時放慢速度或進行複習，先做簡單的題目）、進行補救教學等。

| 貼心小整理 | |
| --- | --- |
| 知覺：認知的知識 | 調整：認知的調整 |
| • 知人的知識<br>• 知事的知識<br>• 策略的知識<br>• 經驗的知識 | • 計畫<br>• 監控<br>• 調節 |

## 參考文獻

林欣儀（譯）（2011）。**思考不關機**。（原著：船川淳志）。臺北：臉譜。（原著出版年：2004）

洪蘭（譯）（2018）。**快思慢想**（Thinking, Fast and Slow）。（原著：Kahneman, D.）。臺北：天下文化。（原著出版年：2013）。

張玉成（2013）。**思考技巧與教學**。臺北：心理。

張明貴（譯）（2007）。**思考的藝術**（The Art of Thinking: A Guide to Critical and Creative Thought）。（原著：Ruggiero, V. R.）。臺北：五南。（原著出版年：2004）

張則幸、全福順（1994）。**科學思維的辯證模式**。臺北：淑馨。

彭新強、李傑江（2008）。**元認知：學會學習的核心**。香港中文大學教育研究所。

劉福增（2002）。**邏輯思考**。臺北：心理。

蕭亮（2020）。**六步深度思考養成法**。臺北：春光。

饒見維（2005）。**思考訓練：創思的心理策略與技巧**。臺北：五南。

# 第四章　教案：思考素養

黃正璋
聖母醫護管理專科學校幼兒保育科講師

## 本課學習目標

認知：一、了解偏見、刻板印象、歧視產生的原因及其間關係。

二、體認偏見、刻板印象、歧視在生活的存在樣態。

三、如何運用文化相對觀，幫助正確思考才能消除偏見。

情意：體認偏見對於人的傷害，透過平等尊重的理解外群體（他群）生命價值，深刻接觸事實，建立更具互為主體性的群際關係，減少偏見的傷害。

技能：透過文化相對觀，擴大事實認識的範圍，挑戰自我偏見，完成正確思考的歷程。

## 第一節　學習內容

### 一、偏見、認知與思考的相對關係

「你是原住民，一定擅長運動，也喜歡唱歌、跳舞。」
「我敢保證，前面這臺烏龜車，駕駛一定是老人，不然就是女性。」
「她最近情緒陰晴不定，跟她講話都處處踩雷，一定是那個來了。」
「他是客家人，一定不想花錢參加這次班上的聚餐和交換禮物。」
「隔壁巷子的外籍太太，一定是娘家很窮，才會嫁到臺灣來的。」

在我們的日常生活對話，時常會聽到類似上述的對話情節，人們常在一知半解或全然不了解的情況下，根據自己心裡既有的圖像，輕易對他

人做出判斷，更沒察覺不妥。這類輕率的斷言，起因於人們對不同族群、文化、性別、年齡、學歷、國籍、居住地、宗教、外觀、疾病、職業等的理解落差，這些理解落差的產生，乃因「偏見」（prejudice）、「刻板印象」（stereotypes）、「歧視」（discrimination）的影響，而造成「權力」（power）、「社會地位」（social status）的不對等，本課將從社會心理學、後殖民社會學、文化人類學及哲學思考的觀點，探討生命教育中因偏見、刻板印象、歧視影響思考的課題，以及如何消除這些問題所帶來的傷害。

## (一) 偏見、刻板印象、歧視的共生關係

「偏見」指的是對於特定群體、群體成員、群體事物，產生先入爲主的錯誤認知或負面判斷，並帶有對應的輕蔑、反感、嫌惡的否定態度；「刻板印象」則以用一種簡化、僵化的觀點，概化看待特定群體成員及其事物；「歧視」乃指針對特定群體或成員做出不公平、負面的對待行爲，甚至將其置於不利的地位（Plous, 2003）。就心理意義的發生層次而言，偏見屬於「情感」（affective）層面、刻板印象屬於「認知」（cognitive）層面、歧視屬於「行爲」（behavioral）層面，儘管這三者有本質上的差異，但卻有著密不可分的關係，在社會生活中若出現這三個現象，意味著某些特定人事物被不對等的理解及對待。或是說，某些人正以優越或自私的心態，情感性地支配另一群人的存在定位，形成「霸權」（hegemony），透過矮化或宰制他人，得到自我（我群）的膨脹與滿足，而被劣等對待的人群，也可能因此忽視自己生命存在的價值，甚至因此沮喪、失望，而從此生活在生命的暗處，終其一生都無法得到心理學家馬斯洛（Maslow）所言的「尊重需求」（esteem needs），也可能無法完成「自我實現需求」（self-actualization needs）的生命目標。[1] 因此，深入探討偏見、刻板印象、歧視的成因，以及這三者與權力的共生關係，才能針對這

---

[1] 甚至有些特定人群因偏見、刻板印象、歧視，連「生理需求」（physical needs）、「安全需求」（safety needs）都無法完整獲得，諸如遭受「族群清洗」（ethnic cleansing）的群體。

些人性盲點進行反思，獲取更多的客觀事實，進行意義理解與價值分辨，得出更加公平公正的結論，方能杜絕偏見造成的傷害。

　　既然偏見、刻板印象、歧視會對人造成莫大的傷害，那為何人們容許它們繼續存在於社會生活中？簡言之，偏見、刻板印象、歧視是人性展現的副作用，當人類在處理、整合外界資訊時，因混入私慾的需求、不正確的判斷法則、錯誤記憶，而導致的認知偏誤（bias），也是主體過度膨脹自我的表現，它們的出現，可能源自於：一、人類面對差異產生群體間接觸、競爭、衝突的焦慮。二、人類對於占有資源、地位、權力、慾望的私心。三、太過依賴有限經驗產生的認知「基模」（schemas），並依此迅速對陌生的資訊進行判斷，形成弱化知覺及思考的現象。至於偏見的成因，還有偏見與刻板印象、歧視的關係，請見以下討論：

## 1. 偏見的發生

　　偏見的發生與個人感知差異的主觀經驗有關，當人可以意識不同時，就能產生基本的分類能力，而當人可以覺察到我（群）/他（群）的不同時，就形成群體歸屬與認同的基礎，因此「人從很小的年紀開始，便開始注意到差異性，並依個人對於差異的經驗、主觀感受，建立個人的分類系統及判斷類型」（Derman-Sparks & The A.B.C. Task Force, 2007），從而發展自我概念及對於他者的態度，倘若人在覺知差異的過程中，伴隨著負面的情感、情緒經驗，非常容易形成對於他者不正確的判斷或歸因錯誤，此為偏見的起點，也會形成否定他者的態度。偏見有時可以透過自我反思察覺，而這類的偏見屬於「外顯偏見」（blatant prejudice），倘若受到偏見影響做出錯誤的判斷，甚至渾然不覺，這類的偏見屬於「內隱偏見」（subtle prejudice）（Pettigrew & Meertens, 1995），必須透過「內隱關係測量」（Implicit Attitude Test）（Moon, 2011）得知。因此，當某一針對他群的偏見，形成多數趨勢時，這些錯誤認知可能會成為概化他群的刻板印象，進而成為群體共有的認知基模或信念。

## 2. 偏見與刻板印象的關係

　　個人也會為了維護所歸屬或認同群體的尊嚴或地位，而合理化偏見

的存在，稱爲「內群體偏誤」（in-group bias），典型的展現爲「族群中心主義」（ethnocentrism）。例如，當臺灣跟其他國家放在一起比較時，有些人會不假思索地認爲臺灣比較好；另外，個體爲了維護所歸屬或認同群體的主張，進而認爲他群成員都具有高度的一致性，稱爲「外群體同質性」（out-group homogeneity）。例如，提到臺灣原住民，很多人直覺認爲他們的皮膚都很黑，或是都擅長歌唱和舞蹈。這類關於內群體（我群）／外群體（他群），因認同立場差異而產生的偏見，多半與內群體（我群）對其成員傳達的刻板印象有關，內群體（我群）常用簡化、僵化的觀點，概化性地看待外群體（他群）成員。

美國社會學家 Campbell 在 1960 年代提出，在有限的資源條件下，一個群體爲了取得更有利的資源，爲了掌握支配資源的權力，而與外群體（他群）產生「現實衝突」（realistic conflict），此時該群體對於外群體（他群）的刻板印象也轉趨負面，偏見隨之增加。在歷經資源的角力，也開始分出特權群體與弱勢群體，特權群體爲鞏固自身利益及權力，常以負面的刻板印象來矮化其他的競爭群體，通過對於異己者的負向詮釋，以及過度正向的自我膨脹，來建立我群的美好形象，再將對於弱勢群體的負面認知，內化爲特權群體的文化價值，並透過權力的運作，讓這些偏見、刻板印象植入社會規範或制度中，藉由規範或制度的社會壓力，讓特權群體成員不假思索地相信這些負面詮釋，並成爲其深刻的認知圖像（負面刻板印象），來確保特權群體成員可以達到一致排外的從眾共識。此外，亦吸收飽受「刻板印象威脅」（stereotype threat）而選擇游離的外群體成員，從而掌握主導社會制度的人數優勢及權力（Steele, 1997）。

### 3. 由刻板印象、偏見產生歧視的實例

歧視乃是將偏見直接付諸行動的結果，受偏見者在言論、身體、社會生活及精神上，遭到不公平、不正義的負面對待。1980 年代臺灣原住民的正名運動，反映了臺灣社會高度歧視原住民的事實，過去，臺灣漢人毫無避諱地稱原住民爲「番仔」或「山地人」，「番」指未受教化，「山地人」除了指原住民都居住在遠離文明的山林之地，也暗喻原住民的頭腦簡單，四肢發達。當時漢族對於原住民族的負面刻板印象是「愛喝酒」、

「懶惰」、「擅長運動」、「愛唱歌跳舞」、「考試可以加分」、「性開放」、「學習成績不好」等，隨著當時市場經濟的發展，原住民族傳統的經濟生產型態面臨嚴重挑戰，許多正值壯年的原住民，選擇離開部落到都市謀生，卻又遭受漢人偏見及刻板印象的醜化，更遭受歧視性的對待，有些人選擇忍辱負重、噤聲不語，有些人因受不了刻板印象威脅而選擇輕生，有些人為了弱化自身的社會刻板印象，選擇拋棄原住民族的認同，有些人為了反抗歧視性的對待，引發社會譁然的事件。[2] 這一切乃因當時的漢人群體透過偏見與負面刻板印象，掌握了原住民族生存樣態的詮釋權，使得當時的都市原住民，被迫淡化自己與原鄉的連結，甚至懷疑做為原住民存在的自我價值，而從「外出謀生」徹底地變成了「流亡」（diaspora），對於當時的原住民造成莫大的傷害。1984 年成立「原住民權利促進會」，推動原住民正名運動，鼓勵原住民大方展現其文化的認同，用以對抗當時漢族對於原住民的負面刻板印象及「制度化歧視」（institutional discrimination），重新展現原住民之於臺灣的意義與價值。

　　1980 年代的臺灣原住民運動，迄今已逾 40 年，審慎面對這段族群對立的歷史，為的是不再讓憾事再發生，我們都贊同要從歷史教訓，正視偏見、刻板印象及歧視所帶來的暴力，也認同生活在這片土地的所有群體都應受到理解與尊重，能展現各自無可取代的價值。但我們捫心自問，現在臺灣社會對於外群體（他群）的態度是否變得更為友善？當我們檢討過去臺灣社會歧視原住民、剝削原住民勞工的同時，我們依舊可以發現當今臺灣社會仍存在著歧視新住民和剝削外籍移工的事實，也發現主流媒體依舊只報導東南亞外籍移工及外籍配偶的負面新聞，似乎臺灣社會對於外群體（他群）容易存有偏見、刻板印象、歧視，若想實現「臺灣最美的風景是人」的圖像，就必須破除偏見。

---

2　湯英伸事件，請參考「不孝兒英伸（上）」（2010 年 10 月 10 日）。人間雜誌第九期。
　　https://dawogroup.pixnet.net/blog/post/18628870。

## (二) 如何破除偏見、刻板印象

　　偏見、刻板印象一旦形成因果關係，就很難改變。其一，從情感的層面來看，偏見的發生與個人感知差異的主觀經驗有直接相關，一旦接受到同類經驗刺激，就會產生慣性的反應或態度；其二，從認知的層面來看，刻板印象是內群體（我群）對外群體（他群）的共同認知基模，當在處理外群體（他群）信息時，容易專注於與基模一致的資訊，刻意忽略與基模不一致的資訊，讓內群體（我群）成員覺得認知基模如預期般的實用，以至於難以改變，因此我們必須面對一個不爭的事實，因為人的認知能力的有限，導致主觀經驗引起的情感性態度，這點是很難被修正。

　　2019 年加拿大導演 Jeff Newman 為加拿大原住民發聲，也為了揭露加拿大仍存在許多對原住民的黑暗偏見、刻板印象，導演精選六位年齡不同，身分不同，對原住民充滿刻版印象的加拿大白人，前往北美原住民部落，進入他們的家庭，體驗為期 28 天的原住民生活，並將體驗過程錄製成實境節目，在加拿大公視播出。經過直面偏見對象的生活體驗，這六個人了解到他們從未理解過的原住民歷史與經歷，也因此有了不同的收穫。有的人放下成見，也有人堅持己見，但他們都透在實際參與的體驗，對原住民有更深刻的了解（APTN, 2019）。[3] 因此，破除偏見、刻板印象唯一的方法，就是增加個體「深刻接觸事實」的機會，接受到更多與既有偏見、刻板印象不同的信息，讓既定的偏見、刻板印象持續受到挑戰，才有機會修正錯誤的認知基模或內在信念。

　　另外，培養個體的「文化相對觀」（viewpoint of cultural relativism），是增加個體深刻接觸事實的最佳途徑，「文化相對觀」即「每個文化都在其特殊的歷史情境下產生，各有其獨特的內涵與價值，沒有高低優劣之分，故一個文化或群體的行為，不應該經由其他文化預設的價值及觀點來判斷，只能從該文化本身的意義及價值進行理解」。

　　這並非每個人都得透過認識不同文化的內涵，才能增加深刻接觸事實

---

3　加拿大 APTN 實境節目 First Contact 節目預告，請參閱下列網址：https://youtu.be/ DN5Q5PBFzUs。

的機會。首先，在此提倡文化相對觀是為了提醒眾人，「詮釋他者前必先理解他者，若在他者缺席的情況下進行詮釋，是不具有說服力的」，這個觀點恰與生命教育的觀點相符：「每個生命的存在都有其意義與價值」，唯有以平常心接觸、參與外群體（他群）的生活，才能真正理解外群體（他群）的全貌，方可有效地破除偏見、刻板印象的傷害，走向真正彼此接納、包容、尊重、公平的互為主體關係。

其二，文化相對觀的培養，有助於「文化智商」（cultural intelligence）的成長，方能跨越思考的界限，並在不同文化的學習中穩健地發展個人理解全貌的能力（Middleton, 2014）。換句話說，擁有高度文化智商，就更容易得到與各個生命做朋友的機會，藉此擴大自身認識的領域，增加更多的生命經驗，讓自身接觸更多元的事實刺激，才能修正由偏見、刻板印象產生的認知基模與內在信念。

其三，文化相對觀可以促進正確思考。完成正確思考必須具備三個步驟：一、釐清相關事實，二、理解各種價值立場的主張，三、做出綜合性的判斷。人往往受限於主觀的感受、有限的經驗、僵化的認知，常跳過釐清相關事實及理解各種價值立場主張的步驟，並依賴自身的直覺（偏見）或選擇性的價值立場（刻板印象），完成綜合性判斷，因此得到似是而非的結論，造成思考的「汙染」，在汙染的循環下，漸漸遠離真理。透過文化相對觀的學習與實踐，不但可以增加事實接收的廣度，並能透過接觸外群體（他群）生活，深刻了解其價值立場，有效地讓思考重新回歸應有的步驟，完成正確思考的程序。

其四，受偏見、刻板印象影響的經驗與認知，也會導致思考的偏誤。思考偏誤的發生，源自於有限的判斷基礎，即使邏輯正確，也未必可以得到正確的結論，反而遠離問題思考的核心，也不易發覺思考上產生的謬誤。文化相對觀可以促使「水平思考」（lateral thinking）的產生，跨群體的接觸或參與經驗，對於事實探求能產生更多元的管道，方能就不同的觀點、立場，分別探討問題生成的因素。另外，透過不同立場的交叉檢驗，可減少謬誤發生的機會，而使結論的正確率提高。

因此，加強文化相對觀的實踐，是促成與外群體（他群）平等接觸的關鍵，平等接觸意味著主體間願意彼此對外開放，才會有平等理解的可

能，而個體間的既存偏見、刻板印象及歧視，也會在平等理解的當下被覺察，再逐步通過平等接觸累積新經驗，用以修正偏見。文化相對觀的養成，並非單憑理論的理解就能習得，必須透過實際生活及生命的頻繁接觸及參與，並從中建立信任與友好的關係，當理解累積到足以換位思考及同理時，就表示文化相對觀已開始在個體內萌芽，成為破除偏見、刻板印象的利器。

## 二、閱讀媒材

### (一) 課程延伸閱讀圖書

- Steele, Claude M.（2017）。韋瓦第效應（顏湘如譯）。臉譜。（原著出版於 2011 年）。
- 蒲慕州、艾斐然、高德維、石富元（2021）。種族、偏見與歧視。聯經。
- 張正（2014）。外婆家有事：臺灣人必修的東南亞學分。貓頭鷹。

### (二) 多媒體影片網路資源

#### 1. 偏見網路媒體短片

- Coca-Cola Middle East (2015, July 4). Remove labels this Ramadan [Video file]. Retrieved from https://youtu.be/F3UCqNRgdiQ

#### 2. 刻板印象網路媒體短片

- 遠見雜誌。（2019 年 6 月 6 日）。東南亞移工新住民：30 年都撕不掉的標籤 [ 影音檔案 ]。取自 https://youtu.be/55rLJk3JRzo

#### 3. 歧視網路媒體短片

- charlesTdale. (2020, June 17). I'm really not a racist [video file]. Retrieved from https://twitter.com/i/status/1272946316231028736
- 青春發言人。（2017 年 11 月 28 日）。只是開玩笑有這麼嚴重嗎？歧視性言論 [ 影音檔案 ]。取自 https://youtu.be/CfV4oR9hCSE

4. 公平、尊重、文化相對觀媒體短片
- 三立新聞網 SETN。（2018 年 3 月 29 日）。因爲是女孩！面對同工不同酬。孩童反應引千萬網友討論 [ 影音檔案 ]。取自 https://youtu.be/esv9SJL3uX8
- INPUT 2022。（2019 年 11 月 1 日）。2019 世界公視大展精選《第一次接觸》預告 [ 影音檔案 ]。取自 https://youtu.be/DN5Q5PBFzUs

# 第二節　教學活動設計

本教案規劃以一節課 50 分鐘，共 2 節課 100 分鐘來執行，結構如下：

表 4-1　思考素養課程結構

| | 主題內容 | 時間 |
|---|---|---|
| 第一節 | 引起動機：海龜湯、惡搞地圖 | 15 分鐘 |
| | 發展活動：認知圖像的文字統計學 | 20 分鐘 |
| | 發展活動：認知圖像的文字統計解析 | 15 分鐘 |
| 第二節 | 引發動機：偏見、刻板印象、歧視議題短片閱讀 | 15 分鐘 |
| | 發展活動：你有自己察覺不到的偏見嗎？內隱偏見測量 | 20 分鐘 |
| | 綜合活動：教師總結、短片總結、學習單說明 | 15 分鐘 |

## 一、教學準備

1. 大黑板。
2. 四種顏色的便利貼（發給每位學生每色各兩張）。
3. 可連接投影機、播放影音的電腦。
4. 海龜湯題目及惡搞地圖 PPT。

## 二、第一節課：引發動機（15 分鐘）

### (一) 海龜湯（10 分鐘）

1. 海龜湯又名「水平思考遊戲」，海龜湯題目只有某一事件的開端和結尾，讓參與者推測事件過程及情境真相的智力遊戲。

2. 海龜湯題目 PPT 投影，該頁簡報標出聳動標題：「海龜湯：為何中研院博士生會被警察逮捕？」，同頁題目說明內文為：「一名中研院臺灣國際高等研究學程博士生，日前在南投縣竹山地區進行研究採樣工作時，被警方上手銬、腳鐐押回派出所。」

3. 教師負責說明故事開頭及結局，接下來讓學生針對故事過程進行推論，老師只能對學生的提問回答「是」、「不是」、「不重要」三種答案，也可以依據問題與答案的相關性給予提示，直到學生講出答案為止，若學生仍想不出答案時，教師可視情況公布答案。

4. 此題海龜湯題目取自 2017 年 8 月 2 日自由時報社會版（謝介裕，2017），本題的答案是：「中研院菲律賓籍博士生被警方當成逃逸外勞而遭受逮捕」（詳參報導連結），教師此時可以引導學生思考，是什麼原因導致警方會將菲籍中研院博士生當成逃逸外勞？是外型？膚色？長相？偏見？還是刻板印象？順勢引導學生進入本次課程的主題：偏見、刻板印象、歧視。

5. 引發動機的海龜湯題目，可以由教師決定題目內容的取材，內容取材的範圍，以與偏見、刻板印象、歧視有關的社會事件為主，教師在題目上僅需呈現事件的開端及結果，目的在於引導學生從海龜湯的水平思考，意識到偏見、刻板印象、歧視的真實存在。

### (二) 惡搞地圖（5 分鐘）

1. 教師引言：「雖然臺灣號稱『最美的風景是人』，許多外國人也稱讚臺灣人的友善，但是臺灣真的對外國人沒有偏見嗎？」

2. 接著請螢幕上投影「放泥就可」Facebook 專頁的「惡搞地圖」（放泥就可，2012）。

3. 世界地圖上對各地區的註解，或許是作者為了博君一笑，但問題是，

爲何看到了人會笑？那就表示每個人的內在，或多或少都存在偏見或刻板印象。

## 三、第一節課：發展活動（35 分鐘）

### (一) 認知圖像的文字統計學（20 分鐘）

1. 從「惡搞地圖」的閱讀經驗，發現每個人對於外群體（他群），都可能存在著一些先入爲主的負面判斷，接下來的活動，可以測試一下同學們是否對於特定群體或其成員，存在著偏見、刻板印象、歧視。

2. 活動概念說明：本活動的目的，在於揭示學生對於特定對象的既定印象，教師可選擇長期飽受社會偏見、刻板印象、歧視對待的群體，做爲第一輪題目的範圍，諸如：外籍配偶、原住民、客家人、美國人、印度人、外籍移工等。第二輪題目建議選擇前一輪對象的原居地或國家，諸如：越南、柬埔寨、印尼、中國大陸、部落、臺 3 線、美國、印度、菲律賓等，可構成第一輪與第二輪認知印象統計的信效度交叉檢驗，比如說：第二輪測驗結果明明對越南、柬埔寨、印尼這些國家都不了解，但卻在第一輪對於外籍配偶的測驗中，表達超出其理解範圍的印象，由此可證明受測者對外籍配偶可能存在著偏見、刻板印象或歧視。第三輪題目範圍建議選擇與性別、年齡、職業、宗教有關的對象，諸如：理科女、小三、老人、板模工、伊斯蘭教……，活動儘量以大組方式進行，才能看出文字統計趨勢，若班級人數過多，可酌情分爲兩大組進行。

3. 教師請學生協助，將 4 色便利貼依教師出題數量，發予課堂所有學生（每個學生每色 2 張）。

4. 將黑板依教師出題的數量 +1 畫出區塊隔線（比如出 4 題，則黑板將分格爲 4+1 個區塊），在黑板最右邊的區塊由上而下的順序，再縱向分出三個小區塊，由上而下將區塊個別寫上偏見區、刻板印象區、歧視區。

5. 認知印象的文字統計學操作方式，首先由教師在黑板出第一輪測驗題目，學生在看到題目後的 3 秒鐘內，必須把對於題目的「第一直覺印

象」，寫在指定顏色的便利貼上（用來分辨不同題次的答案），並讓學生將便利貼的印象答案，以圍繞教師的題目方式黏貼在黑板上（教師可以順勢整理便利貼的黏貼區域）。比方說：教師在黑板上寫出「外籍配偶」題目，學生隨即在 3 秒內在指定顏色的便利貼上寫出自己對於外籍配偶的第一直覺印象，再由學生迅速將書寫的答案便利貼，以環繞的方式貼在教師「外籍配偶」題目周圍。

6. 接著教師在第一輪題目右側的黑板區域，寫上第二輪、第三輪……測驗題目（因時間限制，不宜超過 3 題），每輪題目的答案便利貼請教師指定不同顏色，以利分辨。其後答題的操作步驟，同第一輪題目操作方式，直到學生回答完教師所準備的題目。

## (二) 認知圖像的文字統計解析（15 分鐘）

1. 教師邀請同學依序前往答案黏貼區，瀏覽同學們對於所有題目的直覺印象，再請教師邀請同學，依題序，一題一題的挑出他們覺得是偏見、刻板印象、歧視的答案，然後請同學將挑出的便利貼，依他們認為的屬性，貼到最右側偏見區、刻板印象區或歧視區。

2. 學生全數完成偏見、刻板印象或歧視的答案篩選後，再由教師檢視各題餘下之非偏見、刻板印象、歧視答案，與學生共同討論其中不具客觀性的答案，應如何歸類。

3. 其後，教師移至黑板右邊，帶領學生逐一討論黏貼在偏見區、刻板印象區、歧視區的答案，協助學生正確的完成偏見、刻板印象、歧視的答案分類，並總結本班學生可能存在的偏見、刻板印象及歧視問題。

4. 最後，由教師帶領學生檢視，最後圍繞在題目周邊的客觀答案群，並與學生一起歸納，而歸納後的結論，即為本班同學對於題目較客觀的認知印象。

5. 若有將第二輪題目設定為第一題之信效度檢證題者，可用第二題客觀答案的歸納結論，來檢證第一題答案的信效度。

6. 完成認知圖像的文字統計解析後，由教師邀請同學書寫學習單（附錄一）的前半部分：一、自己曾遭受過的偏見經驗及感受。二、自己認為的偏見、刻板印象及歧視定義。

## 四、第二節課：引發動機（15 分鐘）

### 短片閱讀

1. 偏見短片「從一個人的外表建立個人主觀偏見只需要花七秒的時間」（Coca-Cola Middle East, 2015）https://youtu.be/F3UCqNRgdiQ（2：48）。

2. 刻板印象短片「東南亞移工新住民：30 年都撕不掉的標籤」（遠見雜誌，2019）https://youtu.be/55rLJk3JRzo（4：49）。

3. 歧視短片 1「男子用『種族歧視』的角度拍攝諷刺短片，完美重現了種族歧視分子的矛盾心態」（charlesTdale, 2020）https://youtu.be/J9XjkvstJr8（1：19）。

4. 歧視短片 2「只是開玩笑有這麼嚴重嗎？歧視性言論」（青春發言人，2017）https://youtu.be/CfV4oR9hCSE（2：25）。

5. 短片依序播放後，教師可以針對短片的內容，再次引導學生發現偏見、刻板印象、歧視，真切地存在我們的生活世界，以及為何人們始終對於外群體（他群）存在著敵意？

6. 可摘要本課學習內容「偏見、刻板印象、歧視的共生關係」，做為短片閱讀活動的小結。

## 五、第二節課：發展活動（20 分鐘）

### (一) 你有自己察覺不到的偏見嗎？內隱態度測量

1. 將網頁連結到哈佛大學 Project Implicit Social Attitude「內隱態度測量」（Moon, 2011），網頁 https://implicit.harvard.edu/implicit/，並投影到教室屏幕，依志願者學生語言程度，挑選填答語言。內隱態度測量中有包含：性別、種族、國家、體型、膚色、年齡、性取向七項，該測量網頁只提供電腦版測量，需有鍵盤做為量測輸入工具，可利用教室電腦或數位講桌之鍵盤做為輸入使用。

2. 徵求自願者 3 名，自願者挑選條件：一、自認無測量項目中之偏見、刻板印象、歧視者。二、三名自願者需具備不同性別或性傾向者。三、願意在課堂上公開個人測量過程，並公布測量結果者優先。四、三位

志願者儘量選擇不同的量測項目。

3. 請第一位自願者上臺公開測量，並在教室屏幕上公布測試結果。

4. 請第一位自願者，分享自己對於測量結果的想法或反思，比如：對於自我期許與測量結果落差的想法、從測量結果意識到自己可能存在著自己都不清楚的偏見等方向做心得分享。

## (二) 本活動小結

可朝向「每個人都有自己根本沒有意識到的偏見情節，而這些偏見情節的來源，或許來自於生物學的排外遺傳，但絕大多數無意識的偏見，都來自個人生長文化環境，對於他群不友善認知的『濡化』（enculturation）」的方向作為小結內容。

## 六、第二節課：綜合活動（15 分鐘）

(一) 教師總結課程

偏見、刻板印象的產生，源自於個人或群體對差異的主觀感受，而偏見、刻板印象的形成，也與個人或群體的「防衛機轉」（defense mechanism）有關，起初的目的，可能是為了維護自身的尊嚴或利益，但日子久了就會被群體內化為社會文化的價值觀，而悄悄地滲透到了群體成員的情感、認知及行為系統，形成偏見，嚴重影響人對於事物判斷及思考的結果。

(二) 教師可針對本課學習內容進行摘要性的回顧。

(三) 教師可繼續對學生發問：「那有沒有辦法減少偏見所帶來的傷害？有沒有方法減少偏見對於思考的荼毒？」

(四) 接著請教師播放第一部總結短片「First Contact 節目預告」（INPUT 2022, 2019）https://youtu.be/DN5Q5PBFzUs（2：43）。

(五) 從 First Contact 實境節目六位成員的經歷，發現若要破除偏見、刻板印象，唯一的方法就是增加「深刻接觸事實」的機會，學習文化相對觀的態度，才能接受到更多與既有偏見、刻板印象不同的信息，讓既定偏見、刻板印象受到持續的挑戰，方有機會修正認知基模或內在信念。

(六) 再請教師播放第二部總結短片「因為是女孩！面對同工不同酬。孩童反應引千萬網友討論」（三立新聞網 SETN，2018）https://youtu.be/esv9SJL3uX8（2：38）。

(七) 誠如影片所言，要真正破除偏見的方法就是「公平尊重的真誠對待」，才能創造互為主體際性，消弭對立的情緒。

(八) 最後，教師說明本課學習單的書寫：「你（妳）受過別人偏見的對待嗎？你（妳）意識到偏見帶來的傷害嗎？……因為你（妳）的偏見、刻板印象、歧視，而傷害過別人嗎？……你（妳）覺得有沒有辦法消除既有的偏見及刻板印象？……」字數不限，以說清楚為目標，若學習單欄位不夠書寫，可於學習單背面繼續書寫。

(九) 教師可向同學推薦延伸閱讀的書單。

(十) 課程結束。

## 七、評量方式

　　本課目標為透過體驗式教學活動的參與，促進學生覺察自身的偏見、刻板印象、歧視，透過自我檢視，反思因偏見、刻板印象而傷害他人的歷程，讓學生認知平等對待、彼此尊重、正確思考的重要，並致力於減少偏見的個人實踐。評量方式為書寫學習單（附錄一），透過學習單的書寫，可了解學生對於課程內容的理解及課後反思的深度，為學生種下反思的種子，建議教師以與學生對話的方式批閱學習單，再發回閱讀，無需評分。

## 參考文獻

三立新聞網SETN（2018年3月29日）。因為是女孩！面對同工不同酬。孩童反應引千萬網友討論 [影音檔案]。取自https://youtu.be/esv9SJL3uX8
不孝兒英伸（上）（2010年10月10日）。**人間雜誌**，9。https://dawogroup.pixnet.net/blog/post/18628870。
放泥就可（2012年10月12日）。惡搞地圖。https://www.facebook.com/COLOR99style/photos/a.306625702753764/368194766596857/？type=3。

青春發言人（2017年11月28日）。只是開玩笑有這麼嚴重嗎？歧視性言論 [影音檔案]。取自https://youtu.be/CfV4oR9hCSE

遠見雜誌（2019年6月6日）。東南亞移工新住民：30年都撕不掉的標籤 [影音檔案]。取自https://youtu.be/55rLJk3JRzo

謝介裕（2017年8月2日）。菲籍博士生。被當逃逸外勞上腳鐐。**自由時報**。取自https://news.ltn.com.tw/news/society/paper/1123655

APTN (2019, December 17). About First Contact. Retrieved December 27, 2021, from https://www.aptn.ca/firstcontact/

charlesTdale (2020, June 17). I'm really not a racist [video file]. Retrieved from https://twitter.com/i/status/1272946316231028736

Coca-Cola Middle East. (2015, July 4). Remove labels this Ramadan [Video file]. Retrieved from https://youtu.be/F3UCqNRgdiQ

Derman-Sparks, Louise & The A. B. C. Task Force (2007)。**反偏見取向：幼兒的多元文化教育**（張耀宗、林乃馨譯）。臺北：華騰文化。（原著出版年：1989）

INPUT 2022（2019年11月1日）。2019世界公視大展精選《第一次接觸》預告 [影音檔案]。取自https://youtu.be/DN5Q5PBFzUs

Middleton, J. (2014). Cultural intelligence: CQ: The competitive edge for leaders crossing borders. Bloomsbury.

Moon, Tonya R. (2011). Implicit Attitude Test [Test]. Retrieved from https://implicit.harvard.edu/implicit/

Pettigrew, Thomas. F. & Roel W. Meertens (1995). Subtle and blatant projudice in Western Europe. *European Journal of Social Psychology, 25*(1), 57-75. https://www.researchgate.net/publication/229733458_Subtle_and_Blatant_Prejudice_in_Western_Europe

Plous, S. (2003). The psychology of prejudice, sterotyping, and discrimination: An overview. In S. Plous (Ed.), *Understanding prejudice and discrimination* (pp. 3-48). McGraw-Hil.

Steele, Claude M. (1997). A threat in the air: How stereotypes shape intellectual identity and performance. *American Psychologist, 52*, 613-629.

「思考素養」反思學習單

| 修課名稱 | | | |
|---|---|---|---|
| 填表人 | 姓名： | 系級： | 學號： |
| 檢視過去 | 你（妳）受過別人偏見的對待嗎？發生了什麼？感受到了什麼？ | | |
| 妳（你）個人認為右列名詞的定義…… | 偏見： | | |
| | 刻板印象： | | |
| | 歧視： | | |
| What？ | 你（妳）存在著對他人的偏見、刻板印象、歧視嗎？你（妳）可以意識到的有哪些？ | | |
| So What？ | 曾經因為你（妳）的偏見、刻板印象、歧視，而傷害過別人嗎？你（妳）對他（她）做了什麼？對方反應了什麼？ | | |
| Now What？ | 你（妳）覺得有沒有辦法消除既有的偏見、刻板印象、歧視？可以在情感、認知、行為層面上改變什麼？ | | |

# 第五章　教案：後設思考

陳詠琳
國立高雄餐旅大學通識教育中心生命教育講師

## 本課學習目標

認知：能初步了解「後設思考」（metacognition）的性質與概念，並且能
　　　在每一次學習（或者是在日常生活中進行思考）之後，針對個人所
　　　學得的知識（或者是個人思想）進行分析、反思的性質與內容。

情意：透過教師與活動教案的引導，讓同學們能夠對「思考」進行自我覺
　　　察，進而梳理自我認知歷程，以更加認識、了解自己的想法。

技能：學會有意識地控制自己的認知與思維模式，以進一步掌握知識，藉
　　　此解決課業上與日常生活中各式各樣的問題。

## 第一節　學習內容

### 一、「後設思考」的定義與源流

　　「後設思考」（metacognition）是把「meta」與「cognition」二個語
彙互相組合而成。在臺灣也常被翻譯為「後設認知」、「統合認知」、
「超越認知」、「形上認知」，或者是「認知的認知」等等，其中又
以「後設認知」最為被廣泛使用。「meta」源自希臘文，其原本的涵義
為：以一種超然的態度，或是旁觀的立場來看待某件事物，因而對某
件事物產生更具普遍性，或者是更加成熟的理解（邱上真，1989）。
那麼，metacognition 為什麼普遍被學術界翻譯為「後設認知」？因為
metacognition 的涵義即是「個人對自己認知歷程的覺察與掌握」。

　　進一步來說，「後設思考」便是個體對於自我的思考路徑、認知歷
程，能夠有所理解，甚至能夠具體地掌握與統馭，並且予以評鑑、修正的

一種知識。一般來說,這個思考方式是在習得、具備某種知識之後,爲了控制、應用、測試此種新知識而衍生出來的。事實上,「後設思考」(metacognition)的定義,不論是在國內外的學術界,依然存在許多歧見,以下列舉一些學者對於「後設思考」的定義與界定。

美國的發展心理學家約翰・弗拉維爾(John H. Flavell)於 1970 年代首度提出「metacognition」一詞,並將「後設思考」定義爲:個人對於自我認知歷程、認知成果(或者是其他與歷程及成果相關的知識)的一種思考展現,同時也是個體對於「自我認知」的覺察、理解,乃至於統馭、修正的歷程。

承接在 John H. Flavell 之後,布朗(Brown)於 1982 年定義「後設思考」:個體先有意識地理解自我的認知歷程,再自行對此「認知歷程」進行管制與調整,也就是個體對於自我認知系統知識的控制。Brown 又於 1987 年指出:後設思考可以區分成「靜態知識」與「策略知識」兩大類。「靜態知識」指稱認知活動當中,能夠用話語或肢體動作表達的知識;「策略知識」是個體在省思自己的「認知歷程」之後,所進行的種種修正步驟與程序,大致可以分爲「計畫」、「預測」、「猜測」及「監控」等四項。

同樣在 1982 年,尤森和桑特洛克(Yussen & Santrock)等兩名兒童心理學家把「後設思考」解釋爲:個體對於注意力、知覺、記憶、檢索、推理等等解決問題時,所運用的認知能力與認知歷程的自我覺察。

美國發展心理學家羅伯特・史坦伯格(Sternberg, 1985)把「後設思考」定義爲:個人在解決問題與作出判斷時,對於自我認知歷程的理解、掌握與管制能力,其中包含「個人對問題性質的確認」、「選擇解題策略與步驟」、「表徵知識的應用」、「解題時間的分派」及「解題監控」等五種。同樣在 1985 年,威爾曼(Wellman. H. M.)指出「後設思考」就是「認知的認知」,著重在個體對於自我認知歷程以及認知狀態,比如說:記憶、注意力、知識、猜測、錯覺等知識。同年,尤森(Yussen. S. R.)指出「後設思考」乃是個體對於認知本身的了解,也就是所謂「思考的思考」,爲個體對於認知的看法。

綜上所述,「後設思考」可以稱爲「認知中的認知」、「思考中的思

考」，為個體對於自我認知歷程的掌握、理解與檢驗。臺灣心理學者張春興於 1995 年曾經指出：「後設思考」具體來說，就是個人透過認知思維從事求知活動時，能夠確實吸收所學習到的知識性質與內容，並且知曉如何進一步掌握、支配知識，以解決當下面對的問題。

## 二、「後設思考」的相關研究

美國心理學家布朗（Brown, 1987）由「後設思考」（metacognition）的進行過程當中，揭示「後設思考」的本質與核心：「口語陳述」、「執行機制」、「自我調整」、「概念重組」及「認知活動的調整」。其中對於「認知活動的調整」，布朗（Brown, 1987）有進一步的深入鑽探，他指出：「思考與認知的自我調整」是個人主動，且有意識地掌控自我的一種認知歷程，是故舉凡「計畫」、「預測」、「監控」、「測試」、「修正」、「檢核」、「評鑑」等等自我思考活動皆然。

而後，臺灣兩位教育學家林清山和張景媛更延伸布朗（Brown, 1987）的觀點，強調「自我調整」堪稱是「後設思考」最為重要的一部分，並把它細分成下列四個項目：「目標設定」、「自我監控」、「自我評鑑」、「自我修正」。

美國心理學家羅伯特・史坦伯格（Sternberg, 1985）根據訊息處理的觀點，提出「智力三元論」，說明心智運作過程。認為人類智力是由組合智力（componential intelligence）、經驗智力（experiential intelligence）、情境因應智力（contextual intelligence）三個不同維度形成的複合體。「智力三元論」當中的「組合智力」又會牽涉後設思考能力、執行能力、知識獲取能力。此處羅伯特・史坦伯格（Sternberg, 1985）所謂的「後設思考能力」包含：「用來計畫解決問題」、「監控解決策略執行」、「評鑑策略執行效果」此三大面向。「後設思考」的重要課題，即是「自我覺知的注意」與「自我控制歷程」。1995 年，臺灣心理學家張春興曾指出認知心理學，雖同意「後設思考」是認知歷程的其中一個環節，但對於「後設思考」本身的性質，解釋上尚未一致。同為臺灣的學者李明芬也表示，目前大多數與「後設思考」有關的教學系統，通常將「後設思考」視為策略性的認知活動，強調的是成品，而不是過程。

　　戴維森和羅伯特（Davidson & Sternberg, 1998）兩學者又進一步提出，「後設思考」是一種執行機制，經過訓練能讓學習者有策略地去辨識及解決問題，其中所涉及的歷程，包括「預測」、「計畫」、「修正」、「選擇」、「分類」等等。

## 三、後設思考在學習上的運用

　　針對高中課程內容，「後設思考」的認知模式可以引領同學思考下列六個項目：

(一) 在學習結束之後，試著理解、掌握目前所學的知識：針對本次的學習，我原本知道些什麼？在本次學習之後，我學到了些什麼？還有哪些需要補強或不懂之處？

(二) 擬訂、預測個人的學習時間：針對本次的學習，我可能需要耗費多少時間？實際上使用了多少時間？如果預測的時間與實際耗費的時間不同，可能是因為什麼原因造成兩者之間的落差？

(三) 設定解決問題的途徑與方法：假如我要解決本次學習的某個問題，最好的辦法是什麼？我擁有哪些既有的知識與資源？應當詢問師長、同學，或是到圖書館或網際網路上尋找資料？或是重新翻閱課本與參考書？

(四) 預測與評鑑個人的工作成果：針對本次的作業與報告，我會用哪些條件去預測可能得到的分數？我與其他同學的作業與報告有哪些不同？優勢為何？劣勢為何？從本次的作業與報告當中，我學到哪些技能與新知？

(五) 反思個人的學習方法：當我發現學習的效率不好，甚至是課業表現不佳的時候，我該如何調整自己的學習？是否重新調整修習該科目、章節的時間配置？或是嘗試改變學習環境？或是應當多次閱讀或多做練習題？

(六) 監控個人的學習疏失：當考試或練習作答錯誤時，我應當如何檢視問題與挑出錯誤？應當率先搞清楚是粗心犯錯，或是確實遇到不懂的難題。若是後者，可以再次省思自己為何沒能通曉、熟讀該章節的學習內容。

## 四、閱讀媒材

### (一) 重要圖書書目

1. Cooper, H.（2013）。研究統合與後設分析（第四版）（張明玲譯）。臺北：揚智。

2. Goleman, D. & Senge, P.（2015）。未來教育新焦點：專注自己、關懷他人、理解世界（許妍飛譯）。臺北：天下文化。

3. Borenstein, M., Hedges, L. V., Higgins, J. P. T, & Rothstein, H. R. (2016)。後設分析（吳政達譯）。臺北：高等教育。

4. 鄭麗玉（2019）。認知心理學－理論與應用（第四版）。臺北：五南。

5. 周嶺（2021）。認知覺醒：開啟自我改變原動力。臺北：發光體。

### (二) 網路媒體短片

1. 幫助你大幅提升學習成效 | 思考的四個層次 | Willis
   https://www.youtube.com/watch?v=e6qtkV2vOeY

2. 刻板印象威脅 月暈效應 後設認知
   https://www.youtube.com/watch?v=Gh7xgjf5soE

3. Neo smartpen 結合課堂後設認知學習應用
   https://www.youtube.com/watch?v=zX5faxj1evY

4. 教育心理學－後設認知教學方法（以國文科為例）
   https://www.youtube.com/watch?v=7kWQEZ34QVk

5. 教育心理學－促進後設認知的教學作法
   https://www.youtube.com/watch?v=ZBuc1WOvliI

6. 華語文教學策略 3-4 後設認知的預測策略
   https://www.youtube.com/watch?v=bgkRvg9qocM

7. 能促進後設認知的教學方法
   https://www.youtube.com/watch?v=sjiCWXm4_1Y

8. 戴惠貞老師 課程目標：【後設認知策略、時事篇章寫作】
   https://www.youtube.com/watch?v=QFyHlmy-Q9c

9. 許惠玲主任 課程目標：【後設認知策略、時事篇章寫作】

https://www.youtube.com/watch?v=DYuzTRlXuTQ

10. 以訊息處理解釋認知發展（4 之 3）：執行功能、後設認知、正念 / 雷庚玲老師

https://www.youtube.com/watch?v=anGvvREVHEI

## 第二節　教學活動設計

本教案設計以一節課 50 分鐘，兩節課總共 100 分鐘來執行，結構如下：

| 節數 | 內容 | 時間 |
|------|------|------|
| 第一節課 | 引起動機－教師引導 | 20 分鐘 |
| | 分成 2-3 人一組，互相討論 | 18 分鐘 |
| | 分別寫下自己與組員的論述 | 12 分鐘 |
| 第二節課 | 試著分析其他組員的思考方式 | 10 分鐘 |
| | 各小組上臺分享與討論 | 20 分鐘 |
| | 教師回饋、總結 | 5 分鐘 |
| | 綜合活動——學習單撰寫 | 15 分鐘 |

### 一、引起動機——教師引導（第一節課前面 20 分鐘）

（前十分鐘）教師請從下列三組開放式命題中，挑出 1-2 題（或由教師自設題目），讓同學們自行思考，並寫下個人見解。（後十分鐘）再請同學們試著回想剛剛自己是如何構思、判斷的？三組開放式命題分別如下：

・A 組（擬定某一種立場或角色，去完成某某任務。）

1.「如果我是知名遊戲公司總監，我想推出一款 XXX 手機遊戲。」
2.「如果我是 YOUTUBER，我想經營一個 XXX 頻道。」
3.「如果我是校長，我想在學校舉辦 XXX 活動。」

4. 其他。

**・B 組（個人喜好梳理，探討自己為何比較偏愛某某？）**

1.「你最喜歡唐代哪一位詩人？為什麼？」

2.「你最喜歡國文課本哪一篇文章？為什麼？」

3.「你最喜歡哪一首國語流行歌？為什麼？」

4. 其他。

**・C 組（假設得到某種資源，思考自己會如何選擇？）**

1.「假如發票中了一千萬，我會如何處理？」

2.「假如上天給你一種超能力，你會怎麼選？」

3.「假如上天要給你一個理想中的情人，你期望他／她能擁有哪三種條件？」

4. 其他。

**A 組（擬定某一種立場或角色，去完成某某任務。）**

　　本題組的問題，需請教師提醒同學留意實行上的現實面，例如：知名遊戲公司總監推出該類型的遊戲是否能夠暢銷？YOUTUBER 經營該類型的頻道是否能夠有市場、流量？校長舉辦某某活動將會對學校、教師與學生們帶來什麼樣的影響？

**B 組（個人喜好梳理，探討自己為何比較偏愛某某？）**

　　本題組的問題，需請教師提醒同學務必提出個人喜好的理由，例如：喜歡李白的豪爽與想像力、喜歡杜甫的嚴謹與社會責任感。具體寫出為何喜歡國文課本某篇文章，或是喜歡某一首國語流行歌？是喜歡作者的某種精神與情懷？或是喜歡文本裡面的議題與故事？或是喜歡作品中的某些佳句？

**C 組（假設得到某種資源，思考自己會如何選擇？）**

　　本題組的問題，需請教師提醒同學反思自己會如何作出決策？進而檢視自己的行為模式，例如：忽然擁有一千萬，你會想進行怎樣的財產分

配？是否會撥一些給家人或親友？為何會選擇某一種超能力，該類型能力是否彌補了個人不足或渴求之處？為何希望理想中的情人，擁有某三種條件？或許可以再試著多想出另外三種條件，並加以比較。

## 二、發展活動（第一節課後面 30 分鐘）

### (一) 分成 2-3 人一組，互相討論（18 分鐘）

本節（第一節課）發展活動可以分為三輪，每輪大致 6 分鐘。

1. 第一輪：先針對上述的命題，提出自己的回答，並說明自己為何會如此考量？直到所有組員們都講述完之後，進行第二輪。
2. 第二輪：試著從另外一名（或兩名）組員闡述的觀點當中，提出 2-3 項質疑，或者是再追問、深化問題。等所有組員互相提問之後，進行第三輪。
3. 第三輪：率先用一、兩分鐘回想自己最初的思緒與考量點，再去回應另外一名（或兩名）組員第二輪所提出的質疑與問題。

### (二) 分別寫下自己與組員的論述（12 分鐘）

此處的書寫需分為兩個階段，第一階段是對自我思考的檢驗與反思，第二階段則是回顧自己是如何解讀他人之論點。

#### 1. 第一階段

寫下自己於第一輪的討論時間，對另外一名（或兩名）組員的陳述，以及在第二輪其他組員提問結束後，自己是如何於第三輪回應的。在完成第一階段的書寫之後，請同學拿出課堂最初 20 分鐘所書寫的內容，試著檢核自己在討論中，是否能夠堅守立場，依照自己原本的設想與意見進行闡發，又或者已經在小組討論中有所修正，甚至是改造與偏離，若是如此，請問原因為何？

#### 2. 第二階段

寫下第二輪討論時間，對於其他組員的提問，以及該組員於第三輪的回應。倘若還有剩餘時間，務必請該組員查看，自己對他／她論點的理

解是否正確？（若是有所偏差，應當試圖去反思、辨明爲何會出現此種解讀、詮釋上的問題？）

## 三、發展活動（第二節課前面 35 分鐘）

### (一) 試著分析其他組員的思考方式（10 分鐘）

「後設思考」的要素包含：自我監控、自我測試、自我修正。同學在與其他的組員討論之後，請試著分析其他組員的思考模式與歷程，並且與自己的認知、思考作一番比較（尤其是自己未曾想到的觀點與方向）。在比較、分析過後，試著用條列的方式，寫出一到三項自己可以從他／她人思考方式當中，所學習到的要素，進而重新看待、反思先前的開放式命題（又或者是提出質疑與進行討論時的思考方式），是否會有不一樣的切入視角與思考面向？

### (二) 各小組上臺分享與討論（20 分鐘）

請各組同學自願，或由教師挑選出五個小組（組數請由教師視課程時間與班級人數而定）代表上臺，分享本次課程的活動心得，以及自己對於「個人思考」的理解與掌握。分享項目應當包含：自己與組員對於開放式命題的答覆、最初的思考點、第二輪組員之間彼此的提問與第三輪的回覆、後續的反思與調整，以及課程心得。

### (三) 教師回饋、總結（5 分鐘）

由任課教師給予上臺分享的各組回饋與總評，並且提醒所有同學應當時常懷抱「後設思考」的習慣，不論是在任何科目的學習上，都可以隨時運用該思考模式，檢視自己之所學。或是在日常生活中，也能夠用「後設思考」來具體掌握、追蹤、修正自己的想法。

## 四、綜合活動──學習單撰寫（第二節課後面 15 分鐘）

本張學習單以個人爲單位，請課堂每位同學藉著活動剩餘的時間撰寫學習單，若是十五分鐘內無法完成，也請利用下課時間完成，繳交給任課教師。

| 修課名稱 | 生命教育：後設思考（metacognition） | | |
|---|---|---|---|
| 填表人 | 姓名： | 班級： | 學號： |
| 小組成員 | | | |
| 命題題目 | | | |
| 最初的書寫 | | | |
| 小組討論後的自我論述 | （第一階段：對自我思考的檢驗與反思） | | |
| What？<br>課程內容 | （在兩節「後設思考」的課程活動中，你思考了哪些面向與要素？從其他組員那邊聽到了哪些考量點？自己又分享了些什麼？） | | |
| So What？<br>學習要點 | （在兩節「後設思考」的課程活動中，你發現、覺察到什麼？學習到哪些新觀念？對你個人而言，具有什麼樣的啟示與意義？） | | |

| | |
|---|---|
| Now What？<br>省思檢索 | （在兩節「後設思考」的課程活動之後，讓你對於「思考」這件事有怎樣的想法？你是否能具體地提出自己的「認知歷程」？在經過本次課程活動之後，你對自我的「思考」有哪些認知上的轉變？） |

## 五、評量方式

　　本次活動可以分為：「課堂表現」與「個人書寫」兩大部分。「課堂表現」項目包含：各小組內部討論時的狀況（任課教師可以讓同組組員之間相互評分），以及「各小組上臺分享與討論」的報告表現（由於上臺發表的組數有限，理當納入加分項目即可）。「個人書寫」項目包含：學習單撰寫，以及課程活動當中所有需要書寫之處。此兩大部分評量分數可以配置為「課堂表現」50%、「個人書寫」50%，或由任課教師自行調整、安排。

## 參考文獻

林清山、張景媛（1993）。國中生後設認知、動機信念與數學解題策略之關係研究。**教育心理學報**，*26*，53-74。

邱上眞（1989）。後設認知研究在輕度障礙者教學上的應用。**特殊教育季刊**，*30*，12-16。

張春興（1995）。**張氏心理學辭典**。臺北：東華。

張春興（1988）。知之歷程與教之歷程：認知心理學的發展及其在教育上的應用。**教育心理學報**，*21*，17-38。

張春興（2008）。教育心理學——三化取向的理論與實踐（重修二版）。臺北：東華。

Brown, A. L. (1987). Metaognition, executive control, self-regulation and other more mysterious mechanisms. In F. E. Weinert & R. H. Kluwe (Eds.), *Metacognition, motivation, and understanding* (pp. 65-116). Hilldale, NJ: Erlbaum.

Goleman. D. & Senge, P. (2015)。未來教育新焦點：專注自己、關懷他人、理解世界（許妍飛譯）。臺北：天下文化。

Davidson, J. E., & Sternberg, R.J. (1998). Smart problem solving: How metacognition helps. In D. J. Hacker, J. Dunlosky & A. C. Graesser (Eds.), *Metacognition in Educational Theory and Practice* (pp. 47-68). New York, N.Y.: Routledge.

Flavell, J. H. (1976). Metacognitive aspects of problem solving. In L. B. Resnick (Ed.), *The Nature of Intelligence* (pp. 231-235). Hillsdale, NJ: Erlbaum.

Flavell, J. H. (1979). Metacognition and cognitive monitoring: A new area of cognitive-developmental inquiry. *American Psychologist, 34*, 906-911.

Harris Cooper (2013)。研究統合與後設分析（第四版）（張明玲譯）。臺北：揚智。

Flavell, J.H. (1979). Metacognition and cognitive monitoring-A new area of cognitive—developmental inquiry. *American Psychologist, 34*(10), 906-911.

Borenstein, M., Larry V. H., Julian P. T. Higgins, Hannah R. Rothstein (2016). 後設分析（吳政達譯）。臺北：高等教育。

Phye, F. D. & Andre, T. (1986). Cognitive classroom learning: Understanding, thinking, and problem solving. New York, N.Y.: Academic.

Roberts, L. C. (1997). *From knowledge to narrative*. Washington DC: Smithsonian.

Sternberg, R.J. (1985). 超越IQ：人類智力的三元論（俞曉琳、吳國宏譯）。上海：華東師範大學。（原著出版年：1985）

Wellman, H. M. (1985). The origins of metacognition. In D. L. Forrest-Pressley, D. Mackinnon, & T.G. Waller. (Eds.), *Metacognition, Cognition, and Human Performances.* (pp. 1-31). San Diego, CA: Academic.

Yussen, S. R. & Santrock, J. W. (1982). *Child development: An introduction.* Dubuque, IA: W. C. Brown.

Phye, F. D. & Andre, T. (1986). *Cognitive classroom learning: Understanding, thinking, and problem solving.* New York: Academic.

# 第六章 人學探索概論

李玉嬋

國立臺北護理健康大學生死與健康心理諮商系教授

## 第一節　人學探索的內涵

「生命教育的主角是誰？要教育誰的生命？」

### 一、「人學探索」為何是生命教育的核心素養

「生命教育目標要培育完整的人，其內涵應包含人生觀的確立與深化、價值觀的反省與思辨，生命修養的內化與實踐」（孫效智，2013）。然而，『生命教育』的主角是誰？要教育誰的生命？先要回答這個問題，才能展開教育歷程，就無法迴避教育目標鎖定的「人」。要培育完整的人，所指的「人」是什麼？這就涉及「人學圖像」探索。

因此「人學探索」就成了生命教育的素養五大之一，並與「哲學思考」此一素養，同屬於「方法學」。生命教育以哲學「思考」與人學「探索」的基本素養為教育的基礎與方法，旨在培育每個生命能展現「終極關懷」、「價值思辨」、「靈性修養」的生命素養，以活出完整的人之生命樣態。

然而如何具體教育「人學探索」項目？參考十二年國教生命教育必修課程之課綱，對於生命教育五大核心素養之一「人學探索」的明確定義，主要探索「人生三問」解答，包括：

第一問：「人為什麼活著？」，探索人生目的與素養探索的終極關懷。

第二問：「該怎麼活？」，探索人所持的價值觀與價值思辨。

第三問：「如何活出該活出的生命？」，探索人能活出應該活出生命樣貌的靈性修養。

　　孫效智（2013）主張藉由探索這三個「生命的根本課題」，從而促發生命的覺醒、身心靈的統整，到活出應該活出生命的人生根本大義，以建構人對於生命教育核心理論的基礎認識。這歷程，走的就是「人學探索」的途徑；當然「人生三問」也有助於「人學探索」。愈探索愈了解「人是什麼」、「什麼是人性？」，就愈能以這兩個人學課題為基礎，展開「人生三問」，彼此環環相扣，共構生命的學問。所謂「人學」是哲學人學的簡稱，是以理性思考及經驗歸納的方式，吸納各個學科對於人的理解，從而探索「人是什麼？」、「我是誰？」、「什麼是人性？」等課題，作為探討「人生三問」更根本的基礎。

## 二、十二年國教課綱生命教育的「人學探索」

　　「人學探索」這個項目在十二年國教課綱中，屬於生命教育五大核心素養的方法基礎層面，包括：(1)「人是什麼？」(2)「我是誰？」(3)「什麼是人性？人有怎樣的關係性？」三項細目，定義出「人學探索」的範疇（孫效智，2015）。如何落實在現行普通型高級中等學校必修的生命教育課程科目上，提供生命教育教師及教科用書編輯團隊，課程設計、教材選編、教學及評量活動規劃的參考。教育部擬定的課綱，臚列出表 6-1「人學探索」在十二年國教課綱之高中生命教育核心素養的兩個項目的學習內容，包括：人的特質與人性觀、人的主體性與自我觀。

　　至於國民中學教育階段的生命教育，則融入國民中學綜合活動領域中。五大核心素養之一的「人學探索」素養，主要融入綜合活動領域三個主題軸之一的「自我與生涯發展」來進行教學；部分議題則融入「尊重與珍惜生命」的主題項目。希望藉此讓「生命教育」透過價值選擇，建立自我生命的終極信念，培養哲學思辨的能力，實踐生命價值。

## 三、「人是什麼？」

　　生活中常提及「人」、「人類」、「現代人」，有著不同意涵。維基百科對於「人」的描述，包括：1. 從生物學的角度來探索「人」，與其他靈長動物不同之處，在於人類直立的身體、高度發展的頭腦及其而來的推理和語言能力。2. 從社會學的觀察「人」類，是能使用語言、具有複

表 6-1　十二年國教課綱高中生命教育核心素養「人學探索」的項目與學習內容

| 類別 | 項目 | 學習內容 | 補充說明 |
|---|---|---|---|
| 人學探索 | A. 人的特質與人性觀 | 1. 全人人學的基本素養。 | 1. 思考與分析「人」的多元面向，藉以帶領學生認識人的本質、關係與時間過程、人的身體與心理（人的理性與感性、精神與靈性、性別與關係、自由與命定、有限與無限，以及渴望與追求）。<br>2. 認識人的生命及各種事物的有限性，才能掌握人的終極願景、價值理想，以及靈性向上的修養途徑。 |
| | B. 人的主體性與自我觀 | 1. 了解人是「客體」，更是「主體」，以確立人的主體尊嚴與自為目的性。<br>2. 什麼「我」？「我」是誰？「我」與「我的身體」、「我的心理」、「我的理性」、「我的感性」，以及「我的理性」的關係與差異。 | 主體與主體性是兩個重要的哲學概念，是人的尊嚴之根源。了解人是主體以及人的主體性，才能理解「尊重他人」、「與受他人尊重」是同等重要的，因為所有人都具備相同的主體價值觀與自為目的性。<br>什麼是人：每一個人（human being）都是在不斷發展變化中的同一個「我」。反思什麼是「自我」：「我」不等於「我」的特徵，特徵常在發展變化中。「我」則是在發展變化中不變的哪一位（human person）。<br>每一個人均有一尊貴之主體自我，此為自我之普遍性，而每一個人之主體自我又為獨一無二者，為自我之特性。培養適切的自我觀，是每一個人探索、肯定與發展自我的前提。 |

雜社會組織與科技發展的生物，尤其是能建立群體與組織來達到互相支持與協助的目的；或喜歡發展複雜科技的成就感，或衍生不同的文化、信仰、儀式、社會規範。3.最特殊的是人的精神層面，有各種靈魂概念、神聖力量或超個人的存在，是其他動物所沒有的。《說文解字》才會提到「人，天地之性最貴者也。」，來強調人之所以為人，不只是生物上的人（Human），更可以 human being 代表人的存在與特性。

　　因此，可以從人的特質與人性觀來探索什麼是人。

　　由於「人」已經是我們的名字，當我們問「人是怎樣的一種存有者？」時，我們問的不是「人」這個詞有怎樣的定義，而是在探詢人這種存有者有怎樣的特質，並希望用人的特質是將人與其他事物區分開來。亞里斯多德說：「人是理性動物」，這個答案是對「人」所進行的特質定義；但是不是成功地對人的特質做出定義，就要看人與理性動物之間是否具備充分與必要條件的關係。人的特質是否擁有理性，是在於是否可以客觀判斷決定的特質定義，有標準答案；因為特定事物或觀念有怎樣的本質是客觀決定的，不容人在主觀上任意操弄。但是人不是非被稱呼為「人」不可，不同的語言以不同的詞彙或符號來稱呼之後，一旦約定俗成後，就會有固定代表「人」的詞彙與意義在同一族群間，彼此溝通運用（孫效智，2015）。

　　所以也有必要從「人」與他者的關係，來探索人的特質與人性觀，以及有怎樣的關係性。因而，探索「人是什麼？」，首先要探索人的多元面向。

　　除了由性別、年齡等生理特徵與成長變化來區分人；也可以個人或全人類來區分人的主觀理性和自我觀，以及群體性；或探討人是物競天擇衍化來的，或是神或外星人所創造的；也可探討所有人的人性本質是天生或後天，是無我或自我中心，是孤獨存在或因關係而存有。藉此培養生命教育高中課綱列出的人學探索素養之一的「人的特質與人性觀」項目，及其應學習到的「全人人學的基本素養」，包括：

1. 透過思考與分析「人」的多元面向，認識人的本質、關係與時間過程，人的身體與心理（人的理性與感性、精神與靈性、性別與關係、自由與命定、有限與無限、渴望與追求）。
2. 認識人的生命及各種事物的有限性，才能掌握人的終極願景、價值理想、靈性向上修養的途徑。

　　綜合言之，若能整合不同領域對人各種面向的認識，型塑對人更完整的理解，就是試著探索與建立「人是什麼？」的全人觀點。尤其，教育的對象是「人」，而且是致力讓生命成為「更完整的人」；將身心靈社各方面朝「全人」發展提升，不只停留在「人才教育」層次，更需以「人的培育」為基礎進行「全人教育」（孫效智，2013）。以此探索人的身心靈社

多方面特質，應可作爲探索「人是什麼？」的有效路徑之一。

## 四、「我是誰？」

　　大哲學家康德認爲哲學任務就是回答以下，可建構「哲學人學」的三大問題：1.「我要知道什麼？」、2.「我應該做什麼？」、3.「我能希望什麼？」孫效智（2015）認爲這不同於生命教育的人學探索，但從「我」出發，展開探索「我是誰？」，或可彰顯對於人學探索的主體「我」這個人的理解，進而整合出人是什麼。

　　尤其在探索「人是什麼？」的多元面向過程中，免不了轉向進行探索比對「我」這個人是什麼，是否跟一般「人是什麼？」相同，還是有著獨特個別差異，而與一般人不同的「我是誰？」，若人人都一樣，又何必有我？這些人學探索的發問，正是生命教育欲培養出的核心素養。

　　生命教育課程的主要對象通常是各教育階段的學生，正處於從兒童、青少年過渡轉換成大人的過程，很需要不斷以「我是誰？」來探索自我；因此建議以認識自我的獨特「個體性」，不斷反思學習理性「自主性」，願意投入社會「群體性」，作爲生命教育的目標（王榮麟，2014）。這正是發展心理學家 Erikson 的論點，他主張「自我認同」以避免角色混淆是青少年時期的主要發展任務，因此需要不斷探索，澄清以決定自己想要成爲怎樣的一個人。一旦我這個「人」，能展開「主體性」的自主理性反思，認同自我的獨特「個體性」，就可能發揮我的「群體性」以活出人我共榮的人生。

　　如此藉由探索更多哲學人學的知識，促發內省自覺，幫助自己向內自省、向外探索，自主自決要成爲怎樣的人；就是以人生三問在培養自我去思辨「我是誰？」、「我爲何而活？」、「我要活出怎樣的生命？」進而勾勒出自我認同想要成爲的「人」的圖像，可作爲人學探索的生命教育主軸目標（李玉嬋、曾正直、王榮麟，2014）。

　　許多青少年不知道「我爲什麼要一直努力唸書？」、「不唸書我又能做什麼？」缺乏有意義之目標與方向的發問，正是開啟型塑自我概念與自我價值的重要機會。正處於興趣和能力開始發展與探索的青少年階段，逐漸關注「我是誰？」、「我喜歡什麼？不喜歡什麼？」等與自我相關的

議題，最適合透過興趣、能力與價值觀面向逐漸開展自我探索；不只助於升學就業抉擇，更可從中建立自我概念與認同，找到自我的人生方向（王玉珍、田秀蘭，2016）。尤其，「我們每個人都有獨特的目的，這個目的感能說明『我是誰？』『我為什麼在這兒？』『我為什麼活著？』等問題；這個獨特的目的或是人生使命，讓每個人都擁有其獨特性。然而，最困難是如何幫助人去發現……；所以，致力引導青少年在此過程中增進自我認同，覺知並豐厚自己的優勢特質，來定位『我是誰』。」（王玉珍、田秀蘭，2016）

然而，後現代思潮相信人是透過內在自我（self）與外在社會（social）經驗交流，來建構並活出自己的生活（Gysber, Heppner, & Johnston, 2014），其實是複雜的動態系統。應關注個人內在特質如何受到社會文化經驗影響，個人發展如何維持統整自我（王玉珍、田秀蘭，2016），就有必要進一步探索關係變動中的自我。

## 五、「什麼是人性？人有怎樣的關係性？」

什麼是人性（human nature）？人性就是人的基本性情和特徵，包括思想、感覺和動能等，是人類的本質或本性。但人性是頗有爭議性的話題，不能單以人類特性來解釋，需一併研究人的思想和心態中普遍存在的恆久特質特性，所以維基百科引用多種定義來闡述人性。

就現代社會學定義，人性只有一種，因為世上只有一個人類，有著相同的人性，例如人類自嬰兒就有與生俱來的同理心或求生存的需要。在中國文化對人的本性定義，有性善論、性惡論的不同觀點。西方哲學定義人性的存在是自然屬性與社會屬性的統一，會隨著社會經濟基礎的改變而改變，例如在金屬工具出現之前，私人勞動等於社會勞動，私有財產並不存在；只有從人的社會性和階層性出發，才能得出對人性的正確解釋，因此沒有普遍存在的人性。這等於強調得從「人有怎樣的關係性」來定義「什麼是人性？」

從生態系統理論來看，人生活於家庭這個小系統中，家人的親子、手足、親戚關係影響著個人；家庭又處於社會這個系統，學校、職場、社區生活圈的同學、同事、朋友、鄰里關係也影響著家庭和個人；外在還存有

著更大系統，社會階層、文化習俗、法律政治體系，也牽動影響著人的關係性與人性的變化。再次強調人學探索應探索「什麼是人性？人又怎樣的關係性？」，從群體關係中人與人的互動來思考人類的特性，應活出怎樣的人性與關係性。

## 第二節　人學探索的路徑

「知識可以專精，生命卻必須寬廣」

――中原大學

### 一、生命教育的全人課程

愛默生說：「這世界為何缺乏和諧而被破碎堆砌？實在是因為人們和自己也不一個整體。」理當找回生命與教育的關聯與締結，張淑美在《生命教育――全人課程理論與實務》一書序中的呼籲，教育應回歸有機的、整合的、全人的、靈性的等自然的本質，重新找回生命與教育的靈魂。因而希望生命教育能讓人找回與自己內在真我的關聯、與他人社群的緊密締結、與地球宇宙的息息相連（Miller, 2009）。因此，全人教育（Holistic Education）應是生命教育人學探索的主要路徑。

Miller（2009）基於「永恆哲學」的全人觀點，認為所有事物是不可分割整體的一部分。強調基本上，宇宙存在一個相互締結的整體，與個體內在或高層次自我密切關聯；個體需透過內觀冥想沉思涵養直覺，讓內在聲音不被感官知識所限，能有所意識覺察相互關聯的一致性，喚起我們存在的關係。尤其當世界愈來愈邁向科學、物質主義，大部分獲得物質幸福感的人反而覺得失去些什麼。如同愛默生所說：「一個人得知自己所知道的會比所做出的還多，就馬上面臨『我是誰？』這個奇妙問題；二者之中，哪個才是真正的自己？是知道多一些的那個或少一些的那個？」。需要促發全人發展的平衡、總括與關聯三層面（Miller, 2009）：

1. 平衡（balance）：人要能維持個別／群體、內容／過程、知識／想像、理性／直覺、量化／質性、方法／方向的平衡，才不至於見樹不見林。

2. 總括（inclusion）：人需要以傳遞、交流互動、轉化的多元學習層次，
   促進全人完整的存在。
3. 關聯（connection）：人要串連直線思考與直觀思考之間的關係，心智
   與身體之間的關係，不同知識範疇之間的關係，人與社群、地球的關
   係，自我與眞我的關係。

藉此跳脫一個人內心的知行不合一，透過身體運動認知、心智知覺想
法、靈性直觀，探索超個人心理學意識光譜的不同意識層次（圖6-1），
提升身心靈全人發展（Miller, 2009）。

以完形心理學而言，當人碰觸內在核心，有內在對立的陰陽兩極，
例如感性和理性，二者互有連結可以陰陽相齊，兼容並蓄地成爲既感性又
理性的人；擴大覺察意識，接受並整合兩極成爲一個更大的整體，以成爲
更完整的人，這可說是一種嘗試促發整合的人學探索路徑。歐爾《人性的

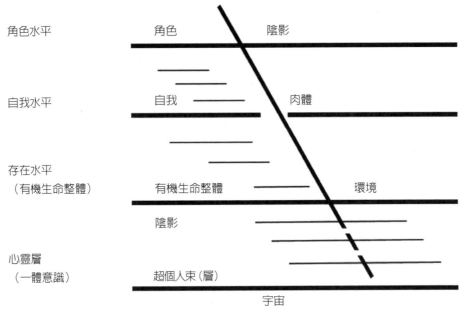

**圖6-1　意識光譜**

（資料來源：Miller, J. P.（2009）。生命教育——全人理論與實務。臺北：心理。
第68頁。）

尺度》（Human scale）一書，描述人類必經在一個合理規模的組織中生活和工作，例如建築物不應該矮化個人或周遭環境，應依人性尺度，容許自然世界與人造世界共存；核心價值在於個人實現、社會合作、與自然和諧相處、權力去核心化、自給自足，因此「人即是萬物的尺度」（Miller, 2009）。

　　這也影響到世界衛生組織對健康的定義，從生理醫療診治轉向主張「身 - 心 - 社會的全人健康模式」（圖 6-2）。將人的健康視為個人內在的生物和心理因素，及其與外在的社會因素互動結果。因而全人健康追求的是身心靈社會各層面的完全療癒，而非只是治療病灶而已。那麼縱使生病或失能的人，或許生理機能喪失，仍可以追求心靈安適安寧的狀態；正是安寧療護對於無法治癒的臨終病人，不再追求身體醫治，轉而致力減輕這個人的身體病痛感，提升其舒適與安寧的心理感受，還有可能在生命最後一程，思考人從哪裡來，人往哪裡去的生死智慧，甚至更適合進行「人

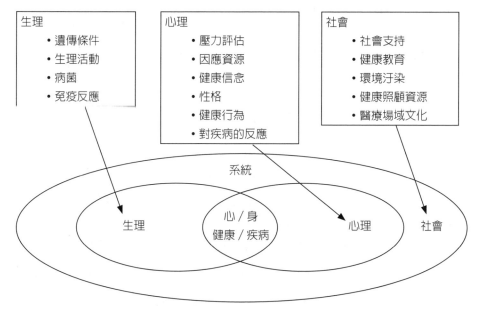

圖 6-2　身 - 心 - 社會的全人健康模式

（資料來源：引用自李玉嬋，2008，醫療諮商概論。臺北：天馬。第 62 頁。）

是什麼？」、「我是誰？」、「什麼是人性？我有這樣的關係性？」的人學探索，在生命末期反而開啟生命學問的更大智慧與心性成長。

　　然而，如何在日常生活中就能探索、檢視並落實全人健康行動，可從身心健康雙 BMI 著手（李玉嬋、李俊德等，2020）。除了以國人熟知的身體質量指數 BMI（Body Mass Index）計算一個人的身高監控體重範圍來管理身體健康之外，也可對照採用心理健康 BMI 幸福心指標：「友善人際 Befriend- 正念情緒 Mindfulness- 認同意義 Identity」（圖 6-3），來監控並促進社會幸福感、情緒幸福感、心理幸福感，擴展自主管理身心雙 BMI 全人健康識能的參考架構，並作為防治自殺之用（李玉嬋、林襄、李萱、龐博宇、丁麗萍，2021）。李玉嬋（2016）提出心理健康 BMI 養心識能，希望以 0-10 分讓人自評友─情─義三元素的具備程度，包括：(1) 人際支持親密感 B（Be-friends）：「我能友善結交至少一位至親好友，互相支持親密陪伴程度（0~10 分）？」(2) 情緒平穩掌握感 M（Mindfulness）：「我能掌握自己內心想法和心情，並維持情緒平穩安心程度（0-10 分）？」(3) 自我價值意義感 I（Identity）：「我能認同自己的價值和自己的生命圓滿有意義的程度（0-10 分）？」三題總分≧21 分者，代表能掌握人際親密感、情緒穩定感、自我價值認同意義感，而擁有良好正向心理健康幸福感來增進全人健康。

圖 6-3　身心雙 BMI 全人健康識能

　　除此之外，由於人很容易忘卻靈魂早在人出生前存在，有了實際形體，反而忘卻了自身的眞正認同（Miller, 2009）。如同蘇格拉底以「知汝自己」（Know Thyself）指引環環相扣的詰問，迫使個人檢視自己的預設立場，去探索 Miller（2009）全人課程的幾個主題學習內容，包括：「全人教育關注的是『關係』，是線性思考與直觀思考之間的關係，是心智與身體之間的關係，是多個不同知識之間的關係，是人與社群、地球，以及人的自我與眞我之間的關係。在全人教育課程中，學生檢視這些關係，也從而獲得對於這些關係的覺知，以及必要的技能，來轉化孕育出適切的關係。」（p.125）

　　「知識可以專精，生命卻必須寬廣」，應秉持對自然與人性的尊重，尋求天人物我的和諧發展；故中原大學通識教育以此設計培養全人的「天、人、物、我」四大學類課程，引導啟動生命關聯與締結方式的探索，學習關於「天」的靈性關懷與生命意義、「人」的社會知群體現象與互動、「物」的自然永續與科技文明、「我」的主觀經驗與生命情意，以發展天人物我和平共處之道，讓生命因全人學問更加寬廣。藉以幫人找到「人」進行「全人」思考——活在關係中的人（圖 6-4），是林治平教授的全人教育理念，探索人活在天、人、物、我四個關係面向的人學探索，「讓人認識『人』是誰、『我』是誰」，發掘生命的多元豐盛，擁有圓滿人生。

## 二、生命全程發展中的人學圖像探索

　　生命從開始到結束的人生全程，人會隨著年齡而變化，兒童和成人的身心特質並不相同，可能成長發展或退化衰敗。生涯大師舒波認為人一生隨年齡增長的人生舞臺，從家庭、學校延伸到工作場所和社會，最主要扮演九種角色：1. 兒童，2. 學生，3. 休閒者，4. 公民，5. 工作者，6. 夫妻，7. 家長，8. 父母，9. 退休者（林綺雲、李玉嬋等，2002；Super, 1980）。生活中常出現角色衝突，該上學還是該出去休閒，透過角色選擇探索著我要成為怎樣的人與角色，思考「我是誰」，應活出怎樣的人生。

　　探索認識自己是怎樣的人？有什麼能力和優缺點？喜歡重視什麼？希望變成怎樣的人？有哪些角色衝突？透過生涯規劃，鼓勵探索自我的性

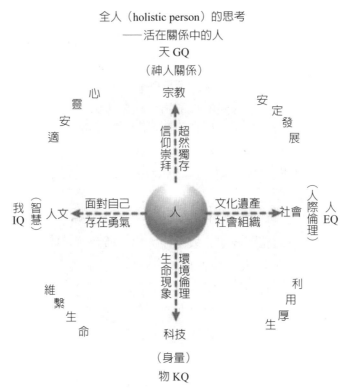

圖 6-4 「全人的思考——活在關係中的人」

（資料來源：林治平，取自中原大學網站 https://www1.cycu.edu.tw/news/detail?typ
e=%E5%B8%AB%E7%94%9F%E7%9A%84%E5%85%89&id=824）

格、興趣、價值觀、能力、性向，發現「人一生最大的寶藏就是自己」，
而朝向潛能開發與自我實現（林綺雲、李玉嬋等，2002）。

## (一) 探索人的身心發展隨年齡變化的不同

　　不論人性是天生或後天的，現代心理學以個體出生前、出生後的幼稚
階段、發展成熟後的不同身心發展階段，來探索人生全程共同發展模式下
的個別差異；尤其能表現社會期許的年齡應有的心智能力水準，能表現出
該年齡該有的具體行為任務，如下表 6-2（張春興，1994），是許多人核
對自己是否符合社會期待，在各年齡層表現出該如何活的參照標準。若是

表 6-2 人生全程發展分期的九個階段與發展任務

| | |
|---|---|
| 嬰兒期到前兒童期<br>（1-6歲）<br>的發展任務 | 會走路<br>會吃固體食物<br>會說話<br>養成大小便衛生習慣<br>性別認定並能表現合於性別之儀態<br>對簡單事理能辨別是非<br>初具道德觀念<br>開始識字閱讀<br>開始理解抽象的表意行為（懂得察顏觀色） |
| 後期兒童<br>（6-13歲）<br>的發展任務 | 能夠表現體操活動中的動作技能<br>能與同儕遊伴相處<br>能扮演適度性別<br>學到基本的讀、寫、算等能力<br>了解自己是成長的個體<br>繼續建立自己的道德觀念與價值標準<br>開始有獨立傾向<br>漸具民主傾向的社會態度 |
| 青年期<br>（13-18歲）<br>的發展任務 | 身體器官與情緒表達趨於成熟<br>能與同儕中異性相處<br>能適度扮演帶有性別的社會角色<br>接納自己的身體容貌<br>情緒趨於獨立，不再事事依賴父母<br>考慮選擇對象為將來婚姻準備<br>學習專長作將來就業準備<br>在行為導向上開始有自己的價值觀念與倫理標準 |
| 壯年期<br>（13-35歲）<br>的發展任務 | 選擇配偶結婚<br>能與配偶和睦相處過親密生活<br>具養家顧口能力<br>開創自己的事業<br>負起公民的責任<br>有良好的社會關係 |

| 中年期<br>（35-60歲）<br>的發展任務 | 提拔青年人<br>完成社會責任<br>享受成就的滿足<br>能適應中年期的身體變化<br>奉養年邁的父母 |
| --- | --- |
| 老年期<br>（60歲以上）<br>的發展任務 | 能適應逐漸衰弱的身體<br>能忍受喪偶之痛<br>能在經濟上支持退休生活<br>能與同儕老年人和睦相處 |

資料來源：張春興，1994，現代心理學。臺北：東華，第 354 頁。

超前或落後，沒能活出應活的人生階段樣態，那麼，這個非常態者的人生該如何活？又如何以不同的存在樣貌，活出自己的獨特性？許多人以人生全程發展任務的參照標準，做為人學探索的路徑之一。

　　尤其從兒童期過渡到成年期的青年人，可能身體早熟卻心理晚熟，而身心發展失去平衡，又身處快速多元變遷的社會，擁有太多自由卻更茫然，容易角色混淆、迷失自我，需要發展自我、肯定自我、追尋自我。要完成青年期「自我認同」（Ego Identity）的關鍵發展任務，張春興（1994）認為可以六個層面去思考關於「自我」的問題，來統合回答「我是誰？」與「我將走向何方？」的自我了解與自我追尋歷程：

1. 我現在想要什麼？
2. 我有何身體特徵？
3. 父母如何期望我？
4. 以往成敗經驗如何？
5. 現在有何問題？
6. 希望將來如何？

## (二) 人格的形成

　　探索人格也可以是人學探索的路徑之一，一般對於人格（Personality）有三種解釋：(1) 人品、品格，(2) 人的權利義務的法律資格，(3) 個性、性格。心理學多聚焦於個性、性格，作為對人格的定義和測量，探索人所

具備「一定不變」的「特有品質」，是由多種心理特徵的人格特質組成，且有統合持久性地表現在人對己、對環境的適應上，因而各種人格理論或可供作人學探索的路徑之一（張春興，1994）：

### 1. 精神分析論對人格的解析

佛洛依德認爲由本我（唯樂原則）、自我（現實原則）、超我（完美原則）所組成的人格結構，功能不同，交互激盪而衝突，產生人的內在動力與焦慮，促使個人可能採取防衛機轉去轉移或壓抑的變化，以人格內在動力牽動著人格發展。

### 2. 人本論談人格的人性本質與超越

馬斯洛以需求層次概念說明人格具有一定的成長發展性與心理意義，基於以人爲本的人本論（Humanistic Theory），強調充分發展人性本質，包括生理、安全、愛與歸屬、尊重等需求，最終臻於自我實現的頂峰，將能擁有超越時空與自我心靈滿足完美感的高峰經驗，是人性本質發揮的最高境界。

### 3. 人本心理學的人格自我論

羅哲斯以個人中心的各種經驗，型塑個人從經驗中對自己的一切知覺、了解與感受，包括對「我是誰？」與「我是什麼樣的人？」之答案，匯集總結成自我概念；外界他人給予的評價，也能形成限制個人價值的間接經驗，二者合一形成個人的自我概念。所以，如果旁人能提供無條件積極關注不批判的愛，個人較能根據自身直接體驗去認識自己，化解「理想我」和「眞實我」的衝突，而成爲和諧一致的自我，進而充分發揮自我功能。

羅哲斯《成爲一個人》（On Becoming A Person）一書的「人」，乃是實實在在與世界生活在一起的具體存在之個人，不囿於一己之內而與世界（社會）分別對立，也不被世界吞噬或群體規範限制而失去個別性。因而強調生命是一直在形成（Becoming）的變化過程，而人基本上是朝積極或自我實現邁向成熟發展的方向流動，接納自己成長形變中的過程，可

以自由自在地朝向自然人的樣子去變化和成長，將可體驗到潛在的自我，對情感關係的完整體驗，喜歡自己，也發現人性核心是積極的，而能朝向自身合一、充分發揮功能邁進。

## 第三節　人學探索的趣味

「生命中最大的戰役，發生在心靈無聲的殿堂中」

（柯維，1991）

　　人學探索其實無所不在。從日常的「自我介紹」，就能看出端倪與趣味。

　　秀出照片，顯現我的長相、外貌、性別和年紀；說出名字，家住哪裡，是學生還是上班族，或其他的身分角色；露出性格，有哪些興趣、偏好、個性、專長……。人常常從「生理的我」、「社會角色的我」、「心理性格的我」，在做一個人多元面向的自我介紹，讓人我展開人學探索。暨可讓別人認識「我是誰？」，還可讓別人會從自己或他人所看到的面向，去判斷這其實是個怎樣的人。往往人己之間的看法是有出入的，這時，究竟是別人看到的「我」才是真我，還是我認識的「我」才是真我？真我與假我如何區分，又如何釐清？這是非常有趣的人學探索與日常。

　　「周哈里窗」的自我四格圖（圖 6-5），將自己和別人、知道和不知道的我，畫分出我的四個面向，以勾勒出自我可能存有的多元面向，包括：

| | | 自己 | |
|---|---|---|---|
| | | 己知 | 己未知 |
| 別人 | 人知 | 表裡一致的我 | 盲目的我 |
| | 人未知 | 隱藏的我 | 潛能的我 |

圖 6-5　周哈里窗

資料來源：林綺雲、李玉嬋，2002，生涯規劃。臺北：華杏，第 48 頁。

1. 表裡一致的我（己知、人知）
2. 隱藏的我（己知、人未知）
3. 盲目的我（己未知、人知）
4. 潛能的我（己未知、人未知）

　　「現代人什麼都知道，唯一不知道的是自己」，我們不能決定別人如何看待我，卻能選擇我如何看待我自己。所以，探索、發現「我是誰？」，其實有著多元與未知的面向，以此打開「人是什麼？」、「人性又是什麼？」的人學探索興致，將發現「生命中最大的戰役發生在心靈無聲的殿堂中」（柯維，1991）。假如能贏得心中戰役，假如能化解內在衝突，將了解生命的意義，得到內心真正的平安（柯維，1991）；進而對於自我是我們在與世界上其他事物產生關係時，所認定自己的方式（Miller, 2007），有更大的開展。

　　然而，人學探索素養的型塑歷程，常常面臨存在的掙扎，存在主義治療醫師亞隆問說：「要做個痛苦的智者，還是快樂的傻瓜？」或許，這正是以理性思考與價值選擇，展開人學探索之旅的趣味所在。

## 參考文獻

工玉珍、田秀蘭（2016）。青少年生涯目的感的概念發展與實務。**教育研究**，*264*，37-51。

王榮麟（2014）。**生命教育融入十二年國民基本教育課程研究的核心素養與組織方式**。臺北：國立臺灣大學生命教育發展育成中心。

李玉嬋（2008）。**醫療諮商概論**。臺北：天馬。

李玉嬋、王榮麟、曾正宜（2014）。**國民中學生命教育校園文化推動模式成果報告**。臺北：教育部委託計畫。

李玉嬋，2016，國民心理健康BMI。**諮商與輔導**，*369*，50-55。

李玉嬋、林俊德、簡秀芬、陳淑姬、陳柏年、陳致豪等（2020）**新編心理學概要**（二版修訂版）。臺中：華格納。

李玉嬋、林襄、李萱、龐博宇、丁麗萍（2021）。心理健康BMI作為校園

自殺防治的心理健康識能。**諮商與輔導**，*422*，40-46。

林治平（無日期）。取自中原大學網站https://www1.cycu.edu.tw/news/detai
　　l?type=%E5%B8%AB%E7%94%9F%E7%9A%84%E5%85%89&id=824

林綺雲、李玉嬋、李佩怡、李詠慧（2002）。**生涯規劃**。臺北：華杏

張春興（1994）。現代心理學——現代人研究自身問題的科學。臺北：東
　　華。

孫效智（2013）。**高中生命教育校園文化推動模式**。臺北：教育部。

孫效智（2015）。生命教育核心素養的建構與十二年國教課綱的發展。
　　**教育研究**，*251*，48-72。

Gysbers, N. C., Heppner, M. J., & Johnston, J. A. (2014). *Career Counseling:
　　Holism, Diversity, and Strengths* (4th ed.). Alexandria, V.A.: American
　　Counseling Association.

Super, D. E. (1980). A Life-Span, Life-Space Approach to Career Development.
　　*Journal of Vocational Behavior, 16*, 282-298.

Miller, J.P. (2009)。**生命教育——全人課程理論與實務**。張淑美等譯。
　　臺北：心理。

Miller, J. P. (2007)。**生命教育——推動學校的靈性課程**。臺北：學富。

Rogers, C. R. (1990)。**成為一個人：一個治療者對心理治療的觀點**。
　　（李文里譯）臺北：桂冠。

Covey, S. R. (1991)。**與成功有約**（The 7 Habits of Highly Effective People-
　　Restoring the Character Ethic）。臺北：天下文化。

# 第七章　教案：情緒管理

蘇倫慧

環球科技大學幼兒保育系助理教授

## 本課學習目標

認知：一、了解什麼是情緒、情緒種類、情緒功能？
　　　二、生理、認知、行為、情緒之相互影響
情意：探索情緒與體驗情緒。
技能：學習掌控與管理情緒。

## 第一節　認識情緒

### 一、情緒是什麼？

　　情緒是摸不著、看不到，但是感覺的到。情緒是重要的，也具有很大的影響力。人們因著內、外在刺激而產生情緒，例如：因得到禮物而高興，因明天要考試而感到焦慮，因朋友遲到而生氣……等等。如果你專心的覺察，你會發現情緒幾乎隨時隨地都存在，而且是流動改變的。有時難過的情緒下一秒就冒出了憤怒的情緒。情緒如影隨形的與我們同在，但是有時卻很難摸清楚，甚至有些人可能會很難接觸自己的情緒。當然情緒也是無法事先覺察到的，情緒爆發了才覺察到，有時甚至無法掌控情緒而做出偏差的行為。

　　情緒本身並無好壞之分，它只是一種感受，因著這份感受影響人的反應行為。例如：當你看到有人在網路上批評你時，可能會馬上去找對方理論，唇槍舌戰，吵到面紅耳赤，甚或大打出手；也有人可能怕面對衝突，顧慮當面和對方理論會破壞彼此的關係，以後碰面會尷尬，因此選擇生悶氣，甚而在暗地裡心生恨意，挾怨報復；但也有人可能先自我省察，是否

眞有如對方所說的缺點，然後再詢問對方爲何會做如此的批評，有可能是誤會一場，對方根本沒批評過，而是另有其人想挑撥離間所散布的謠言……（黃惠惠，2002）。由上述可知，不同的情緒表達方式會影響人際的互動及自我的身心狀態。

　　情緒是主觀意識經驗的感受，當情緒被內外在刺激引起後，情緒狀態是不容易自我控制，需要學習情緒管理的方式。

## 二、情緒種類～晴時多雲偶陣雨

　　人的基本情緒是與生俱來的，是自然反應，因此情緒本身並沒有好或壞之分別。例如，遇到蛇自然覺得害怕、寵物的死亡自然覺得傷心等等。情緒的種類是豐富的，依照正負向及強弱之分，將情緒分成四類，以利探索情緒及學習辨識不同的情緒。

活動：認識自己的情緒 ～～ 我常有的情緒是……
1. 圈出自己常有的情緒（可複選）。
2. 圈好後，數一數，哪個項度的情緒比較多？是正／負？是強／弱？
3. 分享（與小組成員或找另一位同學）。

<br>

　　　　　　　　　　　　　　　　　強的

憤恨　憤怒　恐懼　痛苦　　　　　感動　興奮　感激　驚喜
生氣　害怕　擔憂　難過　　　　　開心　快樂　幸福　得意
絕望　悲傷　慌亂　悔恨　　　　　高興　溫暖　喜悅　愉快
煩惱　後悔　慚愧　罪惡感　　　　樂觀積極　沾沾自喜

負向的　　　　　　　　　　　　　　　　　　　　　　　正向的

羞辱　孤單　寂寞　消沉　　　　　驕傲　滿足　希望　自在
失望　空虛　挫折　自卑　　　　　自負　滿意　期待　自信
自責　懊惱　灰心　不舒服　　　　輕鬆　知足　放心　安心
無助　害羞　無力　疲倦

　　　　　　　　　　　　　　　　　弱的

作業：情字這條路——唱出我的心情

1. 選出一條能代表自己的某一種情緒的歌曲，寫下歌詞。

2. 並寫下與自己呼應有感覺的心情。

3. 將歌存在手機裡或隨身碟，下次上課時播放出來或現場唱，與大家分享。

# 第二節 情緒功能

情緒傳達很重要的訊息，能讓我們了解當下的感受與需求。因著不同的情緒，讓生活更豐富、更有趣，即使是害怕、悲傷、難過、憤怒……等情緒，都有其功能存在，以下簡介情緒的功能：

## 一、生存的功能

人類遇到危險狀況時，身體可能出現心跳、呼吸加快、產生害怕的感覺等等。害怕的情緒能幫助人類知覺到危險，而做出戰鬥或逃跑反應，這歷程幫助人類能逃離危險而安全的生存下來。例如，當人們遇到獅子等猛獸時，通常會感到害怕而逃離現場，若無法逃跑時，則奮力一搏。

## 二、人際溝通的功能

在人際互動中，自身的情緒能經由在人與人互動的過程中，而感染給他人或影響他人，相對的也能夠感受到他人的情緒。例如：當你精心的挑一份禮物送給你心儀的對象時，如果他／她的情緒是驚喜的、愉快的，那你便知道，你們的關係是被接受的、被肯定的。如果他／她的情緒是錯愕的、尷尬的，從這樣的情緒得知，送這禮物是不恰當的。是因為禮物本身的關係？還是你們的關係還沒那麼親近到送禮物？我們可以從互動中覺察到的情緒去了解溝通是暢通還是阻塞，進而嘗試調整溝通的方式。換言之，如果面對一個常常沒有情緒的人，較難了解他的喜好、個性、價值觀等等，這樣難以捉摸的氛圍，造成人際溝通的不確定感。

## 三、動機性的功能

　　情緒也能成為個體行為的驅動力，因著這個動力，採取行動去面對或解決問題。例如，害怕因為考試成績不好而被父母責罵，所以會督促自己去唸書。當生活中感受到不舒服或痛苦情緒，這個痛苦的感受會成為改變的動力，引導我們往成長性的方向，努力創造更好的人生。

# 第三節　生理、認知、行為與情緒之互相影響

## 一、情緒層面

　　綜合學者們對情緒所做的定義看來，情緒層面包含了生理反應、認知反應、行為反應和情緒反應等四種層面，分述如下：

### (一) 生理反應

　　情緒是個人受到外界刺激之後，生理上也產生變化，如：血壓升高、腎上腺素增加……等，這類生理內在反應較難從外觀看出變化。而外在生理包括呼吸急促、心跳加快、冒冷汗、臉頰紅熱、手腳發抖……等，這類反應比較容易覺察到。性荷爾蒙也會影響情緒的起伏與強度，憂鬱情緒與更年期症狀有顯著正相關，更年期婦女憂鬱情緒比例為 36%（李佩珊等，2006）。另外，人體缺乏「快樂的荷爾蒙」-腦內啡，就會容易變得沮喪。

### (二) 認知反應

　　認知反應是指針對引發情緒的刺激事件、情境、人物等所做出的解釋。例如，非黑即白、以偏蓋全、災難性想法、非理性想法等等。

### (三) 行為反應

　　行為反應是指因情緒而產生的行為，有語言和非語言的形式，語言形式包括用口語表達想法或感覺。例如，怒罵他人表示不滿的情緒、帶著挑釁的口吻說話、因高興而大叫……等等。非語言形式包括肢體和臉部表情，例如，當感覺很緊張時可能會正襟危坐，當感覺憤怒時可能皺眉、緊

握拳頭，當不屑他人時可能用眼角餘光斜視等（黃惠惠，2002）。

## (四) 情緒反應

　　情緒反應是指情緒發生時，個體所體驗到的主觀心理感受，其具有普遍性。例如，當生日時收到禮物時通常都會很高興、寵物過世會覺得難過。

## 二、生理、認知、行為與情緒互相影響

　　生理、認知、行為與情緒是互相影響，且有循環式的影響。當外界刺激引發情緒時，緊接著大腦開始解釋，這認知的解釋再影響情緒，情緒同時也影響生理反應，生理反應再回饋去影響情緒。認知的想法與生理反應也互相影響，情緒與行為也互為影響。這循環式的影響有加乘效果，也有削減效果。

　　在有負向情緒的狀態下，個人的思考判斷與記憶受阻，例如，綠巨人浩克是典型的人物，變身為綠巨人時，無法思考，只有憤怒與生理的基本反應，所產生的行為就只有原始生存的反應，沒有經過大腦思考過的行為反應。反之，認知影響情緒，例如，遇到不如意的事時，鑽牛角尖的想不好的事，愈想情緒愈糟糕，糟糕的情緒緊接著就又出現負面的想法，這樣惡性循環，導致情緒沮喪或憂鬱。個體生理反應可能會流淚、無精打采等等；行為反應可能是睡覺、自殘或嚴重的可能企圖自殺。

## 第四節　情緒管理

## 一、情緒管理之重要性

　　每個人每天都有很多的情緒，若你細細回想，從你一早醒來到晚上睡覺前的情緒，你或許驚訝竟然有這麼多的情緒！也許也有的人負面情緒遠遠多過正面情緒。情緒是與生俱來的，不可避免的，因此接觸情緒、了解情緒、紓解情緒，適度表達情緒是重要的。

　　情緒的反應往往受到過去的成長中經驗的影響，包含在家庭中耳濡目

染的學習，還有自己先天氣質與環境的影響，漸漸地養成自己習慣性的情緒反應。情緒的反應有很多種，有的人情緒常不穩定或易衝動的，又對自己的情緒較難掌控，可能就暴怒等等。例如：當別人與自己心儀的女孩聊天時有說有笑，可能就覺得對方挑釁他冒犯他，因此便吆喝一些人持刀砍對方。也有因為一言不合，雙方都為了面子或同儕的影響，而挑動起更激烈的情緒，甚而群起鬥毆。這些人常常認為自己暴怒是別人的過錯，「都是他先惹我，他害我的」，把責任推托怪罪別人。反之，也有些人過度自責或不願意造成人際上的衝突與摩擦，而壓抑情緒，而導致嚴重的憂鬱情緒。

## 二、情緒管理之方法

當然情緒管理並非教導大家要壓抑情緒，或盡情發洩情緒。情緒管理包括四個方面：體察自己的情緒、面對他人的情緒、紓解情緒、適度表達情緒。

### (一) 體察自己的情緒

體察情緒包含體驗與覺察情緒，有許多人認為：「人不應該有情緒」，所以不肯承認自己有負面的情緒。然而情緒本身沒有好或壞，是自然的，人一定會有情緒的，壓抑情緒反而帶來更不好的結果，學著體察自己的情緒，是情緒管理的第一步。察覺情緒包含了解與分辨不同情緒，時時提醒自己注意此時此刻的情緒是什麼？全然的傾聽，無評價的接納自己，覺察自己的情緒。並且觀察與思考這些情緒，對自己或關係的影響是什麼？

以下有兩個學習單可供練習，【情緒線索學習單】可探索在不同的場所、活動、人物，或情境中，容易出現的情緒，並探究其原因。另一個【幫生氣找個出口學習單】是針對憤怒情緒。探索當我生氣時，我身體的反應是……我大腦會說……我的心也感覺……我的行為是……。例如，當我有憤怒時，我的生理反應是身體會……眼光怒視，眉毛深鎖，緊握拳頭，呼吸快又短促，心跳加快，面紅耳赤。我的大腦會……空白，接著拼命的想，想反擊的理由，或攻擊的方法。我的心一直在火大的感覺。我的

行為是破口大罵！罵三字經！或是努力壓抑，緊閉著我的嘴！

【情緒線索學習單】

### 我的情緒線索

　　情緒不會突然的發生，通常是有些事情或狀況出現時，引發了情緒的產生，現在可以來好好想想，在什麼情境或特別的時刻，或什麼場地時，你容易會有些情緒？

一、在那些場所（地方），你會有什麼樣的情緒？（請寫出三種不同的情緒）例如1：場所：電梯。情緒：擔心。原因：害怕等一下有不認識的男生會進來一起搭電梯。例如2：場所：餐廳。情緒：很高興。原因：因為小時候去餐廳吃飯是慶祝生日或慶功宴，所以對餐廳充滿了開心、興奮的回憶。

| 場所（地方） | 情緒 | 原因（為什麼？） |
|---|---|---|
|  |  |  |
|  |  |  |
|  |  |  |

二、進行那些活動，你會有什麼樣的情緒？（請寫出三種不同的情緒）如：活動：上臺演講。情緒：很緊張。原因：怕講不好被笑。

| 活動 | 情緒 | 原因（為什麼？） |
|---|---|---|
|  |  |  |
|  |  |  |
|  |  |  |

三、面對那些人，你會有什麼樣的情緒？（請寫出三種不同的情緒）如：

人物：爸爸。情緒：害怕、緊張、不自在。原因：從小爸爸很嚴肅嚴格，不知如何在他面前自處。

| 人物 | 情緒 | 原因（為什麼？） |
|------|------|------------------|
|      |      |                  |
|      |      |                  |
|      |      |                  |

四、在那些情境，你會有什麼樣的情緒？（請寫出三種不同的情緒）例如：情境：爸爸媽媽在吵架時。情緒：害怕、擔心或很煩。原因：擔心爸爸突然暴怒，媽媽會遭殃。

| 情境 | 情緒 | 原因（為什麼？） |
|------|------|------------------|
|      |      |                  |
|      |      |                  |
|      |      |                  |

寫完後，找 1-2 位同學分享。

**【生氣找出口學習單】**

### 幫生氣找個出口　學習單

當外界環境中發生什麼事，我容易感覺生氣？

當時我身體的感覺是：＿＿＿＿＿＿＿＿＿＿＿＿＿＿＿＿

當時我的想法是：＿＿＿＿＿＿＿＿＿＿＿＿＿＿＿＿＿＿

當時我心裡的感受是：＿＿＿＿＿＿＿＿＿＿＿＿＿＿＿＿

而我的行為反應是：＿＿＿＿＿＿＿＿＿＿＿＿＿＿＿＿＿

事後，我身體的感覺是：_____

我的想法是：_____

我心裡的感受是：_____

我得到了什麼：_____

我失去了什麼：_____


下一次，若再發生類似的事件，

我使用哪些方式，抒解我的憤怒：_____

因而，我選擇新的行爲反應是：_____

我的新的想法是：_____

我的新的感受是：_____


## (二) 面對他人的情緒

　　透過能感受他人的情緒與了解他人的想法或觀點，增進面對他人情緒的能力。增進積極地傾聽能力、非口語的行爲觀察力，及同理心的回應，可促進感知與回應他人的情緒。

　　專注地積極地傾聽時放下自己主觀的判斷，嘗試去感受他人的情緒起伏，同時觀察對方的身體語言，並換位思考，用對方的立場思考後，結合理性與感性，再做出同理心的回應。

## 觀看影片：同理心的力量

　　網址：https://www.youtube.com/watch?v=E-AfeaRD_IA&list=PL6uAjCjiD06-9YnJJTfHxcuzLirrLLFyl&index=1）。（2 分 53 秒）。

## (三) 以合宜的方式紓解情緒

　　合宜的紓解情緒方式可帶來正面的效果，反之，則會帶來更多負面

的情緒。例如：喝酒、飆車、嗑藥等等，這些方法暫時帶來愉悅感，逃離負面情緒，但是需要承擔事後的後果，例如對身體的傷害，或因為事後與人的衝突或發生的意外事件等等。排解負面情緒的方式因為個人喜好而有所不同，有些人找三五好友訴苦一番、或在 KTV 與朋友高歌幾曲，或是跟朋友去吃大餐、逛街等等；或是有人喜歡自己一個人在家唱歌、聽聽音樂、散步、運動、泡澡、看書、追劇，或是痛哭一場來排解心中的苦悶悲傷等情緒。還有其他的方式，如靜坐、書寫心情日記、爬山、看海、畫畫等等。總之，做一些可以讓自己心情舒服的事。若真的比較嚴重的情緒無法透過這些活動紓解，或許可以找找諮商心理師聊聊，探索事件對自己所產生的影響。

## 1. 疏通憤怒情緒

把憤怒之氣化為正向的力量，不傷害自己、別人或外在環境。創意的抒解怒氣方式：撕紙、畫畫、踏地板、擦地板、掃地、擦玻璃、打球、打枕頭戰、打枕頭、拿枕頭打牆壁或地板、射飛鏢、運動、唱歌、聽音樂、跳舞、大聲尖叫……等等。

## 2. 疏通憂鬱情緒

陪陪自己憂鬱情緒，做一些疼惜自己或愛自己的事情，讓自己好過一點，也讓自己更有能量去面對生活。例如，喝杯溫熱的飲料、泡個熱水澡、太陽下散散步、唱唱歌、寫寫日記、畫畫等創作。試著做一些自己喜歡的事，多疼愛自己一些。

憂鬱情緒與憂鬱症不同，有時候會陷入憂鬱情緒是正常的，若是時間超過 2-3 個月，且影響生活作息，如失眠、常常不自主地流淚、無精打采，則需就醫診斷是否因為生理因素所造成的。很不幸的，有時校園內傳出某某優秀的學生跳樓自殺的事件，若增加對憂鬱症的了解，也許可以減少這樣遺憾的事。

**觀看影片**：我們需要談談憂鬱症（Kevin Breel 親身經驗）

Why we need to talk about depression by Kevin Breel（網址：https://

www.youtube.com/watch?v=-Qe8cR4Jl10&list=PL6uAjCjiD068aB9xJwj0GFT
Efw0kbIlLg&index=1）。2021.12.27。（11 分鐘）。

### (四) 如何適當的表達情緒

　　適當表達情緒，是一門藝術，需要用心的體會、揣摩。可善用我訊息
（I-Message），所謂「我訊息」的溝通方式是指：讓他人知道我們的感
受，充分地表達自己的感受與想法，讓對方更了解自己的心情和想法，以
達到有效的溝通，包含了具體事件描述、自己對此事件的感受，以及自己
的期待或可解決的方法三要素。

第一步：具體描述困擾的行為或事件，少用「一直、總是、都是」等字
　　　　眼，及避免用「你」開頭做人身攻擊，讓對方知道我們「就事論
　　　　事」的溝通方式。

第二步：說出我們因為這個行為或事件而引發的感受，幫助對方清楚知道
　　　　當下我們的感受。

第三步：提出我們希望的解決方法，因為溝通是雙向的，不是拋出問題要
　　　　對方處理，而是學習為自己負責並提出解決方法。

### 我訊息

1. 當我……（觀察的事實）
2. 我感到……感受
3. 我希望……

### 觀看影片

　　我訊息（網址：https://www.youtube.com/watch?v=37hiC0rsnE8）（4
分 28 秒）。

## 參考文獻

李佩珊、李綠桃、黃久美、李奇龍（2006）。更年期婦女之更年期態度、
　　更年期症狀與憂鬱情緒之相關性研究。**實證護理**，*2*(2)，156-165。

林仁和、黃永明（2009）。**情緒管理**。臺北：心理。

黃惠惠（2002）。**情緒與壓力管理**。臺北：張老師。

同理心的力量（2021.12.29）。2021年12月28日，取自https://www.youtube.com/watch?v=E-AfeaRD_IA&list=PL6uAjCjiD06-9YnJJTfHxcuzLirrLLFyl&index=1。

我訊息：**最有效最簡單溝通術，只要3步驟**（2021.12.29）。2021年12月28日，取自https://www.youtube.com/watch?v=37hiC0rsnE8。

Why we need to talk about depression by Kevin Breel (2021.12.27). 2021年12月28日，取自https://www.youtube.com/watch?v=-Qe8cR4Jl10&list=PL6uAjCjiD068aB9xJwj0GFTEfw0kbIlLg&index=1。

# 第八章　教案：自殺防治與靈性健康

蔡昕璋（第一部分）
國立體育大學通識教育中心兼任助理教授
黃雅文[1]、王燕雪[2]（第二部分）
元培醫事科技大學講座教授[1]、兼任講師[2]

　　本章的教案分為自殺防治與靈性健康兩個部分，並在以下的內容中分開呈現。

## 第一部分　自殺防治

### 本課學習目標

認知：能了解自殺問題在青少年之間的嚴重性，以及自殺的原因。
情意：能發揮同理心覺察自殺的警訊，避免問題惡化。
技能：能運用談話技巧及相關資源，達到初級預防的目標。

## 第一節　學習內容

　　生命教育中，強調生命權、生活權以及生存權等尊重生命的人權對話，起因為生命具有不可替代性、不可再造性以及不可復原性等可貴崇高的特質。然而在強調「權利」思辨的當前，亦開啟新的議題辯論：既然人都不免一死，那麼人類是否具備選擇結束自己生命的權利？當人們經過深思熟慮，覺得生活無望、甚至能夠清楚判斷自己死了比活著還要好的時候，究竟能不能選擇自殺這條路？

　　雖然自殺彰顯了當事人思想與行動的「主體性」，然而卻會遺留許多問題讓他人幫忙解決，因此所謂的「權利」仍無法得到多數的認同與肯

定。長久以來,自殺相關議題也一直非常敏感,不論在家庭中、在校園中,有許多家長、師長避之唯恐不及,有人十分忌諱談論死亡議題,自殺者以及其家屬皆容易被社會貼上標籤,有時即便當事人已經往生,其家屬仍不被諒解,甚至遭到社會大眾以及網路酸民的持續撻伐。

造成自殺的原因非常多元,包括個人的生理狀況、心理狀況、家庭生活、同儕關係、個性性格、生活型態以及文化背景等,可能皆有相關。2019 年 6 月 19 日公布施行的《自殺防治法》中,便指出自殺防治應根據個人、家庭、社會影響因素,自生理、心理、社會、經濟、文化、教育、勞動以及其他面向,以社會整體資源投入之。

不同的人生階段,皆會遇到不同的生命課題。臺灣青少年學生的自殺問題究竟有多麼嚴重?是什麼原因選擇走向自殺一途?我們可以有哪些防治的策略?以及在校園中,當發現疑似相關危機事件時,能夠尋求哪些資源協助?以下將帶同學一一了解。

## 一、自傷、自殺事件可能就發生在你我身邊

在臺灣,自殺是青少年(15 至 24 歲)死亡原因的第二名,而根據臺灣衛生福利部 2021 年 8 月公布的資料顯示,自 2013 年起,青少年自殺通報的人次及占率節節升高,從 13.7% 提升到 26.4%,足足上升近 2 倍,2020 年更首度突破萬人。而在衛生福利部統計處公布的資料中,青少年階段男性自殺通報的比率從 2013 年的近年來約為 12.8% 上升至 19.1%,而女性更是從 14.2% 大幅上升至 30.1%。而依據該資料,自殺的原因區分為「情感 / 人際關係」、「精神健康 / 物質濫用」、「工作 / 經濟」、「生理疾病」、「校園學生問題」、「迫害問題」、「不詳及不願說明或無法說明」,以及「其他」等八類,其中「校園學生問題」從 2013 年的 1.0% 爆增至 5.9%,足足提升近六倍(其中男性從 1.3% 提升至 4.1%,女性從 1.0% 提升至 6.8% 更是提升近七倍),詳如下表 8-1。

另外根據教育部 2021 年 1 月公布的《108 年各級學校校園安全事件統計分析報告》中,亦指出學生自殺、自傷的事件。自 2017 年起,學生自殺、自傷的件數及人次就不斷地提高,從 2017 年的 1,592 件 / 1,659 人次,爆增到了 4,311 件 / 4,477 人次,成長近 3 倍,且占所有意外事件

表 8-1　2013 年至 2020 年間 15~24 歲自殺通報人次及占率

| 年份 | 2013 | 2014 | 2015 | 2016 | 2017 | 2018 | 2019 | 2020 |
|---|---|---|---|---|---|---|---|---|
| 人次 | 3,840 | 4,039 | 4,389 | 4,368 | 4,905 | 6,352 | 7,991 | 10,659 |
| 占率（%） | 13.7 | 13.9 | 14.7 | 15.1 | 16.0 | 19.1 | 22.6 | 26.4 |
| 男性 | 1,296 | 1,404 | 1,495 | 1,492 | 1,588 | 1,933 | 2,128 | 2,623 |
| 占率（%） | 12.8 | 13.3 | 13.7 | 13.8 | 13.9 | 15.7 | 17.0 | 19.1 |
| 女性 | 2,544 | 2,635 | 2,894 | 2,876 | 3,317 | 4,419 | 5,863 | 8,036 |
| 占率（%） | 14.2 | 14.2 | 15.3 | 15.8 | 17.3 | 21.2 | 25.7 | 30.1 |

資料來源：衛生福利部統計處 2021 年 6 月公布資料

註：本表性別部分，為當年各年齡區間之占率；若單就 15~24 歲區間，2013 年男性與女性分別為 33.75% 與 66.25%；2014 年為 34.76% 與 65.25%；2015 年為 34.06% 與 65.94%；2016 年為 34.16% 與 65.84%；2017 年為 38.78% 與 61.22%；2018 年為 30.43% 與 69.57%；2019 年為 26.63% 與 73.37%；2020 年為 24.61 與 75.39%。由此可見此階段自殺通報率，女性人數原為男性之兩倍，至 2020 年爆增為三倍以上。

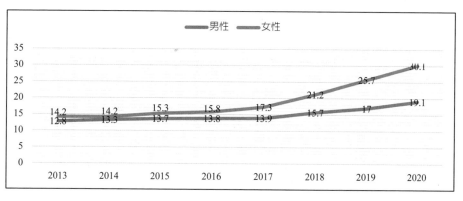

圖 8-1　2013 年至 2020 年間 15~24 歲自殺通報性別占率

資料來源：衛生福利部統計處 2021 年 6 月公布資料。

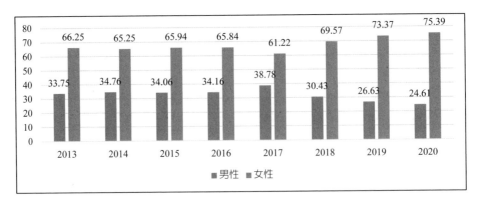

**圖 8-2　2013 年至 2020 年間 15~24 歲自殺通報人次之性別比率**

資料來源：衛生福利部統計處 2021 年 6 月公布資料。

的 18.54%（其中國中 1,344 人次、高中職 1,402 人次、大專院校 1,376 人次）。而從性別分析，女性為 3,247 人次占 72.53%，男性則為 1,230 人次占 27.47%，而學生發生自殺、自傷的事件，尤以 10、11、12 月分最多。除此之外，大專院校學生自殺身亡的人數，更自 2016 年的 32 人，連續四年向上攀升至 2019 年 59 人。

臺灣在 2019 年 6 月 19 日已通過《自殺防治法》，盼望能夠加強自殺防治、關懷生命安全，並且明定各學校應辦理自殺防治教育，且提供心理諮商管道，因此在校園中，採取有效的自殺防治策略，已是刻不容緩之事。

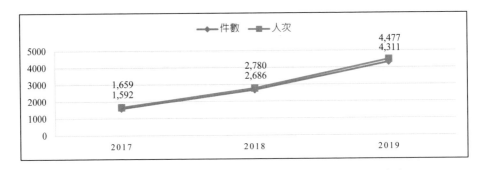

**圖 8-3　2017 年至 2020 年間學生自傷、自殺的件數及人次**

資料來源：教育部校園安全暨災害防救通報處理中心資訊網 2021 年 1 月公布數據。

## 二、自殺的原因有哪些？為何會選擇自殺？

　　自殺究竟是不是屬於個人的權利？有部分的人覺得生命的決定權應該在自己手上。然而從宗教或道德的死亡觀點來看，認為自殺是違反「自然」法則，因此多不贊同；而從法律的角度來看，以人為的手段結束生命，亦不被允許。而選擇自殺者，有時未必能夠解決個人的問題，反而將問題留給家人，甚至社會處理。但究竟造成自殺的類別與原因有哪些呢？

### (一) 自殺的類別

　　依據十九世紀末的法國社會學家涂爾幹（Émile Durkheim）1897 年的巨作《自殺論：社會學的研究》（Le Suicide：Étude de Sociologie），把自殺的動機區分為利他型（altruistic）、利己型（egoistic）、脫序型（anomic），以及宿命型（fatalistic）四種（Durkheim, 1897/1952）。以臺灣過去青少年發生的自殺、自傷事件為例，說明如下：

1. 利他型：感受到強烈的激情或是堅強的意志，認為為了某些信念、價值或是道德死亡，是有價值和意義的。例如為了政治信念喚醒民眾對於教育、政治、歷史相關議題的覺醒；或是因為疾病纏身，為了不連累家人負擔龐大的醫療費用而選擇自殺。
2. 利己型：感受到冷漠，與社會非常疏離，對社會群體毫不關心，因人際或團體關係不佳，感到孤獨而自殺。
3. 脫序型：感受到惱怒或是厭惡，因為個人原先的社會關係突然中斷，導致徬徨不知所措，進而引起的自殺行為。例如因分手，或家人離世導致痛苦；或是因隔離產生孤獨，而萌生自殺的念頭。
4. 宿命型：感受到壓迫，命運受他人控制及指揮，非是自己能夠掌握命運，例如囚犯在獄中選擇輕生。但若學生在學校學習，或是在家庭關係動力中，感受到如監獄牢籠般的不可控制命運，進而萌生輕生念頭，也可歸為此類。

### (二) 自殺的原因

　　綜合鄭照順（2011）、劉作揖（2014）與郭慧娟（2014）歸納整理出自殺的主要原因，在青少年階段，大致包括以下幾種：

1. 逃避難以忍受的狀況（例如逃避考試、逃避課業壓力、逃避人際關係、逃避懲罰、逃避疾病造成的影響等）。
2. 處罰活著的人（以自己的死亡，換取他人一輩子的內疚不安或傷痛）。
3. 得到他人關注（透過自殺或自傷行為，搏取他人的注意）。
4. 操縱他人（例如在爭吵或示愛中以死相逼）。
5. 因羞愧藉此獲得懲罰（因為違反了某些規定，或是做了對不起自己或他人的事情，禁不起良心的譴責而進行贖罪）。
6. 避免成為他人負擔（因生理、心理相關的疾病，或是因經濟狀況等，避免成為家人的負擔）。
7. 非理性、激情、或是負氣的衝動（例如因感情問題、金錢問題而爭吵）。
8. 自表清白（例如被誤解、被懷疑成「抓靶子」，或被懷疑介入他人感情，為表清白而以死明志）。

　　劉玉玲（2005）亦歸納引起青少年自殺因素，在環境方面可分成：
1. 個人（包含自我功能評價低、自我價值和滿足感差、價值觀消極、情緒易產生挫折、緊張、焦慮、自卑、憂鬱、寂寞等負面情緒）。
2. 家庭環境（家庭結構不良、成員溝通不良、不當管教、家庭衝突多）。
3. 學校生活適應（學習缺乏興趣及成就、課業壓力大、缺乏同儕支持、師生關係不佳）。
4. 社會環境（媒體報導、藥物濫用、其他青少年問題）。

　　過去有許多國外學者發現，「問題解決能力不足」和自殺企圖有關，當一個人的問題解決能力不佳時，更可能感到絕望，而高絕望感會提升數倍自殺的危險性（Kring, Johnson, Davision, & Neale, 2016；引自張本聖、徐儷瑜、黃君瑜、古黃守廉、曾幼涵譯，2017）；另外，「藥物濫用」與「性別認同」相關的社會及家庭壓力，亦是造成自殺的原因（Dolgin, 2011；引自洪光遠，2018）。因此，自殺防治的初級預防中，如何覺察自我價值（包含自尊、自信、自愛）亦格外重要。

　　而 2005 年起，伴隨網路寬頻時代的來臨，自殺相關問題在網路世界中擴散地十分迅速。社團法人臺灣自殺防治學會暨全國自殺防治中心出版的《網路與自殺防治》（李明濱，2019）亦指出，近年來因網路媒體造成

的自殺問題愈趨嚴重，其中包含網路媒體爲自殺資訊的來源，包含充斥不少談論自殺工具、自殺方法、自殺細節的網站及聊天室，有的甚至還有影音介紹；其次，「網路揪團相約集體自殺」的事件，多發生在現實生活中人際充滿衝突，亟需要上網尋找需要人際支持的青少年身上；網路霸凌對自我傷害的問題亦愈趨嚴重，回顧臺灣近年來，即發生多起因網路霸凌而造成受害者選擇自殺結束生命的不幸案例。「網路成癮」與自殺風險有關，且網路資訊中關於自殺訊息的媒體識讀能力，更可能會影響我們對於自殺的看法，但相對地，網路資源也是自殺防治教育與覺察的推廣工具，因此，如何「善用」網路資源，也是未來進行自殺防治的重點議題。

## 三、如何覺察自傷、自殺警訊

值得注意的是：有些人選擇刻意自傷，目的在於重拾情緒的平衡，亦即當自傷之後感到平靜與放鬆；也有人自傷是爲了要避開自殺，只是內心感覺空虛麻木已死，透過自傷而感覺「自己還活著」；甚至也有人是透過自傷來對抗「自己被人家忽視、沒被人家看見」的感受；或是爲了逃避緊張、焦慮或自我厭惡（Hollander, 2008；引自邱珍琬，2010）。由於部分選擇自殺的人並非眞的想要輕生，而是透過這樣的行爲表達「需要被關心」或是「求助」的訊號，因此，「自殺防治守門人」便扮演早期發現、早期協助的角色。

根據社團法人臺灣自殺防治學會網站（https://www.tsos.org.tw/web/home）提出的「一問、二應、三轉介」技巧，說明「主動關懷、積極傾聽」、「適當回應、支持陪伴」、「資源轉介、持續關懷」三個步驟，盼望守門人能夠扮演關懷及支持的角色。以下便介紹如何覺察自殺或自傷的警告訊號：

### (一) 自殺及自我傷害的警告訊號

胡中宜（2018）指出，學生自殺或自傷的警告訊號，包括以下幾點：
1. 語言：透過話語或文字表達想死的念頭。
2. 行爲：突然且明顯的行爲改變。
3. 環境：重要的人際關係結束、家庭發生巨變、對環境的不良適應。

4. 併發：表現不滿、憂鬱的情緒，作息及社交紊亂。

而 Kalafat（1990）提出的 FACT 四類自殺警訊，提醒當周遭人們出現類似行為時，需特別留意。這些徵兆包含：

1. 感覺（feelings）：無望、無助、無價值、過度悲傷、憤怒、罪惡感等。
2. 行動或事件（actions or events）：個人經歷失落的經驗，出現爆發性的攻擊、魯莽的行為、吸毒或酗酒、討論或撰寫死亡的行為等。
3. 改變（change）：個性改變、作息變化、對以往喜歡的生活失去興趣。
4. 預兆（threats）：有計畫的安排事物、研究或獲取自殺相關藥物或武器、言語上出現想死的念頭、行動中產生自殺的意圖等。

## (二) 相關檢測工具

目前在實務中，常運用簡易健康量表（Brief Symptom Rating Scale, BSRS-5），又稱「心情溫度計」。該量表為李明濱教授發展，將 50 個題目濃縮為 5 個題目，分別代表「焦慮」、「憤怒」、「憂鬱」、「自卑」與「失眠」之心理困擾程度（李明濱，2018）。目前已有 APP 可供免費下載，在 APP 中除了檢測分析及建議之外，亦提供全國心理衛生資源以及相關心理健康電子書。

提升校園師生健康心理的敏感度，在自殺防治中十分重要。如果在生活中有遇到家庭人際關係巨變，或是重大急性壓力事件等問題，導致心情不佳的朋友或同學，初期覺察以及即時處遇非常的重要。這時我們可以參考臺北市政府自殺防治中心 2020 年公告之《臺北市校園自殺防治指引》中的作法：

1. 主動接觸：觀察有沒有危機出現（包含自我傷害、表現極度憂鬱、出現脫離現實生活等行為），如判斷並非處在危機當中，可以進入到下個階段。
2. 非批判性傾聽：不批判說話的內容，提供安靜、具隱私的傾聽環境。除非關乎生命安危的問題，否則必須尊重對方隱私。
3. 給予適當支持，提供有用資訊：當對方感受到自己能夠被悅納、被支持，則比較有機會提供有用的資訊和資料。
4. 鼓勵尋求專業協助：對方可能對於相關的方案（例如如何尋求學生輔導

中心、社區諮商中心）等資訊所知不多，這時可為對方提供建議，讓他們知道有哪些管道可以尋求幫忙、有哪些方案適合自己。

而林昆輝（2005）曾提醒，在談話過程中，有一些禁忌的語言，此類語言一旦出現，非但無法助人，反而可能造成嚴重事件：

1. 質問原因：為什麼？一定得如此嗎？
2. 懷疑事件真假：真的嗎？
3. 判斷是非對錯：這樣對嗎？
4. 否定其動機與情緒價值：這樣有用嗎？
5. 勸阻其動機與情緒：不要哭了！不要想了！

上述五種類型的語言，在我們日常對話中常常會自然而然出現，然而面對危機事件時，必須格外注意，以免造成反效果。

## 四、校園中的自殺防治工作

根據監察院 2021 年 8 月 26 日發布的《青少年自殺防治策略及作為等情案調查報告》指出，學生自殺身亡的個案有將近 70% 未曾接受校內的輔導資源。許多學者皆認為，自殺防治必須靠教育宣導來達成，並且將相關議題涵蓋在生命教育、生死教育等相關課程中。然而，防治工作不僅是學校學生輔導中心的事，要靠全校師生共同配合才能夠獲得效果。在探討這個狀況之前，我們必須先了解自殺發展階段有哪些：

### (一) 自殺發展階段

根據鄭照順（2011）的歸納，大學生常見的自殺發展階段可分為「動機形成」、「徬徨」、「決定」以及「實施」四個階段，簡述如下：

1. 動機形成：透過自殺一途，對付因學業、人際、經濟、自我認同中，產生失敗、挫折、失落的處境，這時的心理狀況可能包含逃避、解脫、愧疚、報復、恐嚇等狀況。
2. 徬徨：動機形成後感到猶豫的階段，包含考量是否連累他人，以及考慮自殺的方式、時間、地點、所需工具，以及理由等。
3. 決定：當徬徨及矛盾趨於平靜後，會很冷靜地決定如何自殺，才能夠周全；有些人會選擇與好朋友們表達善意或道別。

4. 實施：此一階段表現會異常冷靜，且為了擺脫旁人的干預或阻礙，可能會刻意地讓身旁的好友，或是學校的輔導人員感覺自殺的危機消失的假象。

上述的歷程，其實可從當事人的言行舉止發現一些端倪。事實上，在動機形成之時，當事人便已經發出「求助信號」，因此，身邊的人或是學校的相關輔導機制，能夠適時的給予協助，才能夠達到大學生自殺防治的效果。

## (二) 校園中自殺、自傷的三級預防模式

促進心理健康相關方案的推動，以及自我覺察等訓練課程，是現今校園中，自殺防治以及危機事件處理最重要的工作。

根據教育部（2014）修訂的《校園學生自我傷害三級預防工作計畫》中，明訂培訓相關防治人才，並將學生「課業減壓」、「提升挫折容忍力」以及「情緒管理」等，融入教學課程以及相關生命教育體驗活動中。三級預防的主要內涵，在於事件發生之前的預防及宣導、事件發生之時的立即處置，以及事件發生之後的諮商輔導與追蹤。各級預防的工作、目標、策略，以及相關方案如下表 8-2 所示。

表 8-2　三級預防工作之目標、策略以及相關方案

| 工作 | 目標 | 策略 | 方案 |
|---|---|---|---|
| 初級預防 | 增進學生心理健康。 | 增加保護因子，降低風險因子。 | 訂定相關防治計畫。<br>校園危機小組建立。<br>強化各單位合作機制。<br>規劃生命教育相關課程、舉辦身心健康促進活動，提升學生抗壓能力、溝通能力、情緒管理及自助助人技巧。<br>強化教師輔導知能，增進相關危機處理知能。 |
| 二級預防 | 早期發現早期介入，減少事情嚴重化的可能。 | 篩檢高關懷學生，即時介入協助。 | 規劃高關懷學生篩檢方法，早期發現、早期協助，必要時進行危機處理。<br>計畫符合相關法律及專業倫理。 |

| 工作 | 目標 | 策略 | 方案 |
|---|---|---|---|
| | | | 提升學校教職員生及家長，對憂鬱及自殺風險的辨識及危機處理能力。<br>整合校外專業資源，如心理師、社工師、精神科醫師等的協助。 |
| 三級預防 | 預防自殺未遂者再度自殺。<br>預防自殺未遂或自殺身亡者之親友模仿自殺。 | 建立自殺者及企圖自殺者之處理危機處理標準作業流程。 | 自殺未遂：建立個案危機處置標準作業流程，降低自殺模仿效應，並注意其他高關懷群是否受到影響，提供同儕心理衛生教育。<br>自殺身亡：建立處置作業流程，降低自殺模仿效應，針對家長及同儕悲傷輔導。<br>通報轉介以及處理回報。 |

資料來源：整理自教育部（2014）修訂之《校園學生自我傷害三級預防工作計畫》。

　　此外值得一提的是，2020 年起，由於 COVID-19 疫情肆虐，嚴重衝擊每個人的生活作息、經濟情況，原先已經安排好的人生規劃，因為突如其來的巨變而導致過去努力付之一炬。根據許多大專校院學生事務處內部資料統計，在疫情期間初級輔導工作狀況皆有明顯增加，根據臺北市某國立大學內部統計數據指出，2020 年相較於 2019 年，就爆增近 7,000 人次，初級輔導場次超過 3,000 場，個別輔導與團體輔導合計超過 95,000 人次。因此，後疫情時代的三級預防工作，亦值得後續持續關注。

## 五、結語

　　學生階段的困擾及壓力源十分多元，除了身心健康狀況之外，還有學習適應、人際適應、生活適應、生涯發展的問題需要關注。因此自殺防治中，在初級預防需要加強生命教育內涵，包含身心健康促進、探索認識自我、提高自我尊重、情緒管理以及情感支持等面向；而根據臺灣近幾年的資料顯示，青少年自殺的通報人數中，女性更是男性的三倍。在現今日益強調性別平等的社會中，女性究竟在社會框架、校園的學習場域，以及家庭的關係動力中，究竟還受到哪些身心壓迫的情況，也是未來必須格外關

注的議題。

近年來，課堂中應用體驗式遊戲進行教學，或是透過藝術活動進行創意教學的的模式愈趨多元，生命、生死、生活或生涯教育相關課程，體驗教育活動藉由引導反思，協助學生思索活動背後的人生哲理；而團體的藝術創作亦能夠營造團體動力並反應當事人的感受，這些活動教師若能夠有效操作，能夠提供學生省視自我機會、重新定義自我價值，以及理解人生智慧與力量的來源（蔡昕璋，2018）。另外，各校學生輔導中心每學期皆會舉辦許多身心成長活動，例如人際成長、正念減壓、情緒管理、生涯進路成長、網路安全、性／性別相關議題等團體或個人課程，這些身心成長活動，皆在幫助學生能夠提升面對挫折的能力、自我照顧能力，找到更適合自己個性以及興趣的生活模式，或是習得舒壓、同理互動等技巧；此外，健康中心或相關單位亦多有舉辦毒品防制、藥物濫用防制等宣導，這些方案皆有助於初級預防工作。

只是，根據過去研究卻發現，許多學生面對相關問題已久，卻遲遲不願、不敢踏進學生輔導中心，也有許多學生完全不考慮尋求專業協助（王鶯璇、何翎毓，2021）。有部分的同學，認為進出學生輔導中心參加相關活動是「心理有病的」，擔心自己被同儕或教師發現後會被貼上「心理有問題」的標籤；但事實上，諮商是一種「覺察和了解自己、探究如何面對問題以及解決方法」的自我探索及自我成長的經驗。因此，如何破除這種刻板印象，亦是未來校園中推動自殺防治工作重要的課題之一。

## 六、閱讀媒材

### (一) 相關資源

1. 自殺防治專線（安心專線）：1925「依舊愛我」
2. 臺灣生命線：1995「要救救我」
3. 張老師專線：1980「依舊幫您」
4. 社團法人臺灣自殺防治學會 http://tsos.org.tw
5. 社團法人臺灣憂鬱症防治協會
   https://www.depression.org.tw/prevention/mind.asp
6. 自殺防治 e 學園 https://www.youtube.com/user/taiwansos

## (二) 書籍

1. 金賢眞（2021）。當我說想死的時候，生命卻對我微笑：憂鬱症患者從自殺到接受不完美人生的故事（魏汝安譯）。橙實文化。（原著出版於2020年）。

2. 陳若璋（2020）。大學諮商中心的新變化與新挑戰：其架構與因應校園性侵、暴力、自殺議題。五南。

3. Juhnke, G. A., Granello, D. H., & Granello, P. F. (2014). 校園自殺、自傷與暴力：評估、預防和介入策略（施彥卿、蕭芝殷譯）。心理。（原著出版於2010年）。

# 第二節　教學活動設計

本教案規劃以一節課 50 分鐘，二節課 100 分鐘執行，結構如下：

表 8-3　自殺防治課程結構

|  | 主題內容 | 時間 |
|---|---|---|
| 第一節 | 引起動機：課程解說或播放「生前告別式」 | 15 分鐘 |
|  | 發展活動：進行生前告別式活動思考 | 25 分鐘 |
|  | 綜合活動：生前告別式活動反思 | 10 分鐘 |
| 第二節 | 引發動機：世界咖啡館活動說明 | 10 分鐘 |
|  | 發展活動：世界咖啡館活動進行 | 30 分鐘 |
|  | 綜合活動：各組總結、教師總結 | 10 分鐘 |

## 一、第一節課：今天你來參加我的告別式

### (一) 事前準備

本活動進行時間約 50 分鐘，進行前請教師向同班同學宣達注意事項及相關倫理議題：

1. 進行本活動時請勿以戲虐、嬉笑的方式進行。在告別式嚴肅的場合

中，親友所陳述皆爲往生者最美好、最令人感動的一面，因此青少年次文化間的幹話、嬉鬧用語不適合出現在本活動。

2. 由於反思部分可能涉及個人較爲敏感或不願觸碰的議題，因此採自由分享，讓同學在感覺自在、舒服的情況下進行。此外，同學間彼此分享的內容就留在課堂中，課程結束後請勿四處散布同學間的隱私。

## (二) 引發動機（10 分鐘）

請教師參考或播放「生前告別式」影片，並向同學解說生前告別式、生前追思會的意義。影片網址：https://www.youtube.com/watch?v=J0Cm16YUFTs（「單程旅行社」生前告別式是什麼？臺灣著名的生前告別式案例！原來還可以這樣辦？！）

## (三) 發展活動（25 分鐘）

### 1. 想像

請同學想像一下，你離開這個世界了，周邊的親朋好友都很傷心不捨。數天後，在告別式的會場，有三位你人生不同階段同學或朋友，帶著紀念物及相片，到會場致詞，向在場的來賓說說他們印象中的你。請同學拿一張白紙書寫。（18 分鐘）

(1) 你希望這三個人是誰？他們分別是在你哪個階段的同學或朋友？爲什麼是他們三位？他們會帶著什麼紀念物或相片？

(2) 你希望他們向在場的來賓，怎麼樣介紹你這個人的生命故事？（請重點式描述，每人約 100 字，三人共 300 字）

### 2. 教師解說

同學皆完成後，由教師解說以下概念。（7 分鐘）

(1) 這三位朋友，會是你人生旅程中最重要的夥伴，從今天起請好好珍惜。

(2) 他們向賓客介紹你的文句，某種程度即是你內心渴望成爲的樣子。

(3) 你覺得現在的你，必須要經過哪些規劃及努力，或是要養成哪些德行，才能夠成爲那種樣子？從今天起，便朝這個目標前進吧！

## (四) 綜合活動（15 分鐘）

1. 請同學彼此互相分享，自己所寫的那三位朋友的致詞，大部分是著重在哪些主軸，例如財富、健康、知識、德行……等。
2. 請同學彼此分享，透過這個活動，讓自己意識到什麼？

# 二、第二節課：世界咖啡館──青少年的自殺問題

## (一) 事前準備

　　本活動透過世界咖啡館的形式進行，可採取事先分組或是現場任意分組的方式進行。為了現場活動操作順利，教師可先指定四位同學負責擔任桌長。現場需調整座位分成四大桌，每桌備有一張全開海報紙、便利貼數疊、彩色筆數支，4-6 人為一組（可視班上人數調整），每桌討論不同議題。各議題討論 7 分鐘後，除組員留下外，其餘同學需換桌，由另一桌的桌長向參與者簡單說明該桌議題，並繼續分享、討論上一輪議題。由於時間很短，不見得同學都能發言，因此提醒同學可將自己的看法，透過便利貼與彩色筆，貼在海報紙上。另外，原則上希望每位同學皆能參與四桌不同議題的互動討論，且與不同的學生接觸，因此教師在學生分組機制上，可透過一些方法抽籤或強制配組，讓每位同學皆能多元參與。

　　世界咖啡館的流程可長可短，本活動設計以「體驗」為主，時間有限恐怕無法深入對談，教師可自行視狀況彈性調整議題與桌數，或是待桌長彙整各方意見後，於線上分享。不熟悉世界咖啡館操作流程的教師，可於網路上自行搜尋「世界咖啡館討論法」或「世界咖啡館流程」，皆可找到詳細流程，進而設計適合自己班級的互動討論模式。

## (二) 引發動機（10 分鐘）

　　請教師向同學說明世界咖啡館的討論議題與進行方式，並請桌長負責記錄重點建議。

## (三) 發展活動（30 分鐘）

　　各桌每輪共有 7 分鐘時間，每輪換桌僅 30 秒鐘。各桌討論議題如下：

1. 為什麼 15 至 24 歲的階段，女性自殺通報案例高達男性的 3 倍？您覺得

造成這種現象的原因可能有哪些？

2. 在資訊時代中，該如何善用網路特性，來型塑新興的自殺防治工具？

3. 您覺得疫情時期，造成初級輔導工作大量增加的可能原因有哪些？

4. 學生自殺身亡的個案有將近 70% 未曾接受校內的輔導資源的可能原因有哪些？如果您是教育人員，該如何讓學生認識相關資源？

## (四) 綜合活動（10 分鐘）

1. 請各桌桌長彙整報告。

2. 教師總結。

# 參考文獻

王鶯璇、何翎毓（2021）。大專院校學生之心理健康與自殺防治。**諮商與輔導**，*422*，10-13。

自殺防治法（2019年6月19日）。

李明濱（主編）（2018）。**心情溫度計**。臺北：社團法人台灣自殺防治學會暨全國自殺防治中心。

李明濱（主編）（2019）。**網路與自殺防治**。臺北：社團法人台灣自殺防治學會暨全國自殺防治中心。

林昆輝（2005）。**自殺防治的理論與技術**。臺北：天馬。

胡中宜（2018）。學生自我傷害與自殺防治。見林萬億等人（著），**學生輔導與學校社會工作**（頁595-616）。臺北：五南。

教育部（2014年1月9日）。**校園學生自我傷害三級預防工作計畫**。https://www.edu.tw/News_Content.aspx?n=4F8ED5441E33EA7B&sms=B69F3267D6C0F22D&s=4E789772C47F2094

教育部校園安全暨災害防救通報處理中心資訊網（2021年1月6日）。**108年各級學校校園安全事件統計分析報告**。https://csrc.edu.tw/FileManage/CheckData?sno=497&MergedId=b35d55b6030b4ddebf3d03ad8b769c4e

郭慧娟（2014）。**生死學概論**。臺北：華都。

監察院（2021年8月26日）。「青少年自殺防治策略及作爲等情案」調查報告。https://www.cy.gov.tw/CyBsBoxContent.aspx?n=133&s=17592

臺北市政府自殺防治中心（2020年11月3日）。臺北市校園自殺防治索引。https://tspc-health.gov.taipei/News_Content.aspx?n=4BD19D7915221B77&sms=2B69B23D2BB49176&s=9CB3F70C0AB53E24

劉玉玲（2005）。青少年發展──危機與轉機。臺北：揚智。

劉作揖（2014）。生死學概論（三版）。臺北：新文京。

蔡昕璋（2018）。彩繪繽紛的生命：「三生教育」創意教學之學生學習成效。學生事務與輔導，*56*(4)，35-49。https://doi.org/10.6506/SAGC.201803_56(4).0006

衛生福利部心理與口腔健康司（2021年6月21日）。歷年全國自殺死亡資料統計暨自殺通報統計。https://dep.mohw.gov.tw/domhaoh/cp-4904-8883-107.html

鄭照順（2011）。大學生心理衛生與輔導。臺北：心理。

Dolgin, K. M.（2018）。青少年心理學：發展、關係與文化（二版）（洪光遠主譯）。臺北：學富。（原著出版年：2011）

Durkheim, É. (2005). *Suicide: A study in sociology.* Retrieved from https://www.gacbe.ac.in/images/E%20books/Durkheim%20-%20Suicide%20-%20A%20study%20in%20sociology.pdf (Original work published 1897/1952)

Hollander, M.（2010）。協助自傷青少年：了解與治療自傷（邱珍琬主譯）。臺北：五南。（原著出版年：2008）

Kalafat, J. (1990). Adolescent and the implications for school response programs. *The School Counselor, 37*(5), 359-369.

Kring, A. M., Johnson, S. L., Davison, G. C., & Neale, J. M.（2017）。變態心理學（三版）（張本聖、徐儷瑜、黃君瑜、古黃守廉、曾幼涵譯）。臺北：雙葉書廊。（原著出版年：2016）

附錄一　「自殺防治」反思學習單

| 修課名稱 | | | |
|---|---|---|---|
| 填表人 | 姓名： | 系級： | 學號： |
| 檢視過去 | 你（妳）過去曾遇過朋友有心情極度低落的情形嗎？發生了什麼？感受到了什麼？ | | |
| 習得的知識 | 自殺或自傷的警告訊號有： | | |
| | 面對企圖自殺或自傷者語言的禁忌有： | | |
| | 三級預防的目標分別是： | | |
| What？ | 在這門課程中，我了解青少年自殺或自傷的原因可能包含哪些？這些原因與社會環境有什麼關係？ | | |
| So What？ | 若我們遇到同學企圖自殺或自傷時，除了報告老師之外，我們當下可以怎麼做，避免事情更加嚴重？ | | |
| Now What？ | 面對日漸提高的青少年自殺通報率，以及因為疫情不斷暴增的初級預防輔導工作，若人人都是自殺防治守門人，我們能夠為這個改善這個現象採取哪些行動？ | | |

# 第二部分　正向思考與靈性健康

## 本課學習目標

認知：一、了解什麼是正向思考？要如何成爲正向思考的人？
　　　二、了解什麼是靈性健康？
情意：體認正向思考與靈性健康的重要性。
技能：實踐正向思考的行爲。

## 第一節　學習內容

### 一、正向思考與理性情緒治療

　　基本社會化場域中形成青少年習慣。青少年在成長過程，日常生活內化的生活習慣，所形成的思考和行爲模式將形成壓力因應方式。在青少年的基本社會化早期即引導，讓理性的思考成爲生活習慣，從而使理性思考成爲因應壓力方式是預防青少年自殺重要對策之一（彭國勝，2017）。

　　Albert Ellis 於 1955 年創理性情緒治療。後來發展爲 A-B-C-D-E-F 理論，A-Activating event 是發生之事件，B-Belief 是個人的信念想法，C-emotional and behavioral Consequence 是想法造成的情緒與行爲結果，D-Disputing 是駁斥、改變，E-Effect 是效果，F-new Feeling 是產生新的情感或感覺。正面積極的行爲與情緒是理性思考的結果。以下爲三種非理性思考：(1) 災難式想法：所有的不如意都是天大災禍，眞糟糕；(2) 絕對論想法：「我應該……」、「我必須……」、「我需要……」；(3) 強辯：對發生的事一概否認，不愉快並非我的責任是環境造成的。如何引導理性思考？第一步找出非理性想法（B），第二步自問「爲什麼」有不理性的想法並加以駁斥（D），第三步去除「必須」和「應該」等字，以「希望有」、「可能有」、「我喜歡……」、「我希望……」、「最好……」、「如果……就更好」來思考事件之理性思考取代（張世彗，2021；國家教育研究院，2000；Albert Ellis, nd）

舉例來說，A 考試不及格。B 非理性思考：考試不及格真糟糕。C 不快樂，壓力好大。D 駁斥：為什麼考試不及格就真糟糕呢？E 效果：理性思考（希望考試能及格）、行為（用功些）。F 換個想法海闊天空，多練習快樂迎向未來。

## 第二節　靈性健康

正向思考與靈性健康有關，且靈性健康有助於防止自殺（Wagani & Colucci, 2018）養成正向思考的習慣與靈性教育，可加強自尊和挫折復原力，並提高對生活的積極態度。

世界衛生組織於 1946 年通過國際衛生會議簽署有關健康的定義，並於 1948 年 4 月 7 日生效。並將每年的 4 月 7 日訂為世界健康（衛生）日。靈性狀態與健康息息相關，世界衛生組織（1948）對健康下定義：「一種生理、心理、社會完全處於安適狀態，不僅沒有羸弱或疾病而已」。後有許多學者將靈性從心理抽出加入靈性健康（spiritual health），故健康的個體必須包含健康生理、健康心理、健康社會與靈性健康的組成。世界衛生大會第三十七屆，1984 年 5 月通 WHA37.13 號決議，世界衛生組織成員國，將「靈性層面」納入為健康戰略的一部分 WHO（1984/5/17）。世界衛生組織提出健康影響評估的內容範疇可包括靈性健康。依據 Banks（1980）靈性包含 4 個重要的組成：個體內在統合力量、與他人的締結、生命的意義、宗教信仰。靈性能確認人生的方向與明確目的，統合身、心、社會健康，可以確認生命意義與生命目的，可以不斷超越個體，發揮實踐生命意義的力量，能跟自我、他人與外在環境建立互動關係。根據王靖淇（2013）研究結果靈性健康與生活品質間呈現正相關，靈性健康量表與生活品質之心理健康、生理、環境、社會關係、環境範疇均呈現顯著的正相關；靈性健康愈高，生活品質也愈好。

### 一、靈性健康四面向

根據 Fisher（2011），靈性健康四個面向（Four Domains of Spiritual Well-being）包括：

(一) 個人層次：知識以意義、價值、目的為核心。信念上透過人類的心靈創造自我意識和自我覺察。行為表現出：喜樂、和平、忍耐、自由、謙虛、實現、自我認同、正義、創造力、直覺、自我價值。

(二) 社區層次：知識以道德、宗教、文化為核心。信念上透過深度觸動慈愛的心和深度人際關係。行為表現出：愛、寬恕、公平、希望、相信、信賴。

(三) 環境層次：知識以管理身體、照顧、培育、社會環境和生態政治為核心。信念連結自然與創造。行為表現出敬畏、驚嘆、珍重自然／創造。

(四) 超自然層次：世界知識觀以存在的勇氣以超宇宙的終極的關懷為核心。信念上相信神、宇宙力量。表現出敬拜。

## 二、靈性健康之評量

靈性健康量表甚多，簡單介紹兩個量表如下：

### (一)SHAS 靈性健康評量表（Spiritual Health Assessment Scale）

擔任世界衛生組織研究員之 Kusum Lata Gaur & Mahesh Sharma 建構了（Spiritual Health Assessment Scale, SHAS）三面向 21 個題項：

1. 自我發展（self-development）：(1) 審慎，如：辨別的智慧。(2) 感恩，如：敬重別人。(3) 慷慨寬大為懷，如：公正感。(4) 慈善，如：助人。(5) 忍耐，如：逆境時鎮靜。(6) 自我控制，如：可以控制情緒。(7) 道德行動，例如：依道德價值行事。

2. 自我實現（self-Actulization）：(1) 反思：你反思想過自己嗎？(2) 生命的目的：你知道自己生命的目的嗎？(3) 生活方式：你知道你想要的生活方式嗎？(4) 優點：你知道自己的優點嗎？(5) 缺點：你知道自己的缺點嗎？(6) 因應解決方法：針對自己的缺點你知道如何因應解決嗎？(7) 生命末期：你想過你自己的生命末期嗎？

3. 自我認識（self-Realization）：(1) 不偏不倚（不負面也不過度正面思考）：中庸心理零狀態。(2) 做自己。(3) 滿足感。(4) 自由。(5) 了解外面的事實。(6) 快樂：不以物喜。(7) 六感：發自內心的鼓舞。

## (二)SAS 靈性評估量表（Spirituality Assessment Scale）

SAS 靈性評估量表（Howden,1992）四大向度結合 Fisher 四大面向整理如下：

1. 個人領域：找到生命的意義和目的（purpose and meaning in life）。
2. 人際領域：內在資源或應變力（innerness or inner resources）。在生活危機時能展現內在的應變力。
3. 環境領域：萬物合一（Unifying Interconnectedness）。與他人或其他生命體和諧關聯，並與環境連結合一。尊敬讚嘆大自然環境的培育。
4. 超越領域：超越性（transcendence）。超越一般經驗，實現健康療癒的能力。與超越人力量（如環境、神）之關係、信仰和崇拜。

## (三) 靈性健康（Spiritual health）

國內學者蕭雅竹（2005）以護理學生為對象，建構中文靈性健康量表。靈性健康量表五個次概念為：與人締結、活出意義、超越逆境、宗教寄託及明己心性。

王燕雪（2021）參考蕭雅竹和陳慧姿靈性健康量表，修正為成人用靈性健康量表，具體內容如下：

1. 自我肯定包括：我喜歡自己。我能夠欣賞自己的優點。我能夠接納自己的缺點。我認為自己是有價值的人。我是一個能夠自得其樂的人。
2. 感懷自然包括：聆聽自然的美妙樂音，使我感到心靈平和。親近大自然使我感到身心的舒暢。欣賞大自然，使我感受到生命的神聖與美妙。我相信大自然有治療身心疾病的力量。我會愛護並珍惜大自然。
3. 超越逆境包括：我經常用積極樂觀的態度去面對生活中的挫折（困難）。我可以接受生命中的無常或變故。當遭遇挫折（困難）時，相信有自我療傷的能力。我可以從處理挫折（困難）的過程中發現自我的價值。即使受挫（困難）時，我仍然相信所經歷的事，會讓自己更成熟、圓滿。
4. 與人締結包括：我有可以談心的親人朋友。對於他人有心或無心的過失，我都會選擇原諒。我可以與周遭大部分的人相處得很好。我相信每一個人都有他存在的意義。對於需要幫助的人，我願意奉獻心力。

5. 活出意義包括：我的生命是有意義。我會規劃、實踐自己的人生。我會盡力扮演好自己人生的角色。我會朝自己規劃的生涯方向努力，讓生活過得充實有意義。我覺得了解生命的意義、價值很重要。我的生命是有目標的。

### 三、閱讀媒材

1. 拿破崙・希爾，陸京夫（2016）。正向思考。臺灣：新 BOOKHOUSE。
   ISBN：9789869338035
2. 大川隆法（2021）。心與身體的真實關係 - 靈性健康生活。臺灣幸福科學出版有限公司。
3. 如何練習積極思維（How to Practice Positive Thinking）。https://tw.voicetube.com/videos/13026
4. 風雨哈佛路（Homeless to Harvard: The Liz Murray Story）Peter Levi 執導美國電影。Thora Birch&Michael Riley 主演。

## 第三節　正向思考的教學活動

### 一、引起動機

化憤怒為動力—汽車大亨利福特（http://storyfree.com/）

　　汽車大王亨利福特還是一個修車工人時，有一次剛領了薪水高興地前往一家高級餐廳用餐。可是呆坐超過 10 分鐘，竟然沒人過來服務。總算來了一個服務生問他要點什麼菜，隨手粗魯地丟菜單給他。服務生瞧不起的說：「你只夠格看右邊價格低的菜。」亨利福特抬起頭看服務生輕蔑的表情相當憤怒！一氣之下想點最貴的餐，但口袋中薪水太少，只能點一個漢堡。服務生「哼」的一聲收回菜單。

## 二、發展活動

### (一) 亨利福特故事的省思

亨利福特餐廳吃漢堡的事件（A），如果是你，你會怎麼想（B）？試從負面思考的角度與正面思考的角度去探討不同的行為結果（C）。

1. 負面思考如：＿＿＿＿＿＿＿＿＿＿＿＿＿＿＿＿＿＿＿＿
   可能導致之情緒：＿＿＿＿＿＿＿＿＿＿＿＿＿＿＿＿＿
   可能做出的行為：＿＿＿＿＿＿＿＿＿＿＿＿＿＿＿＿＿
2. 正向思考如：＿＿＿＿＿＿＿＿＿＿＿＿＿＿＿＿＿＿＿＿
   可能導致之情緒：＿＿＿＿＿＿＿＿＿＿＿＿＿＿＿＿＿
   可能做出的行為：＿＿＿＿＿＿＿＿＿＿＿＿＿＿＿＿＿

**真實故事的劇情發展：**

福特並沒有因被冷落受氣而懷恨在心。他反而冷靜的思考，為什麼自己只吃得起漢堡吃不起大餐？當下立志要成功，並開始朝著夢想努力前進。終於修車工成為汽車大亨。

### (二) 芳療大師 Gattefosse 燙傷的省思

現代芳香療法大師法國化學家 R. M. Gattefosse（1881-1950）在一次的實驗中因意外爆炸，灼傷手（事件 A）。如果是你，你會怎麼想（B）？試從負面思考的角度與正面思考的角度去探討不同的行為結果（C）。

1. 負面思考如：＿＿＿＿＿＿＿＿＿＿＿＿＿＿＿＿＿＿＿＿
   可能導致之情緒：＿＿＿＿＿＿＿＿＿＿＿＿＿＿＿＿＿
   可能做出的行為：＿＿＿＿＿＿＿＿＿＿＿＿＿＿＿＿＿
2. 正向思考如：＿＿＿＿＿＿＿＿＿＿＿＿＿＿＿＿＿＿＿＿
   可能導致之情緒：＿＿＿＿＿＿＿＿＿＿＿＿＿＿＿＿＿
   可能做出的行為：＿＿＿＿＿＿＿＿＿＿＿＿＿＿＿＿＿

**真實故事的劇情發展：**

Gattefosse 並未抱怨倒楣燙傷，氣餒而停止化學研究生涯。Gattefosse

將手放入薰衣草水內浸泡，發現手不再疼痛，開始研究植物精油。成爲舉世聞名的芳香療法大師。

## 三、綜合活動

請試著完成以下學習單：

1. 寫一個在你生活中曾經有過憤怒、難過、悲傷的事件。

2. 當時你如何思考這個事件？

3. 這樣的思考方式是理性的嗎？

4. 如果是非理性的思考方式，我可以怎樣改變成爲理性思考？

5. 從這個生活事件中，你可以怎樣發現並創造屬於自己獨一無二的價值人生呢？

## 參考文獻

王靖淇（2013）。臺中市社區中高齡者靈性健康與生活品質相關研究。亞洲大學健康產業管理學系碩士論文。

王燕雪（2021）。生命教育素養、芳香療法、靈性健康、愛與歸屬感、健康心理及生活品質相關研究。元培醫事科技大學醫務管理系碩士論文。

王燕雪、黃雅文、黃曉令（2020b）。大學生靈性健康、愛與歸屬感、生活品質與健康心理相關研究。見元培醫事科技大學（主編），2020健康管理學術研討會——後疫情時期的新常態與新思維論文集。

國家教育研究院（2000年12月）。**理性情緒治療（Rational Emotion Therapy）**。2022年1月1日擷取自http://terms.naer.edu.tw/detail/1310567/

陳慧姿（2013）。**高中教師靈性健康、寬恕與主觀幸福感量表的編製及其預測模式之研究**。國立臺灣師範大學教育系博士論文。

張世彗（2021）。**行為改變技術**（8版）。臺北：五南。

彭國勝（2017）。壓力應對方式與青少年的自殺。**貴州師範大學學報**（社會科學版），*2*，28-40。

蕭雅竹、黃松元（2005）。靈性健康量表之建構及信、效度考驗──以護理學生為題。**實證護理**，*1*(3)，218-227。doi:10.6225/JEBN.1.3.218

Albert Ellis (nd). **Albert Ellis**和理性情緒行為療法（REBT）。2022年1月3日擷取自https://www.rebtnetwork.org/

Banks, R. L. (1980). Health and the spiritual dimension: Relationships and implications for professional preparation programs. The Journal of School Health, 50, 195-202.

Howden, J. W. (1992). Development and Psychometric Characteristics of the Spirituality Assessment Scale. Unpublished Doctoral Dissertation, Houston, TX: Texas Women's University.

Fisher, J. W. (2011). The Four Domains Model: Connecting Spirituality, Health and Well-Being. Religions 2(1)DOI:10.3390/rel2010017

Gattefosse, R. M. (1881-1950). https://ifaroma.org/ko_KR/home/explore_aromatherapy/pioneers-of-aromatherapy

Wagani, R. & Colucci, E. (2018). Spirituality and Wellbeing in the Context of a Study on Suicide Prevention in North India. Religions 9(6), 183. https://doi.org/10.3390/rel9060183

World Health Organization (1946). WHO definition of Health, Preamble to the Constitution of the World Health Organization as adopted by the International Health Conference, New York, 19-22 June 1946; signed on 22 July 1946 by the representatives of 61 States (Official Records of the World Health Organization, no. 2, p. 100) and entered into force on 7 April 1948.

# 第九章　終極關懷

黃麗娟

輔英科技大學護理系兼任助理教授

國軍高雄總醫院左營分院教學督導

　　六十年代，神學家田立克（Paul Tillick）在人文主義和自由主義興起的時代，以人文主義作為起點，以人的立場出發，再以自由主義的探索精神，引導眾生追問：「究竟在我一生的年日中，我現在眼望前方，我最終極的關注是什麼？」這個過程，就是「終極關懷」（ultimate concern）。

　　生命教育的第三項核心素養是「終極關懷」，自教育部推廣生命教育課程以來，強調人生不只有工作或生涯發展的問題，還有探索生命的苦難與死亡如何因應、探討生命的意義以及人生目標如何確立等終極性的課題。孫效智（2015）提到「終極關懷」作為人生三問的第一問，屬於「終極關懷與實踐」的範疇，涉及人生目的與意義的探索，所以第一問「人為何而活？」是要先確立生命的終極意義與目標，所關懷的課題是有關生與死的意義、人生哲學與宗教間的重要議題，掌握人生的意義，建立生命的終極信念；其次，「至善」與「幸福」也是「終極關懷」素養所關心的課題，能夠分辨快樂、幸福、道德與至善之間的關係；最後，「終極關懷」不能不碰觸死亡、死後世界、自然與超自然的關係等課題。

## 第一節　人生目的與意義

### 一、哲學之意涵及其對生命意義之探索

　　哲學（philosophy）是研究普遍的、基本問題的學科，包括存在、知識、價值、理智、心靈、語言等領域。哲學與其他學科不同之處在於哲學有獨特之思考方式，例如批判的方式、系統化方法，並以理性論證為基礎。

## (一) 哲學的定義

Russell（2021）中提到英國哲學家羅素表示：「哲學，乃是某種介乎神學與科學之間的東西。如同神學，有著人類對於那些科學知識所不能證實的事物；但如同科學一樣，是象徵著人類的理性思考，而不是訴諸於權威的戒條，不論是傳統的或是啟示的權威。」

胡適（2008）在《中國哲學史大綱》中稱哲學為一種學問，哲學是「凡研究人生切要的問題，從根本上著想，要尋一個根本的解決」。

## (二) 哲學的終極課題

希臘三大哲學家蘇格拉第、柏拉圖與亞里斯多德等學者，認可西方數千年來的哲學探源是起於死亡的驚駭與省思，柏拉圖學者提出人「生從何來」、「死歸何處」、「現在應該做何事」這三個問題，形成他的哲學脈絡之思想架構。

孫效智（2015）從生命教育的角度來看，人生不是只有生涯發展的問題，還需要終身學習地去探索生命意義與人生目標等終極性課題，並因此建立個人的獨特價值觀與終極信念。換句話說，「終極關懷」涉及人生整體目的與意義，其人生哲學密切相關，而關懷此終極課題就是在於追求意義與探索幸福。

生命的意義並不是被他人賦予，而是從行動中價值與經驗，並從中追求意義與幸福，「哲學」的目的就是幫助我們釐清這些問題的信念。

## 二、快樂、幸福、至善與至福的意涵及關係

### (一)「幸福」不同於「快樂」

幸福（well-being；eudemonia），意指一種處於精神上與物質上都和諧美善，且能夠自我滿足的心理狀態。幸福是一種主觀感受，人尋求幸福，感受到幸福，在追求人生多元目標時，除了達成目標之外，還會感受幸福。陳澤義（2019）提到快樂、希望和美滿是促進幸福行動的三大要素，名利的加身對幸福的促成並不顯著，擁有名利或是擁有財富並未能更明顯感受到幸福，有時還需防範他人竊取權力，提高自我防衛機轉，更難感受到幸福；然而，快樂雖可促成幸福行動，但幸福不同於快樂，若只顧

追求自身的快樂而去傷害他人，是不能得到真正的幸福。

　　近年來，臺灣發生多起校園情殺事件，有分手情殺、自殺等案件，在大學求學階段，是「愛情學分」的啟蒙階段，該如何習修，尋找對的人，該如何遇見幸福，期望可以一起在校園中漫步、談心、談未來，期望可以追求自己的快樂與幸福，但是如果遇到分手事件或是理念不同時，如何處理？如何管理自己？還是一昧地追求自我與快樂嗎？建築了別人的痛苦，自己並不會真正感受到幸福，只是不斷地相互猜忌對方，傷害對方。

## (二) 東方的「至善」與西方的「至福」

　　《禮記‧大學》開篇：「大學之道，在明明德，在親民，在止於至善。」，以儒家的說法，「善」是人與人之間，適當關係的實現。人不能脫離社會而獨自生存，因此「善」是我們修養自己、成就人生的必經之路。以個人而言，「至善」是盡到與人相處時的職責，「止於至善」則是說以「至善境界」為目標、為標準、為尺度，宋儒朱熹（1130-1200）依據《禮記‧大學》提出「明明德、親民、止於至善」為三綱領，作為生活處事的基本原則，「至善」是道德修煉的最高境界，先從自我內省開始，將人性中的善念與本質發揮出來，提升自我創造價值，安定身心與情緒，在與人相處互動的過程中秉持善念，對事務的處理與判斷進行思辨，將道德與幸福融合，「以向善為目標」，作為人生最高境界的思考。

　　古希臘哲學家蘇格拉底、柏拉圖、亞里斯多德都主張「德福兼備」。蘇格拉底說善事一切行為的目的，也是最高的道德價值，而「至善」乃是人生的最高境界，亞里斯多德的尼可馬赫倫理學〈The Nicomachean Ethics〉首卷指出：「各種技藝和研究，人的各項行為與選擇都以善為目的。」其中心議題在於「幸福」，人生的最終目標為至福（eudemonia），對他來說，「至福」就是「至善」，eudemonia 是個古希臘文字，有人翻譯成「至福」，有人稱為「順遂的」，也有人直接翻譯成「幸福」。亞里斯多德「至福」（eudaimonia）來詮釋善的含義，認為至福是由內在善和外在善組成，內在善即是德性，在理性指導下，行為合乎「中庸之道」（Doctrine of the Mean），「至德」就是實踐任何行為都符合德性，終生努力踐行中庸之道，這就是獲得至福的基本門檻；而外在善是指錢財、外

貌以及友誼等等人生際遇。亞里斯多德對「至福」提出層次區分，分為「神的至福」與「人的至福」，其中「神的至福」是至善，是人不斷嚮往的終極目標，「人的至福」是在現實生活中合乎德性的活動，亦為所謂的實務活動，這是需要神的至福作為指導方針與關懷，「至善」、「至德」、「至福」成為一個有聯繫的整體，也是亞里斯多德的幸福觀。

東西方哲學家們談論的幸福都論及德行與至善的重要性，追求幸福人生的過程中，會設定多元目標，其中包含獲取財富、追求功名利祿等目標，這些都是暫時性的目標，真正的幸福是我們能夠正直的面對生活，實踐自己的道德精神，並為他人付出善，真正的幸福存在我們的行為與意念之間，唯有追求善念和善行，才能達到生命的至福！

## 第二節　生死關懷與實踐

### 一、死亡的意義及其對生命價值的衝擊

生命的終點站，如果死亡來敲門，你會想過什麼樣的人生嗎？生與死是相續不斷的過程，大家都知道「人終歸一死」，華人忌諱談論「死亡」，以「往生」、「回老家」詞句稱呼，在宗教用詞會有「圓寂」、「涅槃」、「蒙主恩召」等不同用語來稱呼死亡；當人們遭遇喪親或是喪友時，會觸發自省人生的意義與生活價值，古希臘哲學家西賽羅曾說過：「探究哲理就是為死亡作思想準備。」當死亡來臨時，我們會因為明瞭生命的價值而能夠從容地說再見，悲傷的心靈也就更容易痊癒。但是，當死亡隨時無預警的來臨，人會害怕死亡是因為心理沒有做好準備，所以西賽羅的論點是說需要我們用虔誠的心與信念，尋思根本性問題：「人將來會死，死後要去哪裡？」若大家能在平日思考生死的意義與道別方式，如此一來，就能活在當下（賴松慶，2019）。

教育部在 2003 年公布《國民中小學九年一貫課程綱要》，「生命教育」這個概念第一次進入正式課程，成為綜合活動學習領域的指定內涵。在 2006 年的《普通高級中學課程暫行綱要》，「生命教育」正式進入課程，成為一門選修課。由於生命教育的推行下，大家願意好好面對死亡、

關懷生命，在生命末期階段一同與醫療團隊保障善終的權益，甚至連近年來的電影拍攝，如日本的《送行者：禮儀師的樂章》、臺灣的《出境事務所》，也是描述「禮儀師」這個「最後旅程協助者」的行業，漸漸成為受人尊重的行業。

## 二、善終與關懷

### (一) 安寧療護

安寧療護的定義：(1) 世界衛生組織（WHO）對安寧療護的定義：對一位用當今醫療已無法治癒的生命末期病人及其家屬，提供整體性、全面性的照護，用以緩解疼痛及其不適之症狀，並統合心理、社會、靈性之照顧，來提升病人及家屬的生活品質。(2) 臨終關懷（英文：hospice 或 palliative care）又稱安寧緩和醫療、善終服務，抑或是有人稱之為「安寧療護」。也就是說安寧療護是力求改善病人主觀感受為原則，讓家屬陪伴病人走完最後一段旅程，關懷著家屬重新面對將來的生活，在現代醫療技術無法為病人提供更佳的醫療照護時，安寧療護是一種尊重生命的哲學態度。衛生福利部自 1996 年起推動安寧療護，2000 年國家立法通過《安寧緩和醫療條例》。死亡不再被視為是一生的終結，在積極層面上，把死亡當成圓滿生命意義的重要環節，安寧療護在社會文化中作為重視個人價值及病人權益的一種覺醒與方式（衛生福利部國民健康署，2021）。

### (二)《病人自主權利法》

《病人自主權利法》是臺灣第一部以病人為主體的醫療法規，也是全亞洲第一部完整地保障病人自主權利的專法，於 2019 年 1 月 6 日正式執行，適用對象不僅是末期病人，還擴大為五款臨床條件；《病人自主權利法》第 1 條「為尊重病人醫療自主、保障其善終權益，促進醫病關係和諧，特制定本法」。從立法宗旨來看，除了確保病人醫療自主權與善終的權益，也在醫病關係上增進和諧度，對個人而言，可以說是超越性的權益保障，對家庭、社會來說，更是跨出一大步的改革（全國法規資料庫，2021）。

《病人自主權利法》之法案明確保障每個人的知情同意、醫療決策權

與選擇權，如果事先透過「預立醫療決定」（Advance Directive, AD）決定，遇到意識昏迷、無法清楚表達時，是可確保病人善終意願，他的自主意願能獲得法律的保障。所以，一旦自身面臨特定五款臨床狀態（如疾病末期、永久植物人等）時，「預立醫療決定」便是可依讓醫療團隊與家屬事前了解，是否要以「醫療介入」的方式繼續延長生命，亦或選擇善終並獲得緩和醫療照顧的一個權利。透過這樣醫療自主權的表達，可尊重病人醫療自主意願，保障其尊嚴與善終權益；也讓病人、家屬、醫療團隊三方在「預立醫療照護諮商」（Advance Care Planning, ACP）過程中，了解病人真實願望，以達促進醫病關係和諧的目的，同時減輕家屬面對病人離世時的茫然與不知所措，並因為將決定權交還給病人，降低家屬幫他人做決定所造成的內疚與自責，進而因尊重和支持病人的決定，體現尊重生命自主權。經由「病人自主權利法」相關議題與推行，學習「生命」與「自主」的實踐，讓自己擁有面對死亡的勇氣與能力，想要「善終」，除了免除病痛，尚需完成最後守護所愛之責，經由相關關係人之共識、陪伴，才能相互成全找到生命出口。

## (三) 關懷

安寧療護的範疇其實還包含了「生死兩相安」這部分。安寧療護可讓家屬在最後生命旅程可以相互陪伴，讓家屬共同參與面對死亡的來臨，提倡四道人生「道謝、道愛、道歉、道別」，讓彼此感恩、愛與祝福以及道別，主要的照顧方式是以尊重病人權利為主，理解認知「死亡是自然的過程」，並了解其在生命末期的身體變化和提供舒適護理，甚至還可作死後告別儀式或是喪葬的安排與準備，幫助家屬順利度過家人生命末期及其身後所遭遇的壓力與悲傷等情緒。

美國精神病學家庫伯樂 · 羅斯（Kubler-Ross）提出「悲傷五階段」（The Five Stages of Grief）的論述，在 1969 年的著作《論死亡與臨終》（*On Death and Dying*）書中說明情緒反應五階段，內容有否認（denial）、憤怒（anger）、討價還價（bargaining）、沮喪（depression）和接受（acceptance），悲傷五階段有可能會在一瞬間經歷每個階段，或是不斷循環，但它不是線性發生的途徑。多年來，悲傷五階段不僅適用在喪親的

過程，也適用在面對災難事件發生時，以下予以逐一介紹（Kubler-Ross & Kessler, 2006）：

## 1. 否認

　　通常接受到悲傷、災難性事件的資訊時，我們會先否認事情的發生，把自己隔離起來。這其實是一種防衛機制，我們寧願選擇性地把這些事實藏起來，也不要面對殘酷的事實。例如在喪禮上，明明跟往生者是很親近的家人，表現卻異常冷淡、冷漠，這都是否認的反應，而這樣的反應與痛苦會隨著時間的推移而蔓延，如果現在你正處於壓倒性的否認中掙扎，可以先試著告訴自己，停止與現實情況進行鬥爭。

## 2. 憤怒

　　當我們無法再欺騙自己，從「否認」走出來時，痛苦所造成的衝擊太大，所以會將內心的挫折投射到他人身上，有時也會投射到自己。接著我們可能會開始怨天尤人，怪天、怪地、怪別人，甚至對自己生氣。在憤怒之下，可能會有「絕望」或「無能為力」的感覺，有時會引發內疚和自責，但其實要知道，一個人的消失或離去，並非絕對是自己一個人造成的。讓自己在海邊放聲尖叫、跑步或是任何運動，可以幫助釋放情緒。

## 3. 討價還價

　　當「憤怒」過後，我們的想法可能有些改變，努力讓結果不那麼壞，有時也會跟上天祈求（討價還價），讓壞結果不要那麼快到來。在這個階段，會開始有很多的「要是我這樣做，或許他就不會離開了；早知道我不要這麼做，或許可以挽回這個局面」的念頭，不過也許在失去之前，當下你已經盡力了，只是內疚感作祟導致討價還價，要記住，儘管我們盡了最大努力，有時還是會發生壞事。

## 4. 沮喪

　　在這個階段我們體會到失去的事實，了解到「討價還價」也沒有用了，所以痛苦再次地來襲，而且這次是扎扎實實地打在心上，沒有理由可

以逃避了。這時的我們變得脆弱、消極，所以要非常小心，很多人可能因為走不出，而選擇結束生命。「悲傷」會在不同的時間襲擊人們，例如，在失去心愛之人的第一年不會感到憂愁，但有可能到了第三年，那些深處的悲傷會突然間湧出，為什麼？因為在一段時間內，有些人會有「所愛的人，只是去度假了，總有一天會回來」的錯覺。

### 5. 接受

　　這個階段的我們變得冷靜、走出「沮喪」，體悟人生無常，並不需要一直把自己困在悲傷。接受也並非「悲傷的結束」，隨著時間的推移，還是會有很多時刻會想起離去的那個人。那麼悲傷何時會結束？「這個人離開多久，或許就會悲傷多久。」不過這並不意味著你會永遠帶著痛苦而悲傷。悲傷最終會以「愛多於痛苦」來記住離開的人。進入「接受」的階段，意味著你正在康復，但是我們永遠不會「克服」悲傷，悲傷是學習將失去融入我們的生活，讓我們能夠在新的現實中勇往直前，悲傷始終常伴，但悲傷完整了我們，就像眼淚是屬於我們的一部分，我們與之共存。我們學會放下、重建生活，準備開啟一段新的人生旅程。

　　「悲傷關懷」是要協助生者將「塞住淚管的石頭移開」，使其有適當表達情緒的時間和空間。在宣洩過後，協助他們重新整理思緒，新的窗口就會射入希望的陽光。因此，國外的悲傷關懷團體規定：不可以給別人手帕與面紙，只能自己用自己的手帕或面紙。有人問過財團法人高雄市張啟華文化藝術基金會執行長許禮安醫師：「許醫師說不能拿手帕或面紙，可是看家屬哭得那麼傷心不知道該怎麼辦？」許醫師回答說：「家屬想要哭，我們不讓他們哭，只因為我們不知道自己該如何面對悲傷的家屬？請問這是『誰』有問題？」但是我們因為自己無法面對別人在面前悲傷哭泣，只好逃避或是把對方當成問題的對象加以解決，其實應該被解決的卻是我們自己！如果真的還是想要給面紙，請耐心的等待，悲傷者從放聲嚎啕大哭到低聲啜泣，等他宣洩告一段落時，他的手會去東摸西找，代表他需要面紙，這時才可以給他。他們最需要的其實只有真心的陪伴，沉默的陪伴可能比有口無心的廢話一堆更管用。握著他們的手、搭著他們的肩、輕拍他們的背，把自己的肩膀借他們靠著哭泣落淚，都比光說話有效。實

際上能哭得出來才有可能抒解悲傷。

　　許禮安醫師也曾說過：「請你按照自己的腳步、速度，去體驗、經歷悲傷。」悲傷會隨著時間變淡，即使還是會在某些紀念日或特殊場景引發，我們不建議刻意壓制悲傷。只要是人，就應該有血有淚、會悲傷會哭泣。容許悲傷的存在，直接去面對自己的悲傷情緒，才是最佳的方法。

# 第三節　終極信念與宗教

## 一、宗教的定義

　　從宗教（religion）字源來說，這是一種重複綑綁（re-）、羈絆（ligare）的行為，它是在說明人對於神的依賴，由於人對神的思維或超自然的神聖性崇拜，所形成的信仰的行為，其原始義涵是指人神之間的相互關係，是對神的信仰、義務和崇拜，以及人神之間的結合修好。宗教（religion）的信仰文化會形成對人類行為權威性的規範，進而約束人們的行為，是人們的行為規範與終極準則。西方信仰文化的認知為，宗教基本上是受到其所創造的信仰文化價值所約束的社會行為，是一種個體共同創造信仰文化價值。換句話說，「宗教」是指從人對神的信仰、義務和崇拜下，所帶來的重複綑綁與羈絆的行為。

　　在漢語中，「宗教」本不為一聯綴詞，實際上乃是「宗」、「教」二字的合稱，中國人的信仰原是來自於有著密切關係的宗法制度的「宗」字。宗法制度與其信仰文化，形成了中華民族的文化主軸，與文化價值體系，中國自商周確立的政治制度與「農業」（宗法）社會，一直至宋代，便興起宗法制，更展現出宗族共同體這個民間特徵，對祖先的尊敬加強了宗族內部的團結，也穩定了社會結構（余瑞文、周煥銘，2017）。佛教所說的「宗教」不像是西方的信仰概念，也不同於中國的傳統信仰概念，它涵蓋理論與實踐價值之實證佛法，在於解脫於「人我」與「法我」所帶來的綑綁、羈絆的行為，所以在佛教傳入中國以後，「宗」與「教」代表的就是佛法的整體概念，這才是「宗教」的真正義涵。

　　總而言之，「religion」與佛教之「宗教」的義涵是完全不同且相反

的；因信仰而產生了相互綑綁、羈絆之行為是「religion」的意思；而佛教中講述之著，要解脫這些綑綁、羈絆的方法，指的就是「宗教」一詞。釋慧開（2009）文獻中提到「宗教」一詞存在著很高層的義理層面，宗教之間相呼應，如同佛家之「自覺、覺他」宗旨與教義、基督教之「博愛世人」之犧牲奉獻精神，也如同儒家思想的「己欲立而立人，己欲達而達人」之修身意義。

## 二、宗教對人生的啟發

神學家田立克（Paul Tillick）在他的著作《信仰的原動力》（*Dynamics of Faith*）中，開宗明義地詮釋「終極關懷」：信仰是（吾人在面對宇宙人生時）終極地關懷著的（存有）狀態（the state of being ultimately concerned），信仰的原動力就是人類終極關懷的諸般原動力。信仰成為一種涵括整個人格的核心信念、行為與活動，蘊含著宗教信仰與實踐的結合，這就是所謂的「終極關懷」。詳細地說，信仰是終極地關懷的狀態，以及三項終極關懷的內涵。「要求（demand）」、「威脅（threat）」與「承諾（promise）」，這樣的終極關懷特色源自於〈舊約聖經〉。

釋迦牟尼佛在成道之後的第一個夏天，在鹿野苑對著五位弟子所講的佛法，就是四聖諦。四聖諦是基礎的佛學，也是佛教的根本法輪，所謂的「四聖諦」就是「苦、集、滅、道」，以下做簡易說明：

苦諦：即是在具有情感生命當下，煩惱著人間疾苦，體現疾苦的經驗，進一步來探索人生，追尋人間福祉之終極關懷，稱之為第一聖諦；集諦：說明探索「有情感生命下，如何生滅無常與輪迴流轉」的終極真實，稱之為第二聖諦；滅諦：是指關於生命的終極目標，成就無障礙的涅槃境界，稱之為第三聖諦；道諦：是佛陀開釋眾生如何達到解脫境界的具體實踐，稱之為第四聖諦。

不僅如此，臺灣生死學之父傅偉勳提出宗教的「終極向度」——終極關懷、終極真實、終極目標與終極承諾，相較於「四聖諦」而論，苦諦與終極關懷、集諦與終極真實、滅諦與終極目標、道諦與終極承諾一一對應與相呼應。另就宗教之深層的觀點而論，佛陀的教化最終目的是要達成「終極關懷」至「終極真實」的理論與實踐層次，從現實的親身煩惱經驗

開始，至親身驗證人生圓滿爲目標（釋慧開，2009）。再者，以佛教的正信觀點而論，眞正的信仰是行者（信仰的主體）以親自身體力行方式，實踐了「聞、思、修」、「戒、定、慧」以及「信、解、行、證」的修學次第，絕不只是單純地相信經典中所闡述的教義而已。

　　雖說宗教信仰在相當程度下爲教徒帶來安全感，有時也能成爲他們的精神寄託之處，對於人生問題以經驗取代理性，借助超自然的（supernatural）力量來處理與解決，隨著宗教狂熱最後轉變成迷信。例如生病的時候，不求醫，以念咒語、喝符水方式，心中盼望神聖奇蹟，期望身體恢復健康；過去，日本的神風特攻隊就是以軍國主義爲上帝，膜拜天皇爲神；現代，則有回教或伊斯蘭教的所謂聖戰（Jihad），以復仇爲其目的的，當事人把炸彈綁在身邊，而成人肉炸彈，衝向異己者，與後者同歸於盡、玉石俱焚，爲之榮耀。如果人過於迷信，就會喪失自我，變得野蠻，成爲沒有文化的世界。

　　田立克（Paul Tillick）的「終極關懷」觀點，深具會通東、西方宗教的詮釋，成爲宗教探索的基礎，也推動世界各宗教之間的彼此對話。無論東、西方宗教，其宗教的教化核心與實踐主旨，是在祈求福佑與信仰下，自省、破除迷惘與啟發悟性，亦即透過宗教的內化與修持來自覺個人生命困境與煩惱束縛，不斷地超越生命的侷限，也要能增進分辨是非之能力，避免迷信的問題發生。

## (一) 宗教的對話

　　宗教的核心概念是安頓身心的生命終極關懷。宗教是人的文化生活中極其廣泛的活動，宗教不單是信仰，也是一種組織、一種活動，宗教必須具有某一種程度的嚴格組織，以進行宗教運動或宗教活動，以吸收廣大的信眾，讓自身有更深、更廣的影響力，以下就以基督教、伊斯蘭教、佛教世界三大宗教作簡要說明：

### 1. 基督教

　　基督教是信仰耶穌基督的一神教。起源於西亞的巴勒斯坦地區，以耶穌所傳揚福音及其事蹟節錄爲《新約聖經》，並合併猶太教聖經（塔納

赫）為《舊約聖經》，整合成《聖經》做為其宗教經典，也是為信徒的生活及行為指引，信徒稱為基督徒，基督徒組成的團體則稱為教會或基督教會。現今亦與伊斯蘭教、佛教共同視為世界三大宗教。

### 2. 伊斯蘭教

是以《可蘭經》為基礎，聖訓為輔助的一神教宗教，世界三大宗教之一。伊斯蘭教徒稱為穆斯林，穆斯林信仰獨一無二的造物主阿拉。伊斯蘭教的教義色彩較其他宗教不明顯，但強調戒律與堅持信仰的價值觀，其基本功修包括五功，是為「念、拜、齋、課、朝」。伊斯蘭教的宗教法律，觸及飲食、金融到戰事，以及福利等各方面，影響生活及社會的每一個層面。

### 3. 佛教

創教者為生於印度文化區的古人悉達多 · 喬達摩，通常在漢傳佛教（大乘佛教）則尊稱其佛號為釋迦牟尼佛的「佛陀」，開示四聖諦「苦、集、滅、道」的教義，佛教的本意是佛陀的教育，而不是指拜神佛的宗教，反對迷信，「佛法」即是說明「痛苦來自慾望」，佛教「最高原則」是「痛苦確實存在，我該如何逃離？」佛教重視人類心靈、道德的進步、覺悟。佛教徒修習佛法的目的，即在於追隨並實踐悉達多所覺悟的四聖諦，看透生命和宇宙的真相，斷盡一切煩惱，最終超越生老病死和所有苦，結束六道輪迴，得到究竟解脫，進入涅槃的境界。

不論東、西方宗教，不同的宗教以不一樣的終極原理下確立教義立場，不論其終極關懷的內涵與對象，自古以來，在各大傳統的宗教中，宗教的探求成為生命的探求，其教義可以豐富生命及其內涵，擴大視野，突破困境，化解苦難，進而提升生命層次，達成目標；廣義來說，人類的宗教需求與探索，是屬於高層次的意義探索與價值取向，面對宇宙人生及生死大事，探究真實與追尋徹底解脫的終極關懷。

## 第四節　結論

　　十二年國教課綱「生命教育」為必修課程，其核心課程是「人生三問」的概念，分別為「人為什麼活著？」「該怎麼活著？」「又如何活出該活出的生命？」其中「人為什麼活著？」乃是對人生終極關懷問題的思考。其所關懷的課題是有關人生目的與意義、生死關懷與實踐、終極信念與宗教生命意義等重要課題，在促進學生掌握人生的意義，建立生命的終極信念；「該怎麼活著？」則是反映價值思辨的淬鍊，包括道德方面、美感經驗與生活美學的思辨素養，釐清價值迷思、尋求解決之道；「又如何活出該活出的生命？」是如何讓人內在的知情意能達到知行合一的境界，但要真正達到幸福與至善的境界，是需要透過靈性修養的實踐功夫，「內而修心，外而修行」的運作，逐漸整合知情意行。「人生三問」這三者之間環環相扣，運用了哲學的理性與宗教的智慧，每個人應確立自己的終極信念，並以之為基礎，進行價值思辨，提升靈性修養，成為生命教育的核心內涵。

## 參考文獻

王民（2000）。**田立克**（初版）。新北：生智。

余瑞文、周煥銘（2017）。宗教定義之研究。**文化創意產業研究學報，** *7*(1)，17-24。https://doi.org/10.6639/JCCIR.2017.0701.03

陳澤義（2019）。**幸福學：學幸福**（三版）。臺北：五南。

胡適（2008）。**中國哲學史大綱**（初版）。臺北：臺灣商務。

Kubler-Ross, E., & Kessler, D. (2006). **當綠葉緩緩落下**（張美惠譯；初版）。臺北：張老師文化。

孫效智（2015）。生命教育核心素養的建構與十二年國教課綱的發展。**教育研究月刊，** *215*，48-72。https://doi.org/10.3966/168063602015030251004

賴松慶（2019）。從生命關懷的角度省思我國宗教與殯葬政策的問題與展

望。新世紀宗教研究，*18*(2)，71-99。https://doi.org/10.3966/1684373
82019121802003

釋慧開（2009）。東、西方宗教觀的對比與會通。**生命教育研究**，
*1*(1)，1-26。https://doi.org/10.6424/JLE.200906.0001

Russell, B. (2021). **西方哲學史**。上卷（何兆武、李約瑟譯；初版）。臺
北：五南。

衛生福利部國民健康署（2021，8月25日）。**安寧療護**。https://www.hpa.
gov.tw/Pages/List.aspx?nodeid=210

全國法規資料庫（2021，1月20日）。**病人自主權立法**。https://law.moj.
gov.tw/LawClass/LawAll.aspx?pcode=L0020189

# 第十章　教案：生與死的終極關懷

王惠蓉

慈濟科技大學全人教育中心助理教授

## 第一部分　死亡的意義與學習面對死亡

### 本課學習目標

認知：了解「死亡」對人類的意義、價值與影響力。

情意：學會表達因「死亡」議題引發的相關情緒與情感抒發。

技能：學習主動思考、討論、面對與接受「死亡」相關的重要課題。

## 第一節　學習內容

### 一、死亡的意義及其對人類生命價值的衝擊

　　親愛的同學，你曾想過「死亡」的意義與其對生命的價值嗎？在忙碌的生活中，年輕的你是否覺得談論「死亡」是一件遙不可及的事呢？蘋果電腦前總裁賈伯斯曾提到：「死亡是生命最好的發明。」青少年時期的他曾讀到一句格言：「把每天都當成生命的最後一天，你會因此輕鬆自在。」這句話對賈伯斯的影響極其深遠，每天早上他都會自問：「如果今天是此生最後一日，我今天要做什麼？」（艾薩克森，2017）。有智慧的他，從此採取革新的措施，改變了現今的世界，塑造出蘋果電腦公司的科技王國。聰明如你，在思考「死亡」這個議題時，又有哪種想法與抉擇呢？

　　米奇・艾爾邦（2020）是美國知名作家。他於大學畢業16年後與恩師重逢，自此在老師過世前又上了多次由本人親自示範生命教育的課程。當死亡逼近時，誠實訴說自己對人世的眷戀，承認自己的脆弱與恐懼。帶

著幽默感面對死亡，臨終前這位師長自辦了生前告別式，洞察到生命的眞義與展現出心靈的清澄與勇敢。如果換做是我們，是否也能如此有智慧的了悟人生？承認自己的恐懼與脆弱？勇敢面對死神的探訪？有鑑於此，這個章節就讓我們同心探討死亡的意義與學習該如何面對死亡。

## (一) 華人世界對死亡的態度

### 1. 談及「死亡」傾向用避諱的詞語

在人的世界，尤其是華人圈，通常忌諱談到「死亡」的字眼。死亡的觀念大部分源自傳統中國文化中的生死觀。因此，在生活中人們會利用「替代語」來淡化對「死」的不吉祥感受。例如：上天堂、往生、到另一個世界、去蘇州賣鴨蛋、蒙主寵召、歸天、去世、仙遊、過身、返去、走了……等（呂應鐘，2021；邱珍琬，2016）。就你所知，還有哪些用語呢？換個角度思考，如果多數人們面對生命的盡頭都能自在灑脫，何苦隱微婉轉地用這許多的替代詞呢？這說明在華人世界，人們是避談「死亡」這個重要卻難以面對的議題。Elizabeth Mackinlay（2012）提及：「對許多年輕人而言，死亡是遙遠的終點，但對高齡者，雖然從親友離去的經驗讓老年人對死亡比較熟悉，但是這些不會幫助他們在經歷『死』的過程較爲輕鬆容易。」畢竟，死亡是一件永不可逆的「離別」，這比日常的「道別」更是不易，因爲它永遠無法失而復得。

### 2. 人們面對「死亡」隱含的恐懼與不安

依據 Deeken（2002，2001），人類面對死亡的恐懼和不安情緒，彙整歸類如下：

| 恐懼 | 不安 |
|---|---|
| ◎面對身、心靈與社會的恐懼：對自身所受之苦，對所愛之人與社會歸屬團體永別而感到恐懼。 | ◎對死亡後的世界感到不安：瀕死者對宗教所謂的有「來世」、「樂園」帶著期待又不確知的想法。 |

| 恐懼 | 不安 |
|---|---|
| ◎面對孤獨的恐懼：每個人都是獨自面對死亡，常有孤獨失落的感覺。<br>◎面對失去尊嚴的恐懼：多數人希望善終，擔心無法有尊嚴的「好好死去」。<br>◎面對造成家人或社會負擔的恐懼：希望自己的死不致使家人過度憂傷，亦希望自己在所屬的社會團體對自己最終有良好的蓋棺論定。<br>◎面對未知的恐懼：死後對親、友的放不下，對未完成生活目標產生的遺憾與恐懼。 | ◎對面臨審判與懲罰而不安：如果宗教所述為真，平日素行不完美的自己是否真會受到審判與懲罰？<br>◎對即將永遠消逝而不安：設若死後與宗教所述相反，沒有來世或天堂，一生真的就這麼就結束了……。<br>◎對不完美結束而不安：反思生活中有諸多遺憾、未竟理想與「早知如此，何必當初」的遺憾……，為此深感不安。 |

　　上述是人們在面臨生命終了時，常出現的恐懼與不安感受。親愛的你，可曾想過？當主角換作是自己，又會如何？我們是否已學會對「死」這一回事舉重若輕？像古人所述「揮揮衣袖，不帶走一片雲彩」而了無遺憾？畢竟，生死大事是必須從生活中願意真心思考才能靜心面對。有句話說得好，「當你學會死，你就學會生。」（艾爾邦，2020）意思是，每個人都要接受死亡終究會到來，「生死教育」對每個人都是一門重要與必修之課程，正如大津秀一（2012）所述，唯有認同「死亡」存在，人生才能活得更精彩。

## 3. 避諱死亡的習俗與儀式

　　假如你是觀察敏銳的人，必定注意到生活中有諸多習俗是用來避諱死亡和防止其所產生不吉利的影響，像是一些習俗與象徵儀式。筆者綜合書籍與網頁資訊（Mackinlay, 2012；呂應鐘，2021；紅色多米諾，2017）整理出的習俗與象徵儀式如下：

| 忌諱死亡的習俗與象徵儀式 ||
|---|---|
| ◎宗教性的拜佛、禱告、禮拜……等。<br>◎筷子不能插在飯碗上。 | ◎喪禮時，棺木忌諱用柳木因為不結籽（擔心絕子絕孫）。 |

| 忌諱死亡的習俗與象徵儀式 | |
|---|---|
| ◎不能用紅筆寫名字。<br>◎年初四忌出門。<br>◎年節要說吉祥話。<br>◎半夜忌諱照鏡子。<br>◎守喪期，忌走訪親友。<br>◎守孝期，忌穿紅戴綠。<br>◎戴孝者忌觀看建廟、婚嫁，或接觸產婦及嬰兒。 | ◎幼童禁接近、看望喪家。<br>◎生人忌碰觸死者衣物⋯⋯。<br>◎為求吉利，人們會把無藥可救之病人從臥室移到正廳。<br>◎停靈的儀式很講究，依死者的八字決定停靈的方式和時間。<br>◎去喪家向死者致哀時，別回頭，不說「再見」等話語⋯⋯。 |

綜上可知，多數人對「生死大事」因平日缺乏了解，會藉由「儀式化」的習俗與象徵作法，將「死」所帶來的不安全化為吉祥。此外，「死亡的儀式」提供了一個「道別」的機會，讓生者接受「往者已矣」而得到療癒。

值得注意的是，再多的習俗、象徵儀式與教義無法讓任何人對死亡握有豁免權，事實證明自古並無萬壽無疆之人。意即，避諱與忌談並不會讓我們活得更自在，反而讓死亡蒙上更多的陰影與繪聲繪影的包袱。王浩一（2020）引用友人所述做出重要的提點，「人總是因為智慧不足，總要在無常來臨時，才能體悟一些道理。」既然，「死」終究是要踏上的旅程，生死教育對每個人而言都是一門重要的必修與先修之課程。唯有先認同「死亡」的存在，人生才能活得更精彩（大津秀一，2012）。

## (二) 學習面對死亡

### 1. 當生命即將終了時，如何能走得安然自在？

首先，學會接受生命會結束的事實。「死亡」是人生最後與最重要的畢業典禮。許多人在面臨無常時，都是憑直覺處理，失落感極重。以急救為例，當愛與死亡交會時，人們基於對瀕死親人的「愛」與不捨，可能會用盡任何方法延續他們的壽命，但當病者已苦痛難當，而我們以「愛」為名，全力要求急救，這是否對當事者一定是「好」呢？反之，以「不希望瀕死親人受苦」、「不浪費社會資源」為名，義無反顧的決定不急救，是否就是對得起當事者和國家社會呢？從過往許多經驗來看，每當醫生宣

布重症親友無可救治時，家屬習慣一味安慰死者「要有信心」、「別放棄」、「神明會保佑」，甚或隱瞞當事者「即將死去」的事實……這種做法究竟是對誰公平？讓誰心安？又安慰到誰了？聰明如你，可曾思考？

　　陳永儀（2018）提及：「放手是很難的事。」有時候，我們在「關懷」的偽裝下，會以愛為名，用這些冠冕堂皇的理由，其實是自己不願放手。換句話說，在世者常以一些合理化的說法去包裝自己未準備好接受親人將離去的心態。這麼做算是真誠勇敢嗎？對將離世者又公平嗎？邱珍琬（2016）整理 Anselm Strauss 在 2005-2006 年間所提出的死亡覺知的溝通型態，分為以下四種：

| 封閉的覺知 | 懷疑的覺知 | 相互假裝的覺知 | 公開的覺知 |
|---|---|---|---|
| 親友皆知病人將死，當事者卻不知道。 | 從他人的反應，病人猜測自己將死。 | 雙方皆假裝病人會康復。 | 讓病人已知自己會死，可公開分享、支持。 |

　　以上可證，瀕死病者在面對親友的處理方式是有能力覺知自己的死訊。不論家屬決定如何處理後事，病人多少能感知問題的嚴重性。因此，在面對親人病重時，即使無法開口赤裸裸說出「你快死了。」至少，該以同理心站在當事人立場思考，盡可能在最適當的情況下，讓她／他有權為生命做出最後的重要決定。

## 2. 面對死亡所產生的壓力階段

　　面對「死亡」，人們之所以有許多手足無措與難捨無助，多半是很難處理這種「不可逆」的失落感。另外，有些人之所以無法接受自己將逝去或是面對所愛的人將死的事實，可能不單純只是因為不捨得留下孤獨的她／他，或會痛苦想念將逝者，而是因為其他因素，例如：將死之人氣自己為什麼沒趁著還有氣力時，與家人一起環遊世界而有所不甘；也有在世者遺憾當對方還活著時，沒有花足夠的時間陪伴，對此出現了罪咎感。不論是基於何種因素，「如何放下」是重要的學習。依據文獻（Kübler-Ross, 1969；卡利基，1987）形容，雖然每個人在面對自己或親人死亡的心路歷程不盡相同，哀傷與悲悼的方式大致有如下幾個階段：

(1) 否認：不承認自己當下的失落感。可能出現「不可能啊！不是一直以來都好好的嗎？」類似的想法。

(2) 負面情緒：生氣、憤怒之情緒油然產生。例如：「為什麼是我要死？老天對我不公平！」、「老天不長眼，讓我失去了他？」甚而將情緒發洩在其他人身上。

(3) 討價還價：渴望奇蹟出現，例如：「讓我活著看到女兒結婚就好了。」尤其當失去摯愛時，在世之人時而充滿罪咎感，認為自己不夠盡力照顧對方，時而又會合理化的想：「只要是人，誰不會死去？」讓自己在哀痛中較為好受。

(4) 無法正常生活：認知上失調、沮喪、生活紊亂。生病者與在世者因情緒與自責，可能覺得自己很糟糕，無法理出頭緒。

(5) 接納：接受自己將逝或親友離世的事實，重新整理自我，找到生命新的出口。

　　Kübler-Ross（1969）說明，每個人處於這些階段不一定按固定順序出現，當事者也不一定經歷所有階段，但至少會經歷其中兩段。

　　綜合以上，不論是瀕死之人抑或是將失去摯愛者在面對死亡時，都會經歷深沉的苦痛、難熬與無可言喻的艱辛歷程。值得注意的是，再多的不捨與傷痛都將順隨時間的流逝漸進讓當事者接受事實。逝者已矣，在世之人接納生命的流逝，能慢慢降低哀痛重新出發。以上雖不是光憑理論說明即可度過哀痛期，至少不難明白，愈早思考生死議題，學習面對死亡能夠協助人們積極努力把握人生，活在當下，珍愛生命，創造未來美好的生命價值。

## (三) 學習向所愛之人道別

### 1. 學習與負面情緒共存

　　死亡是生命的結束，並非關係的結束。亦即，在世者的關係並未因某人「死去」而消逝，因此「悲傷」可能持續存在。多年後，我們可能會很驚訝，原本以為老早就結束的關係竟然仍會引發失落感、哀痛與悲傷。雖然在人剛過世時，有些因素會對我們的心情產生緩衝作用，例如：以辦理

喪事轉移傷痛，但亦有人分享，即使在先生過世多年後，竟然會因突發的急性事件沮喪，而拿起丈夫的遺照不停憤怒的哭訴。這說明死亡的定局雖然會讓人們較爲理性面對，但長久的負面情緒可能久久繚繞心頭，無法消失。吳秀碧（2020）描述 Granet 於 2010 年的研究提及，「在工商化的社會，重視個人功能，不容許人有足夠時間哀傷，社會期待個人早點回到工作場域和生活步調，否則被視爲病態。」然而，複雜性的悲傷並非是心理異常的表徵，反而是當事人反思與死者關係的契機。藉由老照片、舊的回憶，向友人提及亡者的故事等抒發自己存有的難受可能更容易走出傷痛。肯尼斯 J. 多卡（2018）表示，許多案主擔心，痛苦減輕就代表記憶已逐漸消失。其實不然，因爲檢視關係的議題後，傷痛逐漸淡去時，人們將更能保有原來的回憶，以更理性方式看待。林綺雲等（2014）說明，面對傷痛的自我調適、尋求社會資源協助（例如，悲傷輔導）是讓當事者度過長久、複雜性傷痛的良方。

## 2. 適度的幽默感可以降低死亡帶來的傷痛

「幽默感」是學習擁抱無常的一帖良方。這個方式很特別，需注意幽默感要能維護臨終者尊嚴爲前提方能使用（麥克勤雷，2014）。以下兩則是網傳有關於用幽默化解死亡傷痛的議題。其一，曾有父母爲出生兩週便夭折的嬰兒寫墓誌銘：「他來到這世上，四處看了看，不太滿意，就回去了。」其二，曾有親友爲某位長者得重症可能死亡而感傷哭泣，這位有智慧的長者見此不忍，悠然說道：「是我本人要死去，我都沒哭，你傷心什麼？」這些案例雖說在幽默下仍能讀出對離世者的不捨，至少可知在無法躲避死神關懷之眼，幽他一默或可適度緩減傷痛的震盪程度。

## 3. 建立以當事人爲主的助人關係與做好臨終關懷

依據文獻（林綺雲等人，2014；邱珍婉，2016；麥克勤雷，2014），臨終關懷的意義在於「創造一個適合瀕死者需求與信念的方式」，讓臨終之人可以安心度過死亡過程。所謂「安寧」是一種治療方式，並非要「治癒」病人。關懷者可以是家族親友或醫療團隊，或社會志工等。意即，以團隊資源陪伴與協助，人們得以學習處理死亡議題，也能協助將死之人安

然走過人生最後一段里程。

　　若你是喪家的好友，針對家屬宜以他們的主要需求為主，例如：適時與家屬談論死者，可增加他們的現實感，協助喪親者表達與處理情緒，又如：用信仰或宗教層面的課題重新建立其對生命的信念，走出悲傷。尤其許多喪偶的老人，無法抑制停不住的悲傷，陪伴者宜學習傾聽，認同他們的情緒，包括憤怒、哀痛等（雷堡、肯恩，2018）。同理家屬情緒，適度鼓勵他們回顧往昔，藉由老相本、舊話題與過去的溫馨故事鼓勵喪親之人回顧美好的過去，幫助抒發哀痛。此外，亦可告知他們當下許多行為是正常的，例如：止不住地哭泣、把自己關在房間等等。另一方面，陪伴他們發現社會資源及克服其生活適應的障礙，例如：加入社團、參加慈善事業的志工隊等。

## 二、閱讀媒材

### (一) 書籍
1. 死前斷捨離　愛米粒出版。
2. 人生必修的十堂生死課　采實文化。
3. 生命這堂課〔心理學家臥底醫療現場的 26 個思索〕三采文化。

### (二) 影音
1. 長假　公視出版。
2. 父後七日　海鵬影業。
3. 天堂的媽媽　慈濟文化。
4. 最後十四堂星期二的課　天馬行空。
5. 靈魂急轉彎　皮克斯動畫工作室。

# 第二節　教學活動設計

## 一、發展活動：如果生命的歷程沒有死亡這件事……

| 如果生命沒有死亡這件事，世界呈現的優點和缺點會有哪些？ | |
|---|---|
| 優點 | 缺點 |
| 1. 少了墓地，空地多多<br>2.<br>3.<br>…… | 1. 糧荒<br>2.<br>3.<br>…… |

　　本章節就讓我們藉由以下活動，先了解「死亡」的意義和價值吧！

1. 將全班分組，每組 3-5 人。
2. 各組討論「如果生命的歷程沒有死亡這件事……」的優缺點。
3. 將白板分爲幾個部分，讓各組有書寫的區塊。
4. 放一段音樂，每組每次一人輪流上臺寫下一個優點或缺點，直到音樂截止。
5. 共同討論每組寫的答案所依據的理由是否合理，請各組派代表分享。

## 二、綜合活動一：預立遺囑

1. 接下來有「預立遺囑」的活動，這只是一個想像活動，死亡本是生命的一個重要部分，天下無不散之筵席，我們要因死而生才會更珍惜當下。
2. 遺囑內容：同學可增減遺囑格式，以下只是提供內容重點參考。
3. 全班共同討論「死亡」這件大事，對人類的意義和影響。

預立遺囑

回顧一生重要的事，印象深刻的快樂與遺憾……寫下自己的想法
如果有來生……
最後想完成的心願，希望完成的方式（例：生前告別式、環島旅行等）
遺物安排
葬禮安排

## 三、綜合活動二：生死議題辯論賽

　　以知名主播傅達仁生前提及「安樂死」為例，說明「安樂死」是有尊嚴迎接死亡的方式。德國已於 2015 年提出《利他性協助自殺法案》，但這個議題充滿許多爭議。例如：究責問題——當事人是否能夠在清醒表達意願前就簽下意願書。因此，邀請同學參加生死議題辯論賽。

**參考議題：**

1.「安樂死」的政策是否該合法化？
2. 複製人的科技是否該積極推動？
3. 面對死亡，人們該不該相信有來生？
4. 兒女是否有權代替病危父母決定是否該急救？
5. 墮胎該不該合法化？
6.「廢死」是否該通過法案？

## 四、作業

### (一) 死前斷捨離

　　在瑞典語的字彙關於死亡的字 döstädning，其中的 dö 的意思是「死亡」，而 städning 是「清理」的意思（曼努森，2017）。「斷捨離」的觀念是現代許多人崇尚的生活方式。其中所謂的「斷」意指「斷絕不需要的東西」；「捨」意指「捨去多餘的物品」；「離」則是指「脫離對物品的執著」（山下英子，2020）。在面對生死大事時，當我們自知將離世時，是否也能發揮自主權，將身邊的物品親自安排、清理與捨棄，讓自己走得瀟灑，死後無憂？日本有位工藤信一先生，八十歲時與妻子在二手網路平臺賣出自己手邊各樣的物品，甚至是母親留下的掛軸……等，在接受 NHK 採訪時，工藤先生表示：「想到走後，孩子會爲自己的遺物感到困擾，希望自己更輕盈後再離世。」（王浩一，2020）。這真是位優雅又體貼兒女的老人。

　　請在下次上課前，嘗試完成以下作業：

1. 選用一張白紙完成這份作業，大小自己評估。
2. 思考當生命來到了終點，若把個人所有物略爲分類（例如：紀念物、財務等），先寫出類別，再繪出每項分類的物品內容，愈仔細愈好。
3. 在空白處，畫一個垃圾桶，先將其中你自覺離世後最無留戀意義的物品畫進桶內（例如：舊娃娃、作業本等），並在名單中將該物項打叉。
4. 剩下的物品中：
   (1) 找出具有意義、有保留性的物品打圈，另在空白處以「保留物」爲新類別，再下此類物品的項目名稱。
   (2) 在「保留物」清單中，若將物品分項送人，寫下贈送的對象與原因。
   (3) 在清單中那些未被丟棄、未送人卻留下的物品，請說明你會如何處理？例如：死後埋在一起。
5. 寫下自己的感想與心得。

### (二) 反思作業

1. 如果你的親友被醫生宣告無藥可救，生命已近末期，你是否還會爲

她／他祈禱？如果是，你會用自己宗教的祈禱方式？還是以她／他的宗教爲主？說明原因。

2. 假如親友得到的是認知障礙症末期，你覺得是否該告知她／他病情與將死的事實？說明之。

# 第二部分　生命的意義與生命關懷之實踐

## 本課學習目標

認知：了解生命價值觀對生命意義的影響。

情意：學會關懷自我與關懷生命。

技能：學習主動思考、討論「生命關懷」的方式，分享與實踐。

## 第一節　學習內容

### 一、生命的意義

　　親愛的同學，可曾想過生命的意義何在？你的生命畫布上該塗上何種色彩？畫上哪些主題才會讓自己覺得人生沒有白走一程？

　　孫效智教授（2019）對生命教育的課程，做出「人生三問」的重要提點：其一，「人爲何而活？」；其二，「人應如何生活？」；其三，最重要的是「人如何能活出應活出的生命？」眞是大哉問，聰明的你，思考過了嗎？答案又是什麼？

　　存在主義是哲學與心理學的重要學派，其義理中有關「意義的追尋」與「覺察與面對死亡」是對生命教育兩個重要的命題（科瑞，2016）。說明如下：

### (一) 意義的追尋

　　生命本身原不具意義，在人們賦予其意義後，人生的價值因而彰顯，開始思考「爲何而活」。在我們成長過程會被灌輸諸多重要的價值觀念，例如：成功、立業、高學歷等。這些價值觀指引我們「應如何生活」。然

而，在無法面面俱全下，人們會選擇對自己有利的價值觀，拋棄無意義的觀念，形成自我的生命意義。在成長的過程中，人們又會發覺這些既有的價值觀型塑出自我的成長腳本，無形中自己被這些舊有的價值觀制約了。是以，學習覺察自我被環境灌輸的價值觀中產生的虛無感，於苦痛成長中探索到自我存在的意義與價值，重構自己的生命意義，便能「活出應活出的生命」樣貌。

### (二) 覺察與面對死亡的正面效應

「死亡」是「生命」的重要部分。若能體悟人都會死，每個人知道沒有無限的時間完成所有的規劃與目標，將會更珍惜有限光陰，活在當下，主動完成對自我有意義的事，評估做到了什麼樣的程度，精益求精。是故，認清「死亡」的真相會讓人產生新的力量，改變舊有的習慣，以更真誠的方式生活。這說明「找尋生命的意義」是重要的！每個人揀選的價值會創造出自我生命的意義。人人都該學習為何而活？應如何生活？當我們了解死亡所帶來的正面意義，便能「活出應活出的生命」，產生「心」與「新」的力量。

## 二、生命關懷之實踐

追求幸福一直是人們的生活目的，然而，永恆的幸福只有在精神層面才能追求得到。生命教育是以人為主體，尊重生命的價值（呂雄、李岳牧、蔡德欽，2021）。因此，「關懷生命」即是生命教育課程的一大重點。以下的例子，提供同學參考：

### (一) 大體捐贈：李鶴振居士

「大體捐贈」指在個體死亡之後，基於教育或研究用途捐獻遺體的行為。醫界尊稱捐贈者為「大體老師」或者「無語良師」。李鶴振居士便是早期捐贈大體的一位解脫生死的人間行者，既輕安，又自在。臨死前，曾勉勵醫學院的準醫師：「你可以在我的身上畫錯了千刀、萬刀，就不可以在病人身上畫錯一刀。」（釋證嚴，2018）真情的付出，令人感動。

### (二) 器官捐贈：名人以身示範

「器官捐贈」意指個體藉由手術的方式把自己身上可用的器官移植到

另一位器官衰竭的病人身上，協助他們能夠因此延續生命。據報導，臺灣人器官捐贈排行亞洲第一（良醫健康網，2020）。目前爲止，許多名人都以自身做典範，支持這個關懷生命的義舉，諸如：伊能靜、周潤發、成龍等藝人不約而同簽下「器官捐贈」同意書（葡萄都是立，2018）。藉此拋磚引玉，讓生命更有價值。

### (三) 生態保育：來自天堂的信差

一隻西伯利亞小白鶴（亞成鳥）於 2014 年 12 月，意外與鳥群遷徙分散來到臺灣。這隻白鶴共待了 521 天，其中發生許多動人的故事，也因而引起人們關注保育與友善動物議題。小白鶴的出現，不但讓當地人們怕白鶴誤食化肥而施行友善耕作，當地教育機構帶領幼兒實地探訪白鶴，政府部門亦補助拍攝探討候鳥遷徙所面臨的棲地保育議題等（新北市政府水利局，2018）。這則故事讓人們意識到從身邊的實例去實踐關懷生命的重要性。

### (四) 友善大地：零廢棄生活

「零廢棄」的做法原則是「盡可能不產生垃圾」，達到簡化生活的目標，養成愛護環境的好習慣，讓居住環境更舒適、心靈更安定。這樣的做法好像與關懷生命無關。然而，減少大量的垃圾，產生更多的空間，讓人們生活環境乾淨又舒適，也可能因此長壽，自然是關懷生命的一項重要做法。依據國家地理（2015）報導，美國研究員曾在哥斯大黎加外海協助救治了一隻受傷的欖蠵龜，鼻子裡插了一根十公分的吸管。在研究員協助下拔出了牠插在鼻孔多時的吸管，可憐的龜兒鮮血直流，讓人心疼。人類的垃圾流入海洋，造成無數海洋生物的大量死亡，是故，減少廢棄物也是「護生」的一種做法。

## 三、閱讀媒材

### (一) 書籍

1. 我在，因爲你的愛：12 則器官捐贈的感人故事　聯合文學。
2. 周大觀抗癌詩集　周大觀文教基金會。

3. 意義的呼喚：意義治療大師維克多・法蘭可的生命傳記　心靈工房。

## (二) 影音

1. 小白鶴的報恩——來自天堂的信差　新北市政府水利局。https://www.youtube.com/watch?v=b75vWgAh49k

2. 流浪狗之歌　嘉貝麗・文生。https://www.youtube.com/watch?v=N9c-1wyDbZE

3. 吸管怎麼會跑進海龜鼻子裡？　國家地理。https://www.natgeomedia.com/environment/article/content-5899.html

4. 遺愛人間：李鶴振居士大體捐贈　慈濟文化。https://www.facebook.com/watch/?v=2253162498252919

# 第二節　教學活動設計：改寫生命的故事

## 一、發展活動

　　生命的意義由自我所建構。有時我們針對同一事件會出現不同的觀點，讓事件展現不同的意義。請參考以下的示範，改寫老故事腳本讓新故事擁有美好意涵。

| 老故事——充滿問題的故事 | 新故事——充滿期待的故事 |
| --- | --- |
| 我覺得我是不受老師喜歡的學生，明明寫作能力佳卻被老師找碴。我寫的作文都被老師修得很慘，甚至連基本的起承轉合都沒做到，我覺得很難堪……，老師還說：「你怎麼沒有按照文章的書寫原則去寫？」其實是因為我心裡有衝突，情意與情感哪裡可以用規則去寫？我不是故意不照他的意思寫，我也有自己的想法啊！每次看到老師生氣的臉，我都難受到想鑽進地洞裡。 | 書寫文章原本就有基本標準。老師帶寫作基礎課程為了避免學生犯下大的錯誤，所以都會用範本、格式要我們跟著練習，這是一般的要求。但我先前是從練習寫「文藝作品」開始，顯然跟老師的基本要求有很大的落差，我是充滿情感的人，喜歡以寫網路「輕小說」的模式來定位自己，這種不按牌理出牌的寫法難怪會對老師的要求產生這麼多衝突矛盾與抗拒，我其實可以試試跟老師談談看，與他分享我的網路作品，相信他會了解我的想法。 |

| 妳／你的老故事 | 妳／你的新故事 |
| --- | --- |
|  |  |

## 二、綜合活動：生命關懷與實踐自主學習討論

　　以「生命關懷與實踐」為主題，讓同學分組自主學習討論。探討該以何種方式去實踐生命關懷，自行討論過程中可能衍生的議題與其他層面的想法等。

1. 各組探討生命關懷對自己的意義，共有哪些方式去執行？
2. 組員分工查詢→形成問題→討論→發掘問題→探討解決方式→形成共識。
3. 探討有哪些延伸議題或問題？提出解決方案。
4. 其他：主題相關的覺察。

## 三、作業：自主學習活動心得與反思

1. 心得──請針對今天的自主學習活動撰寫心得。自我的想法在討論前、後是否有差異？
2. 覺察──檢視自己在討論過程中的成長，是否有特別的觀察與感受？他人的回饋對你的想法是否有所影響？你的反饋是否也對他人可能產生了影響？
3. 反思──如果再來一次，這個關於生命關懷的討論是否可能不一樣？請說明。

# 參考文獻

大津秀一（2012）。**人生必修的十堂生死課**。臺北：采實文化。

大津秀一（2017）。**死前會後悔的25件事**（詹慕如譯）（二版二刷）。臺北：遠見天下。

山下英子（2020）。**新・斷捨離**（王華懋譯）。臺北：平安文化。

王浩一（2020）。**向夕陽敬酒：生命深秋時的智慧筆記**。臺北：有鹿文化。

伊莉莎白・麥克勤雷（2014）。**老人生死教育——緩和照顧與靈性需求**（吳瓊滿、賴淑維譯）。臺北：華騰文化。

米奇・艾爾邦（2020）。**最後14堂星期二的課【20週年紀念版】**（白裕承譯）。臺北：大塊文化。

吳秀碧（2020）。**失落、哀傷諮商與治療——客體角色轉化模式**。臺北：五南。

呂雄、李岳牧、蔡德欽（2021）。**生命教育概論**（二版）。臺北：新文京。

呂應鐘（2021/12/08）。台灣民間信仰對死亡的看法與做法。星客。http://www.thinkerstar.com.tw › funeral › deathtw

良醫健康網（2020/11/07）。台灣人器捐，竟是亞洲最高！元氣網。https://health.udn.com/health/story/6005/4993523

林綺雲等人（2014）。**實用生死學**（三版）。臺北：華格納。

肯尼斯 J. 多卡（2018）。**面對失去，好好悲傷**（林麗冠譯）。臺北：時報。

邱珍琬（2016）。**生命教育：從自我到社群**。臺北：五南。

阿魯豐斯・德肯（2002）。**生與死的教育**（王珍妮譯）。臺北：心理。

紅色多米諾（2017/09/01）。親屬去世有這些忌諱，你必須知道。每日頭條。https://kknews.cc/zh-tw/news/pq8lbkp.html

孫效智（2013）。**生命教育的哲學基礎**。生命教育資訊網。

葛瑞絲・雷堡、芭芭拉・肯恩（2018）。**如果父母老後難相處：如何**

陪伴他們走過晚年，而不再彼此傷害？（劉慧玉譯）。臺北：橡實文化。

國家地理（2015/08/24）。吸管怎麼會跑進海龜鼻子裡？國家地理。https://www.natgeomedia.com/environment/article/content-5899.html

理查德 A. 卡利甚（1987）。老人心理學（張隆順譯）。臺北：桂冠。

陳永儀（2018）。生命這堂課｛心理學家臥底醫療現場的26個思索｝。臺北：三采文化。

傑拉德·科瑞（2016）。諮商與心理治療：理論與實務（修慧蘭，鄭玄藏，余振民，王淳弘譯）（四版）。臺北：雙葉書廊。

華特·艾薩克森（2017）。賈伯斯傳（廖月娟，姜雪影，謝凱蒂譯）。臺北：天下文化。

黃德祥等人（2016）。生命教育。臺北：三民。

葡萄都是立（2018/11/27）。簽下「器官捐獻」5位明星：成龍周潤發上榜，真的很讓人敬佩！每日頭條。https://kknews.cc/entertainment/g966zal.html

瑪格麗塔·曼努森（2017）。死前斷捨離：讓親人少點負擔，給自己多點愉悅（陳錦慧譯）。臺北：愛米粒。

新北市政府水利局（2018/11/27）。小白鶴的報恩——來自天堂的信差。新北：新北市政府。https://www.youtube.com/watch?v=b75vWgAh49k

釋證嚴（2018/11/14）。證嚴法師法語：無語良師。花蓮：慈濟文化。https://www.facebook.com/watch/?v=2253162498252919

Kübler-Ross, E. (1969). *On Death and Dying*. Scribner Book Company.

Mackinlay, E. (2012). *Palliative Care, Ageing and Spirituality: A Guide for Older People, Carers and Families*. Jessica Kingsley Publishers.

# 第十一章　教案：生命意義感與藥物濫用防制

黃雅文
元培醫事科技大學醫務管理系講座教授
賀豫所
康寧大學學校通識教育中心兼任講師

　　本章的教案分為生命意義感與藥物濫用防制兩個部分，並在以下的內容中分開呈現。

## 第一部分　教案：生命意義感

### 本課學習目標

認知：一、認識生命的意義。

　　　二、了解如何追尋生命意義感。

情意：一、踴躍參與創意規劃助人活動，從創造中體驗生命的意義。

　　　二、樂於參與體驗助人，從生活行動中體驗生命的意義。

技能：一、從創造的活動中實踐生命意義的價值。

## 第一節　學習內容

### 一、生命意義感的五個構面

　　生命意義感之內涵可以分五個構面說明如下（宋秋蓉，1992）：

## (一) 自主感

從意志的自由（the freedom of will）來看，Viktor Frankl 認為意志的自由是個人在面對本能遺傳以及環境時做的決定（Frankl, 1965）。他相信人的本能，人有自由選擇能力，能夠決定要接受或拒絕。他相信，環境無法塑造一個人，人自己可以決定採取何種態度面對環境。這概念進一步產生「自主感」的構面。

## (二) 逃避

從意義探索的意志（the will to meaning）來看 Viktor Frankl 所謂的意義包含了「接受挑戰」的意味，他強調人們需要去挑戰自己內在的潛能，並且面對生命中的任何處境時都不應當退轉，而不被環境所征服，他相信人有超越各種環境的能力。

## (三) 生命熱誠

從體驗的價值（experiential values）來看 Viktor Frankl，經由經驗生活中的事物所實現的價值，進一步可以彰顯愛的價值。如世界展望會辦理的「飢餓三十」活動，讓人體驗沒有食物，第三世界國家的人民生活是如何感受，進一步可以昇華感覺而發揮愛的功能，去幫助更需要幫助的人。

## (四) 生活目標

從創造的價值（creative values）可以彰顯工作的意義，即是從創造的活動中實踐價值的意義。任何人都可以實現創造的價值：教師－教書，婦人－家庭，口足畫家－作畫，宗教信徒－關懷等等，都可以實現其創造的價值。

## (五) 未來期待

從我們對命運所採納的立場上，且立場是我們深信不變的。生命中消極與負面的事以樂觀態度面對，讓這些消極與負面的事，變成積極且正面（Frankl, 1988）。

本課活動為參與創意規劃助人活動，實際體驗生命意義感情意的過程。

## 二、教學現場的運用與注意事項

### (一) 教師準備

1.「人的一生」相關教學影片、生命意義感量表、學習單。
（參考網址：https://www.youtube. com/watch？v=M6GH53OGF5o）

2. 生命意義感量表可參閱賀豫所（2009）「臺北市師範院校學生命意義感與挫折復原力之研究」第 133 頁至第 135 頁的問卷，或宋秋蓉（1992）的論文內容。

### (二) 學生準備

　　筆、事先製作好的捐贈發票箱或已聯繫好的單位所提供的捐贈發票箱、捐贈單位的志工背心、宣傳說明等等。

## 第二節　　教學活動設計

　　本教案設計以一節課 50 分鐘來執行，結構如下：

| 節數 | 內容 | 時間 |
|---|---|---|
| 一 | 引起動機：(小影片感性體驗) | 2 分鐘 |
| | 填寫生命意義感量表（前測） | 4 分鐘 |
| | 小組討論：捐贈發票單位之抉擇 | 15 分鐘 |
| 二 | 募集發票 | 35 分鐘 |
| | 填寫生命意義感量表（後測） | 4 分鐘 |
| 延伸活動 | 回家功課：<br>學習單填寫：課程省思及回饋 | |

## 一、引起動機

　　觀賞影片《青木純—人的一生》（參考網址：https://www.youtube. com/watch？v=M6GH53OGF5o）。影片介紹一個人從出生，並經歷嬰

兒、幼兒、臥、坐、爬、學齡前、幼稚園、小學、國中、高中、大學、立業成家、生兒育女、壯年、中年、老年到死亡等階段的過程，短短不到一分鐘可以看見人從出生到死亡，甚至是死亡的方式都可以預見。影片內容主要是要引發學生思考人的一生，每個人生命從起點到終點過程內容不一，但不可逆的是起終點都是相同的。影片觀賞後請省思自己的生命該如何經營與創造。

## 二、填寫生命意義感量表（前測）

我們從意志的自由（the freedom of will）談自主感，人的本能是人有自由選擇能力，人自己可以決定採取何種態度面對環境，再從意義探索的意志（the will to meaning）談逃避，人們需要去挑戰自己內在的潛能，而不被環境所征服，要有能「接受挑戰」的意味。從體驗的價值（experiential values）進而可以彰顯愛的價值，去幫助更需要幫助的人，提升「生命熱誠」。從創造的活動中實踐價值的意義而展現「生活的目標」。藉由人們對生命中的負面與消極的事務，採取樂天態度而產生「未來期待」。填寫完以上五個構面的量表，對於生命意義的追尋可以產生初步的概念。

## 三、捐贈發票單位——社會福利機構之抉擇

為了選擇捐贈單位，可於此單元或前一兩次課程就進行小組討論，可運用生活技能之共享決策（做決定的步驟），其步驟如下：
1. 每小組討論捐贈發票是想幫助哪一些需要的族群（如：兒童、殘障、老人等），並於選擇想幫助的族群後，前往網站去搜尋相關的社會福利機構。
2. 網路搜尋並列出「二至三個」可能捐贈發票單位的社會福利機構。
3. 列出喜好的社福單位優先順序，且於小組內部討論確定後，說明為何小組做出如此選擇，理由為何？老師可協助學生釐清思考抉擇，最後由師生共同做出決定捐贈發票之單位。
4. 小組討論於行動時，如何注意安全防護。
   募集發票之地點為距離教學現場約 3-5 分鐘車程，且人口往來眾多的

公車站、捷運站或是有商家的街道。在課程前，小組先用行動地圖講解路線，以及可以活動的範圍，並實際走過要募集發票的路線。途中，應觀察來往人潮、注意安全狀況，以利在預訂時間內完成募集規定的發票數量。

## 四、募集發票

　　上述生命意義感五個面向，其中兩個面向，規劃募集發票活動實際著手去做。一是要從體驗的價值（experiential values）進而可以彰顯愛的價值，去幫助更需要幫助的人，來提升自我對「生命熱誠」的意義感。再從創造的活動中，實踐價值的意義而展現「生活的目標」的意義感。其整個活動過程如下步驟：

1. 每小組攜帶事先製作好的捐贈發票箱，或是與捐贈發票單位聯繫，拿了有捐贈發票單位標誌的發票箱，如果捐贈單位也有志工背心或是宣傳品更好，一起出發至教學現場鄰近之車站、捷運站或商店、超商門口募集發票。從教學現場出發至目的地約 3-5 分鐘路程，請注意安全，千萬不可單獨行動。

2. 募集發票過程約莫 25 分鐘，學生需向募集對象說明募集發票的原因及捐贈發票社福單位宗旨之說明，這過程是為了訓練學生對於在社會福利機構抉擇時已做決策的過程後，每位學生對小組所做的決定是否夠清楚了解，還有他們欲幫助的對象的需求為何，以行動具體實踐愛的價值與初心。

3. 目標：每小組募集 30 張以上的發票。在時間有限的情境下，每小組的學生，需要發揮集體的創造力，相互合作、激發思考與創意想法，一起共同努力達到設定的目標數量，所以在實際向車站、捷運站行進的路人或是在商家購買東西的人，說明為何募集發票的過程中，小組成員間需展現出相當的合作力，一起為共同設定的目標而努力。

4. 填寫生命意義感量表（後測）（3-5 分鐘）。於規定的募集發票時間後集合學生，並請學生填寫生命意義感量表（後測），目的是要用量表結果來得知，此募集發票的活動對學生實際參與活動後的改變。

---

**學習單 1：課程省思及回饋**

Q1. 捐贈發票活動中令你感動的部分是什麼？


Q2. 當你在募集發票的過程中，感受到的生命意義是什麼？

（可以參考問卷填寫）

---

# 參考文獻

賀豫所（2009）。台北市師範院校學生命意義感與挫折復原力之研究（未出版論文）。臺北：國立臺北教育大學。臺灣碩博士論文加值系統 https://hdl.handle.net/11296/8t4tf7

宋秋蓉（1992）。青少年生命意義之研究（未出版論文）。彰化：國立彰化師師範大學輔導研究所。臺灣碩博士論文加值系統 https://hdl.handle.net/11296/589769

弗蘭克（Viktor E. Frankl）著，趙可式、沈錦惠譯（2008）。活出意義來（Man's Search for Meaning）。臺北：光啟文化。

Frankl, V.E. (1965). *The doctor and the soul: From psychotherapy to logotherapy* (2nd ed.). New York: Alfred A. Knopf.

Frankl, V.E. (1988). *The will to meaning: Foundations and applications of logotherapy*(2nd ed.). New York: New American Library.

社會福利機構參考網址：

| 衛生福利部社會及家庭署 | https://www.sfaa.gov.tw/SFAA/Pages/List.aspx?nodeid=49 |
|---|---|
| 國內社會資源網站 | http://weblist.heart.net.tw/taiwan06.htm |
| 有愛無礙 | https://general.dale.nthu.edu.tw/?page_id=160 |

# 第二部分 藥物濫用預防

## 本課學習目標

認知：一、了解什麼是正確用藥。
　　　二、了解如何預防藥物濫用。
情意：體認正確用藥與遠離毒品的重要性。
技能：實踐拒絕毒品遠離毒品的行為。

# 第一節 學習內容

## 一、藥物濫用預防是生命教育的重要內涵

　　藥物濫用預防是澳洲生命教育的核心內涵，1974 年在雪梨成立生命教育中心，以生命教育生活技能學習，對抗藥物濫用、暴力與愛滋病為宗旨，透過學校和社區的結合，協助減少青少年菸、酒、非法藥物之濫用，及濫用後的傷害，該中心已發展成為一個國際性的機構（Life Education International, https://www.lifeducation.com/），屬於聯合國「非政府組織」（NGO）的一員（孫效智，2000）。強化藥物濫用的預防和治療是聯合國 2030 年 17 項永續發展目標（SDGs, Sustainable Development Goals）之具體目標（United Nations, 2021）。

## 二、藥物濫用

### (一) 藥物濫用之概況

　　依據聯合國毒品和犯罪問題辦公室（United Nations Office on Drugs and Crime）報告（UNODC, 2020）顯示：終身使用藥物濫用者之教育程度以大學畢業者居多。我國衛生福利部食品藥物管理署（2021）公布「首次濫用藥物年齡」，以「20-29 歲」（占 44.7%）居首位為連續五年之冠、次之「30-39 歲」（占 24.2%）、再次為「19 歲以下」（占 22.0%），總計超過九成，以年輕族群居多。校園為青少年生活主要場域，學校是培育

國家、社會人才的重要搖籃，學校教師及學生對正確用藥及藥物濫用防制增能相形重要。全國物質使用調查結果顯示，在 12 至 64 歲的民眾中，施用含有 PMMA（俗稱強力搖頭丸）成分，因而死亡案例日漸增加，該類毒品多以咖啡包形式出現，並仿用時下流行之圖標在新興影響精神性物質以及新興混合型毒品上吸引年輕人（教育部防制學生藥物濫用資訊網，2019）。12 歲至 17 歲未成年人首次使用非法藥物的平均年齡為 12.5 歲，主要原因為好奇、無聊及趕流行（衛生福利部食品藥物管理署，2021）。

年輕族群是我國未來經濟發展主力，應持續加強藥物濫用防制知能，幫助其拒絕毒害並遠離毒品誘惑。多重用藥致死成長速度甚快，混合之毒品成分可達 9 種以上，並以民眾日常接觸之咖啡包、糖果、餅乾等型態，流竄於毒品交易市場中，使民眾誤用致死。青少年需要了解毒品會傷害腦中樞神經，各類毒品的認識與危害性。毒品成癮後需要錢買毒品，而常常鋌而走險，犯法犯罪率升高。學習防止被下藥的方法。青少年施用新興毒品有越來越年輕化的趨勢，學生吸食的毒品以 K 他命為主，拉 K 成癮而沒有戒治的青少年，比正常人更易陷入毒海深淵，成為危害社會的毒蟲，青少年本身、父母與師長不可輕忽。

## (二) 毒品分級

毒品依其濫用性、成癮性及對社會危害性，分為四級，其品項如下：
1. 第一級：海洛因、嗎啡、鴉片、古柯鹼及其相類製品。
2. 第二級：古柯、罌粟、大麻、配西汀、安非他命、潘他唑新及其相類製品。
3. 第三級：異戊巴比妥、西可巴比妥、納洛芬及其相類製品。
4. 第四級：阿普唑他、二丙烯基巴比妥及其相類製品。

## 三、藥物濫用防制

法務部反毒大本營（https://antidrug.moj.gov.tw/mp-4.html）中「毒品防制會報」結合「防毒」、「拒毒」、「戒毒」及「緝毒」四大反毒策略，於國內各鄉鎮角落推動。每年 6 月 26 日為世界禁毒日。此外，藥物濫用防制五大構面與內涵如下：

## (一) 了解危害性

我們必須了解常見濫用物質及新興毒品其危害性，包括：

1. 了解濫用藥物之危害性。包括：心理依賴性、藥物耐受性、生理依賴性、社會危害性。

2. 認識影響精神物質種類：包括入門物質，如菸、酒、檳榔。

3. 認識影響精神的藥物分類：包括認識中樞神經抑制劑、中樞神經興奮劑、中樞神經迷幻劑類、吸入性類。

4. 了解對新興毒品的判別：新興毒品的特點包括：包裝多樣化、混合多種不明成分、偽裝成討喜包、察看黏貼處是否有重複包裝、行銷手法新穎或組織式販售。

5. 具備新興毒品臨場應變能力：如不喝來路不明及已開封飲料，自己的飲料勿離開視線，當感覺不適如頭暈、視力模糊、過動……等異樣時，速離現場或向可靠的人求助、報警協助。

## (二) 增強藥物濫用防制保護因子及減少脆弱性因子（https://youth.gov/youth-topics/risk-and-protective-factors）

依據美國國家研究委員會和醫學研究所資料，美國政府青年網站中列舉不同年齡的藥物濫用預防之保護因子及脆弱性因子。藥物濫用風險隨著脆弱性風險因素數量的增加而增加，保護因素則可降低藥物濫用的風險。脆弱性風險因素減少和保護因素增加，可成功地防止濫用藥物。兒童少年時期缺乏父母監督、攻擊性行為、學業問題、同伴吸毒、同伴排斥、未確診的心理健康問題、毒品供應、虐待、貧困或被忽視是青少年濫用藥物的風險因素。青年期在個人方面：風險因子為反社會行為、缺乏對傳統成人角色的承諾；保護因子為愛情、主觀感覺自給自足、獨立決策、財務獨立、成人狀態的主觀感覺、成就動機、工作和世界觀中的身分探索、未來導向。家庭方面：風險因子是離開家庭；保護因子是自主權與家庭關係的平衡、行為和情感自主。學校同儕社區方面：風險因子是學校翹課、同儕吸毒；保護因子是聯繫家庭以外的成年人、工作和學校中探索的機會。家庭不支持是吸毒高危險群，家長適度的關懷是有必要的。

## (三) 具備藥物濫用預防媒體素養

### 1. 主動了解訊息

　　了解防範網路不明藥物濫用訊息、社群媒體（social medic）、留意社群媒體成員留言內容、網路交友訊息。主要包括：

(1) 確認訊息來源可靠性。

(2) 判斷是否正確健康之訊息傳播。

(3) 拒絕可疑訊息與誘惑不傳遞，甚或退出此平臺。

(4) 多詢問專家學者意見。

### 2. 閱讀文宣

　　主動閱讀正確的藥物濫用防制多媒體文宣教材（含傳統媒體、新媒體及社群網路媒體等）。主要包括：

(1) 主動閱讀藥物濫用預防海報或衛教單張。

(2) 多閱讀藥物濫用預防報紙、雜誌、或聽廣播、看電視等。

(3) 主動閱讀光碟、手冊、電子書。

(4) 閱讀並評論分析多媒體文宣，如網站、Youtube 影片、抖音等。

(5) 主動閱讀並評論分析新社群媒體，如 Facebook、Instagram、Twitter、LINE、虛擬實境 VR 等。

(6) 主動閱讀並評論分析 EPM 平臺設置。

## (四) 藥物濫用防制策略

### 1. 正確用藥（見 p.174）

### 2. 了解並善用藥物濫用防制策略

(1) 加強學校、社區稽查杜絕學生淪為毒販。

(2) 加強家長關懷阻斷藥物濫用新用，需求減少。

(3) 拒絕共用針頭，減少愛滋，肝炎等傳染病，傷害減低。

(4) 了解新世代反毒策略防毒、拒毒精神。

(5) 了解毒品成癮原因：身癮心癮之別。

(6) 了解毒品成癮之戒治：生理成癮、心理成癮、輔導諮商、社會回歸。

## (五) 了解法律刑責與輔導機構體系

### 1. 法律刑責

(1) 了解臺灣法律：吸毒、運毒、販毒相關法令刑責及其修正的即時性掌握。

(2) 了解海外法律：了解吸毒、販毒、運毒處罰刑責法條。

(3) 了解各國對毒品種類管制的不同：如大麻管制因國情認知差異等。

### 2. 輔導機構

(1) 了解國內藥物濫用諮詢、輔導及戒治機構的資訊網。

(2) 了解國外藥物濫用防制、輔導及戒治機構相關資訊網。

(3) 全年24小時無休服務：免費諮詢專：0800-770-885（請請你幫幫我）。

## 四、閱讀媒材

1. 教育部學生事務及特殊教育司。教育部防制學生藥物濫用資訊網。https://enc.moe.edu.tw/

2. 法務部（2017）。反毒大本營。https://antidrug.moj.gov.tw/mp-4.html

3. 教育部（2021）。修正新世代反毒策略行動綱領（第二期110-113年）（核定本）。臺北：教育部。

4. 衛生福利部食品藥物管理署。反毒資源專區。https://www.fda.gov.tw/TC/site.aspx?sid=10070&r=407366731

5. 衛福部食品藥物管理署（2022）。藥物濫用防制宣導影片。https://www.fda.gov.tw/TC/site.aspx?sid=10082&r=1158429758

6. 法務部（2016）。成癮是腦部功能失調的疾病 https://antidrug.moj.gov.tw/cp-92-363-2.html

# 第二節　教學活動設計

## 一、引起動機發

1. 你有可能買到假糖果真毒品。圖片說明 https://www.parenting.com.tw/article/5072351
2. 毒害外型變化照片比較呈現吸毒前、後狀況（以前面文字為關鍵字搜尋照片）。

## 二、發展活動

### (一) 藥物濫用的現況

教師用 PPT 說明有關藥物濫用的現況。

### 1. 全球藥物濫用狀況

依據 UNODC（2020）報告指出，聯合國毒品及犯罪問題辦公室發布目前全球吸毒成癮 3,500 多萬人，在 2018 年有 2.69 億人濫用毒品，比 2009 年這 10 年中增長 30%。以「World Drug Report 加上西元幾年」為關鍵字，就可以查到當年的全球藥物濫用狀況。

### 2. 臺灣濫用藥物檢體（反毒大本營）

以「藥物濫用案件暨檢驗統計資料」為關鍵詞，可以查到最新的統計資料。根據 TFDA 藥物濫用取自案件暨檢驗統計資料（衛生福利部食品藥物管理署，2021），109 年 1-7 月與 108 年 1-7 月檢出陽性總件數：
(1)尿液檢驗比較：檢體總陽性數（實數）增加 0.6%。
(2)甲基安非他命之總陽性數 4,064 件（78.2%）。
(3)非尿液檢體：檢出陽性總件數增加 12.8%。

### 3. 全球學生藥物濫用狀況

聯合國 2020 世界藥物濫用報告指出：以藥物供需層面而言，2017 年巴西終身使用藥物濫用中教育程度以大學畢業者居多（高中職以上），其

次依序爲小學畢業及中學未畢業者、中學畢業及大學未畢業者、未受教育及小學未畢業者（UNODC, 2020）。

### 4. 臺灣青少年曾使用各類毒品人口比

臺灣青少年曾使用各類毒品人口比分別爲 K 他命 41%、咖啡奶茶22%、安非他命 20%、搖頭丸 10%、其他迷幻藥 5%、吸入劑 2%。學生是國家、社會未來主人翁，學校是培育人才搖籃，建構校園無毒環境，讓學生們提升對毒品危害認知、判斷力、珍惜生命價值是重要一環，對藥物濫用防制預防宣導、引導知毒、拒毒，能保護自己是當務之急（楊士隆等，2010）。

## (二) 藥物與毒品的相關知識

### 1. 「藥」與「毒」的差別

(1) 藥：凡可預防、緩解、消除病症、增強、恢復正常生理機能、用以協助診斷病症之物質（衛生福利部食藥署）。

(2) 毒品：指具有成癮性、濫用性，對社會危害性之麻醉藥品與其製品及影響精神物質與其製品（法務部）。

(3) 管制藥：限由醫師診斷開列處方供合法醫療使用。

### 2. 「新興毒品」與「傳統毒品」的差異

「傳統毒品」定義：即是管制藥，共分 4 級。

「新興毒品」定義：將毒品混合添加劑、增味劑、色素等成分，加入水溶液或咖啡粉、奶茶粉、果膠等，再封瓶或封袋製成「液態混合毒品」、「即溶包毒品」、「錠劑型毒品」、「糖果型毒品」之統稱此「新興毒品」。

新興藥物濫用特性：跳脫傳統樣式不易辨識，從單一藥物濫用到多重藥物，濫用藥物成分複雜，品質不精純，藥品混搭毒性高，傷害性大無法控制劑量，致死率高，以致中毒後醫生也束手無策。

### 3. 藥物對大腦的影響（法務部，2016）

　　成癮是腦部功能失調的疾病。腦部中的腦幹（Brain stem）：是生命中樞，控制我們的心跳、呼吸、睡眠、血壓。邊緣系統（Limbic system）：是情緒中樞，包括海馬迴、杏仁核、下視丘等，調控樂趣與情緒感受，感受到樂趣的活動或物質，將會促使我們活化邊緣系統持續或反覆這些行為。皮質 cortex：負責腦部高等功能，如思考、計畫、語言。大腦皮質區可分為四區，靠近頭頂的頂葉、額頭位置的額葉、耳朵位置的顳葉、後枕的枕葉，分別負責不同的功能，前額葉皮質是思考中樞，堪稱總裁與良心，負責管理情緒衝動、判斷、作決定、計畫、解決問題。成癮物質同時透過邊緣系統、腦幹、大腦皮質影響人類的行為和情緒。長期濫用藥物對大腦造成病變，渴求感讓濫用者不斷追求物質，失去自我控制力，無法控制衝動，缺乏正確決定能力。初期腦部病變會設法回復正常，但是跨過臨界點後便成了不可逆的大腦病變，無法控制使用量且重複復發，別讓你的大腦被毒品綁架了！

### 4. 吸毒者毒害辨識徵兆

　　藥物濫用者行為表徵的判別包括：
(1) 情緒：多話、沮喪、異常亢奮、喜怒無常、躁動不安。
(2) 身體：嗜睡、食慾不振、目光呆滯、步履不穩、體重急速下降。
(3) 感官表達：視幻、聽幻、無方向感。
(4) 社會適應：多疑、誇大、好鬥、無理性行為、缺乏動機。
(5) 生活作息常態不同，如精神亢奮異常、沉睡或失蹤多天未歸。
(6) 行為改變，如常上廁所、逃家、輟學、結交陌生朋友、變孤僻。
(7) 異於尋常物品：特殊的吸管、吸食器、白粉、奇特香菸、怪味道等。

## (三) 藥物防治

### 1. 認識毒品危害防制條例

　　請以關鍵字查詢《毒品危害防制條例》全國法規資料庫（2020）。
https://law.moj.gov.tw/LawClass/LawAll.aspx?PCode=C0000008

## 2. 預防藥物濫用五不 Say no 與五要 say yes

### (1) 向不良嗜好 say no，要向良好習慣 say yes

吸毒是從抽菸、喝酒、嚼檳榔、安非他命到海洛因的漸進方式發展。日夜顛倒、熬夜、不規則的生活作息也會有不良影響。養成規律的作息早睡早起，健康休閒與運動，珍惜積極樂觀進取的益友，遠離壞習慣的朋友。

### (2) 向試毒好奇心 say no，要向提升挫折復原力 say yes

研究指出好奇心是青少年第一次使用毒品之最大動機，其次是同儕邀約誘惑時不知如何有效拒絕。而使用毒品之青少年普遍當生活遇到挫折或情緒低落時，藉由使用毒品找刺激、減壓或舒緩情緒（法務部，2019，https://antidrug.moj.gov.tw/cp-186-6241-1.html）。毒品試一次害一生！終生痛苦戒毒。好奇心請用在鑽研知識技能與關懷助人為善，成為改善社會的生命力，拒絕對毒品的好奇。切勿自信「絕不會上癮」、「意志過人」試毒。對自己的生命負責，不必因講求朋友義氣或情面而接受慫恿與引誘。一失足成千古恨！

Dennis Charney 研究發現十種提升挫折復原力的方法，但無法一體適用，最有用的訓鍊方式必須自己找出。提升挫折復原力（resilience）10 大方法為：正向積極的人生觀、從挫折歷程中找出價值和意義、建立核心宗教或道德信仰、找挫折復原的真人榜樣或典範人物故事學習、面對恐懼學習理性反應、建立社會良善的支持網絡、學習新事物與充足睡眠以活躍腦部、有恆的運動、活在當下把握現在立下目標去行動、肯定並運用自己的特質培養興趣享受樂趣（吳怡靜，2015）。

傳記文學或生命典範的教與學對挫折復原的學習與生命成長是重要的（例如劉俠的生命故事 https://sites.google.com/site/smokefreeschools/103module2）。運用生命典範故事，可參考黃雅文（2016）製作的生命故事 PPT 來實施教與學。

### (3) 向不當情緒 say no，要向正面思考快樂習慣 say yes

感恩與正面思考可以養成快樂的習慣。負面思考導致抱怨挑毛病、憤怒仇恨與負面情緒。聽聽自己一整天說的話，檢視一下一整天你自己的想

法有多少是抱怨挑毛病？有多少是感恩正面思考？當你情緒低落、憤怒、沮喪苦悶、抱怨時，換一個想法海闊天空，改成感恩與正面思考。若真的辦不到，那就接納自己的情緒與想法，選擇放下，let it go，與哀傷悲憤的情緒共存，活在當下設立人生目標去行動，向著標竿直跑。聽聽音樂、運動、看看電影、找個「樂觀的朋友」傾訴、必要時接受心理諮商師或精神科醫師輔導。拒絕靠毒品舒解壓力情緒，反而讓自己終生受毒品控制。

(4) 向來路不明藥品 say no，要向正確用藥 say yes

　　均衡營養、陽光、運動與休息、充分的睡眠與快樂的心情才是身體健康及精神飽滿的正確來源。使用毒品藥物提神治病，將造成更大的痛苦！有些惡德商人或友人在減肥藥、檳榔、飲料、電子菸、菸品、提神藥中滲入毒品，千萬不要購買服用來路不明誇張藥效的藥品。飲料自帶不離手。不隨意接受他人送的菸或飲料，確保安全。正確使用鎮靜安眠藥五大核心能力包括：①做身體主人：堅持用藥五不原則「不聽」：不聽藥品廣告的神奇療效、「不信」：不信藥品有神奇療效、「不買」：不買夜市、地攤、遊覽車、網路上販賣的藥品、「不吃」：別人贈送的藥品不吃、「不推薦」：不推薦給他人藥品。②清楚表達自己身體狀況。③看清楚藥品標示。④看清楚用藥方法及時間。⑤與醫師藥師做朋友（衛生福利部食品藥物管理署，2017）。

(5) 向是非場所 say no，向學習與健康休閒、社會公益場所 say yes

　　販毒者和吸毒犯最常出現的地方在 KTV、電動玩具店、MTV、舞廳及地下酒家，設陷阱威脅利誘青少年施打吸食毒品。遠離是非場所才能保護自己。珍惜青春年少寶貴時光充實自己或鍛鍊身體修身養性，尋找知識技能的學習場所、體能訓練或健康休閒場所、社會公益志工服務場所、正當的宗教信仰，選擇良師益友。

### 3. 練習拒絕毒品

　　拒絕毒品堅決 Say NO！拒絕毒品，一次都不可嘗試，心癮難戒。拒絕毒品六大技巧說明如下：

(1)堅持拒絕法：不要就是不藥！我不吸，不吃，不吸，不……。

(2)道德勸說法：吸毒是犯法的行為，會受處罰或坐牢！拉 K 一時尿

　　布一世。

(3) 苦肉計法：我吃別人的東西會過敏，還會肚子痛⋯⋯。

(4) 自我解嘲法：我是膽小鬼，不敢吃！

(5) 轉移話題法：我要去看電影、音樂會、棒球賽⋯⋯。

(6) 走為上策法：我肚子痛，要上廁所！或藉口說我與老師有約！

　　如果已經染上毒品，依據毒品危害防治條例：「於犯罪未發覺前，自動請求治療者，醫療機構免將其送法院或檢查機關，而且治療中經查獲一次者，應不起訴處分或為不負審理裁定」。充實戒毒資訊，堅定戒毒決心，發出求助，24 小時免付費電話 0800-770-885（請請你、幫幫我）。斷絕與吸毒者或供應毒品的人來往。

---

**實作練習拒絕（說不）的技巧**

　　上述拒絕毒品六大技巧對話請兩位兩位同學為一組，每位同學都可發揮創意練習並現場表演。

1. A 同學演毒販要誘惑同學嘗試吸毒。B 同學用拒絕毒品六大技巧回答。六種技巧都演練完後，角色互換。

2. B 同學演毒販要誘惑同學嘗試吸毒。A 同學用拒絕毒品六大技巧回答。

3. 邀請同學上臺表演或比賽

---

## (四) 寫學習單：生命中重要的人與重要的事（5-10 分鐘）

　　釐清生命中重要的人與重要的事，協助我們省思並找到生命意義感。期能透過對自己與生命中重要的人採取珍惜行動，堅決拒絕藥物濫用（學習單 1）。最後列出釐清對自己而言重要的事，設立目標之時程表並珍惜時間，每日實際行動達成生命中重要的事（學習單 2），為後續的延伸學習活動。

　　學習單 1 內容為提醒學生來思考：(1) 生命中是重要的人是誰？為了重要的人你要如何預防藥物濫用，以珍惜自己的生命？如何讓你珍愛的人不吸毒？(2) 對你而言最重要的事（理想與目標）又是什麼？為了實現重

要的事－人生目標，如何珍惜時間來達成呢？

---

**學習單 1：生命中重要的人與重要的事**

Q1. 對你而言重要的人是誰呢？

Q2. 為了這重要的人，你要如何預防藥物濫用不吸毒，以珍惜自己的生命？

Q3 如何珍愛你生命中重要的人？ 如何讓你珍愛的人不吸毒？

Q4. 你覺得在你生命中最重要的事（理想與目標）是什麼？

Q5. 為了實現目標，你要如何珍惜時間來達成目標？

---

## 三、綜合活動與評量：有獎徵答

(一) 正確用藥五大核心能力為何？

(二) 拒絕毒品六大技巧有哪些？請舉例說明或是演練示範。

(三) 何謂「管制藥品」？何謂「毒品」？定義上有什麼差異性？

(四) 毒品依其成癮性、濫用性及對社會危害性，分為幾級？請各舉例一個毒品品項。

(五) 藥物濫用者常見的行為表徵有哪些？請說出至少 5 項。

(六) 提升「藥物濫用預防媒體素養」的策略有哪些？

(七)「新興毒品」是指什麼？與「傳統毒品」有什麼差異性？

## 四、延伸活動

　　發下學習單 2，請學生於課後填寫。也可以透過學校學習平臺（例如創課平臺），填寫學習單 2 的內容，實踐自己的「目標計畫」，用短期、

中期、長期的時間點，讓學生可以漸進式的去規劃出人生目標將如何實踐的過程。

---

**學習單 2：延伸活動（目標的生活實踐）**

　　在學習單 1 所寫對你而言重要的事，請寫出今天起如何實踐你的「人生目標計畫」（請填表格）。

| 我的目標與計畫 | | |
|---|---|---|
| 項目 | 目標與計畫<br>日期：　　月　　日 | 我實踐後的省思 |
| 短期<br>（1 個月內想達成<br>的目標？如何做？） | 目標： | 1 個月後<br>日期：　　月　　日 |
| | 計畫： | 實踐歷程與省思 |
| 中期<br>（3 個月內想達成<br>的目標？如何做？） | 目標： | 3 個月後<br>日期：　　月　　日 |
| | 計畫： | 實踐歷程與省思 |
| 長期<br>（6 個月內想達成<br>的目標？如何做？） | 目標： | 6 個月後<br>日期：　　月　　日 |
| | 計畫： | 實踐歷程與省思 |

---

# 參考文獻

全國法規資料庫（2020年1月15日）。**毒品危害防制條例**。取自https://law.moj.gov.tw/LawClass/LawAll.aspx?PCode=C0000008

法務部反毒大本營（2017）。成癮是一腦部功能失調的疾病ppt。

吳怡靜（2015）。挫折復原力10大祕訣。**天下雜誌**，*574*。取自https://

www.cw.com.tw/article/5068241

教育部防制學生藥物濫用資訊網（2019年4月22日）。**107年度拒毒預防組成果報告**。取自https://enc.moe.edu.tw/Search

張淑珠（2020）。**高中職校園藥物濫用防制素養指標之建構**。元培醫事科技大學醫務管理系碩士論文。

黃雅文（2016）。生命故事-生命中重要的人與事之教學PPT。無菸檳校園網路資訊平臺。無菸檳校園-校園檳防制教育介入輔導計畫，取自https://sites.google.com/site/smokefreeschools/103module2

楊士隆、吳志揚、李宗憲（2010）。**臺灣青少年藥物濫用防治政策之評析**。青少年犯罪防治研究期刊，*2*(2)，1-20。取自https://doi.org/10.29751/JRDP.201012.0001

衛生福利部食品藥物管理署（2021年5月20日）。**108年藥物濫用案件暨檢驗統計資料**。取自https://www.fda.gov.tw/tc/site.aspx?sid=10776&r=1296231177

衛生福利部食品藥物管理署（2018）。**正確用藥五大核心能力口語化宣導教材**。取自https://www.fda.gov.tw/TC/siteList.aspx?sid=9468

UNODC (United Nations Office on Drugs and Crime) (2020).*World Drug Report 2020*. https://wdr.unodc.org/wdr2020/index.htm

United Nations (2021). Sustainable Development Goals. https://unstats.un.org/sdgs/indicators/indicators-list/

# 第十二章 價值思辨概論

康瀚文 [1]、黃曉令 [2]（第一部分）
元培醫事科技大學通識教育中心助理教授 [1]、醫務管理系副教授 [2]

楊清貴（第二部分）
康寧大學嬰幼兒保育學系助理教授

## 第一部分　價值思辨

### 第一節　價值思辨的重要性

　　價值思辨（values speculation）從字面上解釋就是對「各項價值的思索與辨析」。「思辨」一詞就教育大辭書裡的說明是指「純粹思考，意為反省、探詢及發微探隱」（教育大辭書，2000），簡單的列舉就是思考「什麼是價值」、「怎樣的事物有價值」、「人該如何判斷事物的價值」等與價值哲學相關的問題（孫效智，2019）。在大專院校生命教育的教學裡，這牽涉到兩個層次：(一) 教導道德哲學的理論原則；(二) 教導價值思辨的能力。前者是倫理學或道德哲學的範疇，後者則是理性思考的方法與技巧。以下先討論什麼是倫理學與價值思辨的重要性，進而帶出道德哲學與兩難情境的思考，最後再討論價值思辨教學的注意事項。

　　什麼是倫理學？如果去圖書館翻開題名為「倫理學」的教科書，大部分提到倫理的定義，是指「人倫」、「人的行為準則」與「人與人間的關係」，另外也有書籍會把倫理與道德畫上等號（何懷宏，2002：8；林火旺，2004：11）。因此倫理學感興趣的對象，一種是「研究人與人之間關係與行為準則的學問」，另一種則是「研究道德的學問」。其實，兩種解釋之間有互通的地方，道德也是社會人群裡的一套行為準則，只是人們對於道德行為有更高的要求與期待。

　　除了前面兩個定義外，倫理學還有第三個有趣的定義：「研究人做選擇的學問」，這定義比較容易理解。從出生到死亡、每天從睜開眼睛到上床睡覺，其實無時無刻都在做選擇，幾乎可以這麼說：選擇，構成了人們獨一無二的存在。人之所以與別人「不同」，正是因為每天數不清的細微選擇所導致。因此，知道有哪些可能的選擇、了解為何做這些選擇的原因、探究這些原因背後所代表的價值觀念，就是倫理學想討論的問題。倫理學做為一個「學術領域」，不只是想知道人們做了哪些選擇，而是更進一步想了解人們「為何」做了這些選擇，而這個「為何」又受到哪些因素影響，並歸納出一些可能的標準、理論或定律出來，而這些選擇背後的意義，則統稱為「價值」。

　　到這裡，「價值」或「價值觀念」的重要性就被突顯出來了。人世間的普世價值是什麼？什麼是最有價值的人事物？這些疑問牽涉到價值的主客觀性。有些人認為，價值可以簡要區分為客觀的（或說普世的、放諸四海皆準的）與主觀的（或說個人的、獨特的）價值。當人們普遍認為生命權是無價的，重視生命應該重於一切價值。但為了更高的目標，是否可以放棄自己的生命？如果病痛無法忍受，是否可以提前結束自己的生命？這些爭議就涉及到是否存在一套客觀的普世價值，人們又該如何判斷價值的高低好壞（也就是道德主觀論與客觀論間的衝突）。

　　所有的價值觀念應該都是主觀的，當同意生命無價時，也是主觀選擇或接受這個價值，那麼究竟什麼是最有價值的人事物，就會因人而異。以「選擇人生目標」為例，可以將目標簡要區分為內在目標（價值）與外在目標（價值）。外在目標如金錢、地位、聲望等，它往往存在著經濟學上的遞減效應，也就是獲得愈多、滿足感會一直下降，最終失去追求它的動力。至於內在目標則常表現出「自為目的」的現象，例如幸福與快樂中，追求幸福快樂的目的就是為了幸福快樂，它的目的並不是為了其他目標，它本身就是要達到的目的的。通常，外在目標常是達到內在目標的一種工具，而內在目標往往是人生中崇高的善與正當性，無形中提高了內在目標的地位。但即便如此，也不見得每個人的內在目標都是一樣的，而外在目標也可能具備「自為目的」特性。如果一個人只要看到存款金額增加都會感到高興，不管自己多富有，賺錢本身就是他的目的，也可以說金錢就是

他的內在目標了。所以，每個人的目標可以不同，而追求目標背後的價值判斷也是主觀決定的。

最後，價值思辨爲何重要？想要做好人生選擇，除了要清楚知道有哪些選擇、必須付出哪些責任與代價外，同時也要了解自己想要什麼樣的人生。雖然人生際遇往往不盡如意，但在想清楚前因後果後再做選擇，才有可能達到「擇你所愛、愛你所選」。價值思辨的功用在於幫助人生的各項課題，除了知其然外，也能知其所以然，從而做出不後悔的選擇。

## 第二節　道德哲學與兩難情境的思考

假設你是一個火車的駕駛員，你駕駛的車正在軌道上行駛，而在軌道盡頭有五個工人在工作。你想停止但發現剎車失效了，你很緊張，因爲你知道當火車撞上這五個工人，他們必死無疑。突然你發現在右邊有條岔路，而那條岔路底只有一個工人在工作，你還可以控制你將車輛轉向去岔路，撞死一名工人但閃過五名工人。你該怎麼做才是正確的？（Harvard University, 2009）

相信很多人都已經聽過上述這個哲學問題。1967 年菲利帕·芙特（Phillipa Foot）在其著名的文章「隨胎問題與教義的雙重影響」（The Problem of Abortion and the Doctrine of the Double Effect）裡，提出了被後世視爲經典的「電車問題」，之後許多哲學家都曾分析過類似的情境。到了邁可·桑德爾（Michael Sandel）出版《正義，一場思辨之旅》（Justice: What's the Right Thing to Do）並把它當做開場之後，電車問題就走出哲學界的象牙塔，成爲大眾熟知的道德哲學問題。

如前一節所述，人每天都會面臨很多選擇，有些選擇可能只是事實性行爲（又稱爲非道德行爲），並不牽涉到利益或價值思辨，與之相對的就是道德性行爲。當問朋友：「中午想吃什麼？」朋友回答：「去吃排骨飯吧！」此時去吃排骨飯的決定並沒有牽涉到價值。但當有一天又問朋友中午吃什麼時，朋友想了想回答：「我最近有點胖，少吃點肉，今天改吃素

好了！」當驚訝於朋友改變的同時，經過理性思考後，也認為吃素是一個比較「好」的選擇，此時改吃素食這個決定就涉及到價值思辨。因此，價值思辨必須牽涉到「好」與「壞」、「對」與「錯」、「善」與「惡」、「正當」與「不正當」的價值衡量，其背後的意義或立場常成為規範倫理學（Normative Ethics）討論的議題。

只是，經過價值思辨所下的決定，並不必然就有一個滿意的結果。首先，任何的選擇勢必伴隨著失去，即便只有簡單的 A 與 B 兩個方案的選擇，往往當選擇 A 方案後就必須放棄 B 方案，就像今天中午決定要吃排骨飯，不吃義大利麵，除非真的很餓，不然吃飽後就不會再想吃其他午餐了，這樣選擇了排骨飯，無形中就是放棄了義大利麵。其次，人的時間與精力有限，正所謂「人生也有涯，而知也無涯，以有涯隨無涯，殆已！」價值思辨之所以重要，也正是因為生命有盡頭，人生無法再重來一次，每個選擇都可能影響一生。像在談戀愛時，當選擇某人做為終生的伴侶，之後就得捨棄追求其他人的權利。因此，選擇後必須付出的沉澱成本，往往是在做價值思辨時必須列入考量的項目。

再者，即便是跟隨著道德哲學進行價值思辨，也可能產生所有結果都無法合乎道德原則的窘境。再回到前面的電車問題，生命的價值應當重於一切，但當不管選擇前行或是選擇岔路都會有工人死亡時，任何決定都會違反尊重生命的道德原則，不管哪一種選擇都很困難，這就是道德兩難情境（moral dilemma）。在兩難情境下，既有的道德原則很難幫助做出決定，必須忍痛選擇勉強可以接受的代價。

另外，即便是道德原則間也可能會有衝突。以下的例子可以來探討什麼是有道德的行為：

李四是個誠實的商人，遭人綁架，歹徒將他藏在山區的工寮，但他趁著歹徒一時疏失而逃脫。你（妳）是一位登山者，發現李四躲在一個山洞裡，當你問明情況後打算下山求援，而在你（妳）下山途中正好碰到歹徒，歹徒問你（妳）有沒有碰到類似李四容貌的人，這時候你（妳）應不應該說謊？

很顯而易見的，絕大多數的人都會選擇說謊以拯救李四，也就是違背

了「誠信原則」而遵守了「不傷害他人原則」，此時道德原則間就會產生衝突，選擇了一種就會違背另一種道德原則。或許有些人會認為，不傷害他人原則應該高於其他原則，也就是道德原則也有高低之分。如果是這樣的話，那可以再試著思考下面這個例子：

> 你（妳）是一位醫師，某天家屬陪一位老先生就診，老先生因身體不適來找你（妳）做檢查，你（妳）在檢查時發現他已經是癌症末期了。正當準備跟老先生說明時，家屬卻懇求你（妳）不要跟他講，因老先生已經年老力衰，怕刺激到他而導致更多問題。此時你（妳）該怎麼做？

這個例子以家屬的意見來說合乎不傷害他人的原則，但因為目前臺灣病人自主權意識的興起，使得知情同意原則格外重要，若是醫護領域的學生則大多會選擇直接告知病患。從這兩個例子的比較就可以看出，道德原則間的價值判斷並非是一成不變的，有些情境下多數人會偏向某一種道德原則，但換一個情境就可能產生截然不同的結果。

從前述的論點來看，在面對兩難情境時道德哲學是否就無法幫助進行價值思辨了？從電車問題帶出道德兩難情境後，為了進行價值思辨，後續大多會討論到規範倫理學裡的目的論與義務論觀點。即便行動上不可能滿足所有的道德原則，但行為還是可以歸納出背後的理念，這些理念仍有助於評估必須付出的代價以及可能產生的問題，進而儘量去避免爭議、規劃配套或補救措施，也因此社會組織裡許多的公共政策論辯，其實常遵循前述目的論及義務論的觀點。而了解這些觀點，仍有助於進行個人行動或團體決策，甚至預測出後續的發展。

## 第三節 如何進行價值思辨的教學

經過前述學術性質的討論後，讓我們回到教學討論上。嚴格來說大專院校的生命教育課程，因為主題的多元、時間的限制與學生的興趣所向，要教導道德哲學的理論原則是相對困難的，因此建議應將重點放在「教導

價值思辨的能力」，也就是以生活上實際的案例，鼓勵進行道德思考與理性決策，從而建立起自己的人生價值。引導進行價值思辨時的幾個參考原則建議如下：

## 一、不要有預設的立場

今天你（妳）想到手工餅乾店買餅乾，在你眼前有同樣材料、形狀與口感的兩種餅乾，一種是一般商店賣的手工餅乾，130 元；一種是喜憨兒工廠出產的手工餅乾，200 元。你（妳）會選擇哪一種？

許多同學看到前述的問題時，常常會選擇喜憨兒出產的手工餅乾，理由大多是要有同理心、愛心去幫助別人。但即便在聽完選擇喜憨兒的同學意見後，仍然會有少部分的同學堅持要選擇一般商店的手工餅乾，理由自然是考量經濟、量入為出、比較便宜等等。

就課程的基本立場，還是會建議未來如果有經濟能力，儘量多幫助社會上的弱勢族群。但這是一個二選一的題目，如果支持喜憨兒，無形中就與選擇一般商店的同學意見對立，而在大專院校的教學裡要引導價值思辨，並不是要灌輸「正確的」價值（又何謂正確？），應該是引導理性思考、傾聽別人想法並反思不同立場背後的價值觀。

據此，在實際案例的思辨過程中，建議教師應當保持中立，維持開放、接納且鼓勵發表的氣氛，不要過度傾向或批判某種立場。若過度偏坦某方，除了會阻礙主動發表意見的勇氣，也容易使教學過程走向對立的氛圍。

## 二、要保有自己的立場

在進行價值與立場的討論時，往往會涉及到政治與社會上的爭論議題。有學生會問老師：「這次選舉你會不會去投票？」「你贊不贊同安樂死？」「你支不支持多元成家？」等問題，往往老師與提問同學之間的立場經常是相左的。以多元成家為例，提問同學贊成多元成家，但或許老師不支持同志領養小孩。理由可能是成人可以依自由意志組成家庭，但被領

養的小孩大多數情況並非是自主選擇下的結果。

　　此時的狀況不同於前述的中立方案，它並不是兩造或不同意見間的討論，而是提問人明確的要求教師表達立場。雖可以四兩撥千金的模糊帶過或是轉移話題，但在倫理學的課堂，如果只是一味的要求思考，對學生的提問卻避重就輕，會失去學生對教師，甚至是這門課的信任。因此，說明教師立場，並解釋自己這個選擇背後的理由與原因。最重要的是要說明這是個人立場，不一定要贊同，但可以試著去理解。

　　「我不同意你的觀點，但我誓死捍衛你表達的權利。」價值思辨的教學過程裡，教師並不見得要隱藏自己的立場，有時必須以身教傳遞民主社會裡，表達自由與彼此尊重的重要性。

## 三、鼓勵發表立場

　　「同儕觀摩」是教授生命教育或生死學時長期以來的教學方法。課堂上雖然提供了大量的實例，但如果僅限於自我思索，則容易陷入自己的偏見而看不到其他可能性。因此生命教育的教學必須格外強調師生互動與同儕討論，尤其要鼓勵傾聽不同的意見外，還要進一步反思自己的想法與立場。「三人行必有我師焉」，即便在目標同質性高的班級當中，達成目標的動機與規劃都不盡相同，擷取別人優秀的方案，了解其他人在人生規劃上的創意與勇氣，往往會帶來不同的視野並激勵見賢思齊。在價值思辨的教學設計裡，如何進一步引導彼此討論、觀摩與成長，本章只能算是拋磚引玉，也期待教育同好一起努力、共同分享。

# 參考文獻

何懷宏（2002）。倫理學是什麼。臺北：揚智。

林火旺（2004）。倫理學。臺北：五南。

孫效智（2019）。生命教育的哲學基礎。取自http://life.cloud.ncnu.edu.
　　tw/

教育大辭書（2000）。取自https://terms.naer.edu.tw/detail/1307407/

Harvard University (2009, September 5). Justice: What's The Right Thing To Do? Episode 01 "THE MORAL SIDE OF MURDER" [Video file]. Retrieved from https://www.youtube.com/watch?v=kBdfcR-8hEY

# 第二部分　生活美學的省思

　　生活美學的反思爲生命教育五素養「價值思辨」的探討項目之一，價值思辨素養分爲兩項：「道德哲學的素養及其應用」，以及「生活美學的省思」。生活美學省思的學習內容有三，第一是「生活中多元多樣的美感經驗與生活美學的內涵」，第二是「美感經驗及生活美學所需要的素養」，第三是「生活美學與生命價值觀」（黃淑芬，2009）。本文說明生活美學反思的兩項概念：美感經驗與生活美學，最後說明生活美學反思在生命教育素養的呈現。

## 第一節　美感經驗

　　「美」是自然的一部分，每個人都能感受到，「美感」是感知美事物存在的能力，是個體內心主動建構的一種感覺（Shih, 2020），美感經驗的同源字爲美學（aesthetic），美學一詞的意思爲理解（perception），意思是透過感官去激發感覺，其中感官是美學的必要條件（洪詠善，2005；洪詠善，2010）。美感經驗是個體運用判斷、比較、對照在感官經驗上，特別是個體與藝術品之間溝通經驗時，所創造的意義，在對話中探索自己與作品的情感聯繫，並了解透過自己的經驗視鏡，是一種藝術品的解讀方式（洪詠善，2005）。Dewey 最具影響力的藝術及經驗一書當中，提出美感經驗是「完整經驗的過程，包括認知的理解與情感的投入，屬於日常生活不可分割的一部分」（Dewey, 1934; Ratiu, 2013），具有情感的完整與完滿性，是個體與與情境交互作用的一部份（洪詠善，2010），且是集中、強化、融合或可重組的（周淑卿，2010；Grierson, 2017），美感經驗具有個人參照架構的特質，每個人有其看待世界的獨特方式，個體能夠不

斷融合想像力和新經驗，進而創造新的意義。完整的經驗是個體能參與世界而發展的，因此平凡的生活經驗，亦能成爲美感經驗，美感經驗發生在各種不同的情境中（洪詠善，2005；Shih, 2020）。

美感經驗是個體主動參與或建構，進行判斷比較，在判斷的過程中，需有身體的創作行動，情感來自對於物體對象的特質，包括質感、顏色、形式，個體爲經驗所感動，進而持續經驗，或有不確定情境觸發情意反應與好奇心（洪詠善，2005；Shih, 2020）。進一步來說，美感經驗是來自個體與對象他人彼此之間的關聯性，當個體產生緊張不確定的感覺，與平和放鬆的感覺取得平衡時，即產生審美的愉悅感（周淑卿，2010）。當個體面對某個事物、情境或對象時，其情緒由緊張、不確定，過渡到平和、舒緩的狀態，其思考與感受爲美感經驗產生的歷程（周淑卿，2010）。

美感經驗具有三個特質與三個發生的條件。三個特質爲：「增強作用（intensification）」、「接收（receptivity）」與「情感」，以下分別說明（洪詠善，2005）：

1. 增強作用：當美感經驗超越生理愉悅刺激，達到理解層次時，即能照亮個人的生命。
2. 接收：有時候美感經驗是純粹欣賞而非參與。
3. 情感：個體投入的情感程度，使得個體成爲主動或被動角色。

美感經驗的三個條件爲：關聯（relatedness）、關係（relationship）與重新命名（renaming），以下分別說明（洪詠善，2010）：

1. 關聯：是指把所有的細節加以關聯，例如方法、媒材、創作等，藉以傳達個體的情感，激發豐富的想像力，進而發現新的意義。
2. 關係：爲營造彼此之間關懷、尊重、對話的關係，美感經驗是一種共同參與建構的歷程，可以在隱密或公開空間營造。
3. 重新命名：個體重新命名自己與周遭環境世界，結合自己過去、現在與未來的生命經驗，並持續不斷的探索，從中創造一個重新命名的旅程。

## 第二節　生活美學

　　生活美學包含個人和社會（Dewey, 1934），是由藝術開始而回歸生活，有其藝術開放性，或稱審美化的生活（劉悅笛，2010），是一種認識、理解世界的方式，包含思考、語言和想像力的變化（Kinnunen & Einarsdottir, 2013），並著眼在最微小的經驗，有時候日常生活的例行公事可能是至關重要的（Melchionne, 2011）。生活美學是個體的自我欣賞，幫助個體獲得人生幸福感、滿足感、享受感的方法，進而肯定自己的價值，以及個體之間營造良好關係，彼此互相認同、依賴、吸引、欣賞，產生和諧溫暖的氛圍，這些都是發自內心的感受，而非對方或外界的印象與評價（薛富興，2003）。生活美學應從大眾現實的審美現象為出發點，不是一種新的理論或觀念，而是立足當下的現實思考問題，個體可思考如何從自我精神調節方面，改善自己對生活的感覺，如何調整自我心理狀態，增加對現實生活的滿意度及人生幸福感（薛富興，2003）。

　　日常生活充滿美感，個體每天都在欣賞與體驗美感，例如天氣、運動、購物、清潔、烹飪、打扮、休息、日常決策等，它是一種內在及開放性的觀察，當個體的各種感官用心感受日常生活的人事物，會讓個體變得更加深刻，在文字、視覺、音樂和表演藝術喚醒並鍛鍊想像力，藉以培養、連結、深化及擴大經驗（Grierson, 2017; Ratiu, 2013; Snowber, 2004）。美感在日常生活中，可能會以不可預測的方式形成，有時候會來自於和諧或不和諧的情境，有時候是雜亂無章的，當個體敞開心扉經驗生活事物的時候，即創造了一個空間，此時的生活充滿色彩、色調、形狀、聲音、光線、質地和運動，美的和諧與不和諧，在個體自身與他人之間的關係的空間中被了解，有時候凌亂的過程可得到新的體驗，生理和心理上都能獲得轉變，不需只重視結果，重點在於體驗美感的過程（Grierson, 2017）。

　　因此，個體在日常生活需要美感的洞察力（aesthetic insights），包括積極愉快的經驗，以及消極不愉快的經驗，源自於個體對各類感官的直接感受，以及其思考、判斷和行動，並保持藝術和日常生活在不斷變化的過

程中相互作用（Ratiu, 2013），即使可能有負面或煩惱的狀況發生，個體仍可努力融入、提煉和改變日常生活每天相同的體驗（Snowber, 2004）。

## 第三節　生活美學反思在生命教育素養的呈現

　　個體若要達到生活美學反思的目標，可從追求日常生活中的美感經驗為起點，針對人事物與環境的內涵及形式，探索其真善美的層面，培養個體的感知、實踐、溝通、詮釋、想像與思辨能力（伍鴻沂，2015；Grierson, 2017）。其中視覺媒材與音樂是最為具體的兩種形式，因視覺媒材容易透過形體、色彩、線條、媒材等要素被啟發出來；音樂則是最容易引發個體的真情至性，藉由音樂產生彼此之間的連結，透過節奏、旋律、和聲、樂器或強弱等要素，吸引與牽動個體的情緒，產生同化、類化或移情，連同喜怒哀樂等情緒反應，一起呈現出來（伍鴻沂，2015）。

　　欣賞與參與可增進個體的美感經驗，個體透過覺察的歷程形成美感，調整身心，盡情揮灑生命的能力（伍鴻沂，2015），個體可架構一個美感經驗的圖像，重視完整經驗的獲得，運用各類形式的體驗與省思方式，展現想像與創造力的表現空間（洪詠善，2010）。生命教育可提供個體完整的學習經驗，使個體經歷深刻的過程，進而增加個體對世界的認識，培養個體感覺與表現能力，個體必須在自己自身的動機驅使下，才能開展與連結經驗，投入理智與情感，從探索獲得美、新奇或滿足的感覺，產生新的意識與覺知（周淑卿，2010；Grierson, 2017），強調美感體驗可更廣泛地讓學生參與創造意義和能動性（agency）的作用，讓學生在參與的時候展現自己生活的社會、功能、知識、邏輯和環境，改變學生的經歷，使學生擁有原本無法獲得的美感體驗（Elliott, 2021），進而重新檢視自己的生活經驗，重新認識這個世界，然而美感體驗並非是為了促進體驗而設置（Grierson, 2017），如此則本末倒置，在實踐時需特別留意。

## 參考文獻

伍鴻沂（2015）。追求終身美感經驗的新思維。**台灣教育**，*693*，16-20。

周淑卿（2010）。學習歷程中美感經驗的性質——藝術與科學課堂的探究。**課程與教學季刊**，*14*(1)，19-40。

洪詠善（2005）。以美感經驗轉化教學。**課程與教學季刊**，*8*(2)，25-40。

洪詠善（2010）。教學的美感經驗如何可能？**中等教育**，*6*(14)，130-141。

黃淑芬（2009）。**生命教育融入視覺藝術教學之行動研究——以國小一年級爲例**（未出版之碩士論文）。國立新竹教育大學美勞教育研究所。

劉悅笛（2010）。融入「生活美學」的當代「環境美學」。**應用倫理評論**，*49*，73-86。

薛富興（2003）。生活美學：一種立足於大眾文化立場的現實主義思考。**文藝研究**，*2003*(3)，22-31。

Dewey, J. (1934). *Art as experience*. New York, N.Y.: Minton, Balch.

Elliott, L. A. (2021). Supporting aesthetic experience of science in everyday life. *International Journal of Science Education*, http://doi.org/10.1080/09500693.2021.1905905.

Grierson, E. M. (2017). Re-imagining learning through art as experience: an aesthetic approach to education for life. *Educational Philosophy and Theory, 49*(13), 1246-4256.

Kinnunen, S. & Einarsdottir, J. (2013). Feeling, wondering, sharing and constructing life: aesthetic experience and life changes in young children's drawing stories. *International Journal of Electronic Commerce, 45*, 359-385.

Melchionne K. (2011). Aesthetic experience in everyday life: a reply to dowling.

*The British Journal of Aesthetics, 51*(4), 437-442.

Ratiu, D. E. (2013). Remapping the realm of aesthetics: on recent controversies about the aesthetic and aesthetic experience in everyday life. *The Central European Journal of Aesthetics, 50*(1), 3-26.

Shih, Y. H. (2020). Teaching principles for aesthetic education: cultivating Taiwanese children's aesthetic literacy. *International Journal of Education and Practice, 8*(3), 568-576.

Snowber, C. (2004). An aesthetics of everyday life. In G. Diaz and M. McKenna (Eds.), *Teaching for aesthetic experience: The art of learning* (pp. 115-126). Peter Lang.

# 第十三章　教案：道德哲學的素養

李朶儒
華夏科技大學數位媒體設計系助理教授

## 本課學習目標

認知：一、認識「道德哲學的素養」。
　　　二、了解如何發現「道德哲學的追尋」。
情意：一、從創造中感受道德哲學的意義。
　　　二、從生活行動中體驗道德哲學。
技能：從創造的活動中實踐道德哲學的價值。

　　如同 Sandel（2009）在「Justice: What's The Right Thing To Do?」Episode 01「THE MORAL SIDE OF MURDER」所言，本課程的困難之處，在於課程練習的事物你都已經知道，而課程試圖帶著讀者離開原先熟悉、不被質疑的想法，藉由練習和刺激讓讀者有新的觀察，一旦從新的角度觀察，一切就再也不會相同。這一章，希望讓你透過思考和辯證這些議題，你會成為一個更好、更負責任的公民。你會更認真的檢驗公共政策，你會努力磨練自己的政治判斷，你會更積極主動的參與公共事務。

　　本章主旨在道德判斷的學習，包含認知層面：了解道德發展、價值抉擇、人我界線；情意層面：體認個人價值與道德抉擇之間的連結性；技能層面：道德行為的發展與實踐。本章學習從科爾伯（Lawrence Kohlberg）道德認知發展談起，進而討論個人抉擇的考慮，最後帶領同學討論生命中道德實踐的練習。

## 第一節　學習內容

### 一、了解道德發展、價值抉擇、人我界線

　　從人類發展來看，道德認知的建構是社會化的一部分，剛出生的嬰兒尚未建立道德想法，他們的行為以「如何讓自己好好的活著」為主要目標。道德的認知是建立在與他人互動之後，科爾伯（Lawrence Kohlberg）從皮亞傑（Jean Piaget）的「認知發展理論」擴張出「道德認知發展理論」（the cognitive-developmental theory of moralization）（Kohlberg & Hersh, 1977），提出個人在與他人的互動過程中，認知結構會朝向更趨個人安全或受益的方向平衡，進而建構個人道德發展序階（如表 13-1），行為者的道德成熟進展與所處的法律規則環境無直接關係，而是建立於其道德判斷的能力，以及其形成自身道德原則的能力。

表 13-1　科爾伯道德認知發展理論概念

| 發展階段 | 道德成規前期（pre-conventional） | | 道德成規期（conventional） | | 道德成規後期（post-conventional） | |
|---|---|---|---|---|---|---|
| 發展進程 | 1. 服從與懲罰定向（避罰服從） | 2. 利己主義定向（相對功利） | 3. 人際和諧與一致（尋求認可） | 4. 維護權威與社會秩序定向（社會法制） | 5. 社會契約定向 | 6. 普遍倫理原則 |
| 道德思惟 | 「我會不會挨罰？」 | 「對我有何益處？」 | 「會不會得到尊重、感謝和互惠？」 | 「是否符合社會的要求？」 | 「法律／規則是否公平？給最多的人帶來最大的利益」 | 原則與良心定向 |
| 關心 | 自己與他人 | | 自己與社會 | | 自己與世界 | |

　　道德認知的發展既是來自個人與環境及他人的互動，就存在個人抉擇與行為的後果（consequence）影響，隨著個人生活經驗的擴張及認知的

發展，道德發展亦會從單純個體利益的考量，進化到更複雜的生命共存思維，這個過程也就是價值觀改變的過程。

價值觀（value）是指個人的一系統的想法、觀念或相信，認為個人行為的表現會影響未來的生命感受或狀態；亦即某行為樣式可優於另外一個行為模式，進而導致事物的最終狀態不一樣。價值觀反應於不同情境中，可為行為表現的依據、決定言行或對事情評價的依據，以及決定事物重要性的根據。價值探索和價值觀是人格的核心，具有指導個人行動、維持人格統整的功能。在生涯價值觀的討論中，可概括分成：(1) 目的性價值：涉及生命的目的，偏重在人對於生命的意義與生活目標的信念，例如：和平、正義感、自由、愛。(2) 工具性價值：行為的方式，偏重在人對於生活手段及行為方法的信念，例如：成就感、成功、夢想。與道德認知發展相關，價值觀的建立亦與個體生活經驗有關，個體在對外界環境擴張探索的過程，亦開始建構自己、他人、界線的認知。

人、我和界線的基本學習，包括有意識地知道在生命中所有的議題都包括自己、他人（亦可能是事、物或想法）和之間的關聯性。自己指的是個體本身；他人指的是層度不一的被在乎、有情緒的外人（亦可能是事、物或想法）；界線則是指自己和他人之間的「分界」，特別是指人與人之間的關係的界線。多數人自己認為對「自己」和「他人」的分界是清楚的，但在生涯發展過程中，易對相似議題以習慣做法因應之，亦即在成長中容易以幼時的道德推論學習，回應成長後的人際事物議題。在日常中即可能發生承載他人情緒、誤將自己的想法框架他人（亦可能是事、物或想法）而有錯誤期待，所以學會認清人我界線的目的是為了「自我概念」的型塑、保護自己，和尊重他人。透過不斷往返地思考「自己」和「他人」關係，對於道德發展中，從「道德成規前期」往「道德成規後期」的發展，可以有重要助益。

## 二、課前閱讀

1. Sandel, M. {Harvard University}.(2009, September 5). Justice:What's The Right Thing To Do? Episode 01 "THE MORAL SIDE OF MURDER" [Video]. YouTube. https://www.youtube.com/watch?v=kBdfcR-8hEY&ab_

channel=HarvardUniversity

2. 胡正文（2017）。看不見的社會邊緣：從《悲慘世界》觸碰眞實與假象。正修通識教育學報，*14*，107-127。http://doi.org/10.29966

3. Mouse Utopia Experiment. (n.d.). Home [Channel]. YouTube. https://youtu.be/0Z760XNy4VM

4. 湯梅英（2009）。灣人權教育發展的文化探究：特殊性與普世價值的對話。教育學報，*37*(1-2), 29-56。

# 第二節　教學活動設計

## 一、抉擇考古熱身題（10-15 分鐘）

　　有一個大家都很熟的考古題，在回答下列問題時，請單純考慮選擇誰，而勿將你有沒有父母或男女朋友、爲什麼他們同時掉到水裡，以及他們會不會游泳等其他議題列入考慮。

**基本題：**請問你的媽媽／爸爸和女／男朋友掉到水裡，他們同時在呼救需要你的救援，請問你會先救誰？爲什麼？

**進階題：**請問你的媽媽／爸爸和妻子／先生掉到水裡，他們同時在呼救需要你的救援，請問你會先救誰？爲什麼？

**延伸題：**請問你的媽媽／爸爸和你孩子的媽／爸掉到水裡，他們同時在呼救需要你的救援，請問你會先救誰？爲什麼？

回答表：

1. 選擇及原因

| | 選擇救誰 | 原因 |
|---|---|---|
| 基本題 | | |

|  | 選擇救誰 | 原因 |
|---|---|---|
| 進階題 |  |  |
| 延伸題 |  |  |

2. 如果你三題的答案都是一樣的，請分享支持你堅持做這樣統一不變的
行為決定的信念是什麼？

　　答：＿＿＿＿＿＿＿＿＿＿＿＿＿＿＿＿＿＿＿＿＿＿＿＿＿＿

　　＿＿＿＿＿＿＿＿＿＿＿＿＿＿＿＿＿＿＿＿＿＿＿＿＿＿＿＿＿

　　＿＿＿＿＿＿＿＿＿＿＿＿＿＿＿＿＿＿＿＿＿＿＿＿＿＿＿＿＿

3. 如果你三題的答案不完全一樣，請分享你改變行為的信念是什麼？

　　答：＿＿＿＿＿＿＿＿＿＿＿＿＿＿＿＿＿＿＿＿＿＿＿＿＿＿

　　＿＿＿＿＿＿＿＿＿＿＿＿＿＿＿＿＿＿＿＿＿＿＿＿＿＿＿＿＿

　　＿＿＿＿＿＿＿＿＿＿＿＿＿＿＿＿＿＿＿＿＿＿＿＿＿＿＿＿＿

4. 請問你在考慮救誰時，你考慮比較多的是 (1) 誰比較值得救，還是 (2)
你比較有能力救誰。

　　答：＿＿＿＿＿＿＿＿＿＿＿＿＿＿＿＿＿＿＿＿＿＿＿＿＿＿

5. 請問你在考慮救誰時，有哪些因素曾考慮過，後來卻和你的抉擇是衝
突的。

　　答：＿＿＿＿＿＿＿＿＿＿＿＿＿＿＿＿＿＿＿＿＿＿＿＿＿＿

6. 依你的答案比對上一節所提的科爾伯道德認知發展，請問你是屬於哪
   一階段的道德認知發展？同時請說明你同意這個結果嗎？

   答：＿＿＿＿＿＿＿＿＿＿＿＿＿＿＿＿＿＿＿＿＿＿＿

請和同學分享你的答案，也可以試著和平地討論不同選項背後的原因。

## 二、覺察個人價值與道德抉擇間的連結（15-20分鐘）

　　網路上有一個哈佛大學的公開課程「Justice: What's The Right Thing
To Do? Episode 01「THE MORAL SIDE OF MURDER」（Sandel, 2009），
這一節就用主講人 Michael Sandel 教授在影片一開始所提出一個假設題來
和大家討論，請就下列兩組假設題，和其他人進行討論。

### (一) 鐵軌上的殺一保五道德推論

#### 1. 假設題 A1

　　你是一個火車駕駛員，而你駕駛的這輛車正快速在軌道上行駛，時速
六十英里，而在軌道盡頭有五個工人在工作，你試著想要煞車，但卻做不
到，你的煞車失效了。你感到十分緊張，因為你知道，如果你撞上這五個
工人，他們必死無疑。假設這是一個確定的結果，因此你感到非常無助，
但接著你發現右邊有條岔路，而那條岔路底只有一個工人在工作，你的方
向還可以控制，車輛還可以轉向，可以轉向岔路，撞死一名工人，但閃過
五名工人。問題是：你該如何做才是正確的？你會怎麼做？你會殺一保五
嗎？

#### 2. 假設題 A2

　　你是個站在橋上的旁觀者，你正觀察著鐵軌上的狀況，軌道上來了一
輛火車，軌道的盡頭有五名工人，煞車同樣失靈，而火車正要撞死那五名
工人，由於你不是駕駛員，你覺得非常無助，直到你注意到旁邊有個人，
在橋邊站著一個非常胖的人，你可以推他一把，他會掉落軌道，正好擋住
該輛車，他會死，但他的犧牲可以救那五個人。好的，有多少人願意把那

胖子推下橋？有多少人不願意？大多數人們不願，原因是什麼呢？

## (二) 醫療院所中的殺一保五道德推論

### 1. 假設題 B1

假設你是在急診室的醫生，同時來了六名病患，他們是一場恐怖的火車意外中的傷者，其中五個人傷勢中等，一名重傷，你可以花整天的時間治療那名重傷患者，但另外五名患者會因無人照顧而亡。或者你也可以照顧那五位患者，治好他們，但同時那一名重傷患者會因為無人治療而死亡。從醫生的角度來看，有多少人會救那五人？有多少人會救那一個人？原因是什麼呢？

### 2. 假設題 B2

假設是同樣的一對五條命的邏輯？再思索另一個醫生的案例，這次你是一名器官移植的醫生，面對五名病患，每個人都非常需要器官移植，否則就活不下去。一個需要心臟、另一個需要肺臟、第三個需要腎臟、第四個人需要肝臟、第五個人需要胰臟，而你因為沒有捐贈者，只能眼睜睜看著他們死亡。然後你突然想到，隔壁房間有個只是來檢查的健康的人，他正要睡一覺，你可以悄悄的溜過去，取出五個臟器，這人會死，但你可以救五個人。有多少人會這樣做？有人嗎？多少人？原因是什麼呢？

## (三) 重新思考強化道德推論

上述兩個題組，當我們在回答時，大腦裡不只是邏輯思維，更是道德推論的過程，多數人會以「結果」如何來做行動抉擇的依據，部分人會以「行為」本身來做行動抉擇的依據，另有些人以「責任和權力」來做行動抉擇的依據。不論哪一種行為，都是道德推論後的結果，殺死一個人，危害一個無辜者，即使是為了拯救五條人命，至少人們在每個題組的第二個案例裡面，都會重新思考。

## 三、價值釐清的練習（30-40 分鐘）

### (一) 個人價值觀盤點

在下表所列的 28 選項裡，請先將你覺得比較不重要的選項刪去，最後僅留下你認為最重要的五個選項。

| 輕鬆有趣的生活 | 舒適富裕的生活 | 充滿刺激的生活 | 成就感 |
|---|---|---|---|
| 助人奉獻 | 獨立自主 | 宗教信仰／靈性生活 | 誠實正直 |
| 內在平衡／平靜 | 友誼 | 孝順／感恩 | 穩定／秩序 |
| 智慧與個人成長 | 財務安全 | 內外一致／開放 | 合作／團隊／歸屬感 |
| 被肯定／認同 | 成熟之愛 | 公平／平等 | 忠誠／服從 |
| 創意／想像力 | 贏／競爭 | 責任／擔當 | 名聲／聲望 |
| 富有愛心 | 企圖心／權力／控制 | 整齊乾淨 | 寬恕慈悲 |

再將最後所留的這五個選項，依重要度排序並寫下原因：

| 重要度 | 選項 | 原因 |
|---|---|---|
| 1 | | |
| 2 | | |
| 3 | | |
| 4 | | |
| 5 | | |

請依第一節的內容，分辨在最後所留的這五個選項，有哪些是目的性價值？有哪些是工具性價值？

### (二) 價值澄清

下述題目，請寫上你的答案和價值原因：

1. 如果我是億萬富翁，我會_____

原因：

2. 我聽、讀過最好的觀念是_____

原因：

3. 在這世界上，我最想改變的一件事是_____

原因：

4. 我一生最想要的事物是_____

原因：

5. 我在這種情況下表現最好是_____

原因：

6. 我最關心的事_____

原因：

7. 我幻想最多的事_____

原因：

8. 我的父母最希望我能_____

原因：

| 9. 我生命中最大的喜悅是 |
| --- |
| 原因： |

| 10. 我相信 |
| --- |
| 原因： |

　　請檢視所述原因，有幾題是符合價值觀盤點最後的五個重要選項？如果都落入價值觀盤點的最後五個重要選項，表示答題者的價值觀是一致而明確的；如果僅少數落入價值觀盤點的最後五個重要選項，答題者可再重新省思個人的價值觀。

　　上述兩個價值觀練習，在做價值觀盤點選項練習時，多數人是以日常思維在做評判練習；而在做價值澄清時，多數人則會重覆推論及記憶回溯的練習（李承宗等，2019）。在做最後兩個練習結果比對時，可以給答題者重新思考個人價值觀的機會。在不同的人生階段，價值觀會因當時狀況而可能有不同；從生涯發展角度來看，特別是在人生遇到重大事件後，很多人的價值觀會有明顯改變。

## 四、新聞題的討論練習（20-30 分鐘）

### 隱私權和監視器（或檢舉違規是在維護正義？）

　　近年國人對於隱私權和大數據的關聯性越來越關心（Moore, 2021），在眾多議題中亦包括監視器侵犯隱私權的討論，受科技之便，越來越多人依賴科技和網路，互聯網和大數據亦成為可以載舟亦可覆舟的兩面刃。湯梅英（2009）在其〈臺灣人權教育發展的文化探究：特殊性與普世價值的對話〉研究中，試圖分析比較儒家所建構的人倫社會、道德論述以及「義務語言」與「權利語言」互相涵攝的觀點，作者指出臺灣社會對民主人權及公民責任的實踐仍是不足。以監視器和隱私權（或檢舉違規是在維護正義？）的議題來看，請同學試著從道德推論來討論此議題。

## 五、作業：道德實踐與人生觀／世界觀的關係

　　電影《悲慘世界》改編自法國大文豪雨果在 1860 年代發表的小說 *Les Misérables*，劇中有二位男主角，一位是慈悲暖男尚萬強（Jean Valjean），因為偷麵包給瀕死的外甥吃而被關了 19 年；另一位是堅信嚴刑峻法才能替天行道的賈維（Javert），他在監獄出生，一生信奉「慈悲是罪犯的搖籃」，終身的守則是「捍衛道德價值，掌管社會公義」。胡正文（2017）以《悲慘世界》影片內容做分析研究，從社會學角度指出個人和社會是一種「互相滲透」，是個別的人和社會體系之間的「互相貫穿」，亦即生命是個人和他人和體系之間的互相影響。請在看完影片後，試分析比較尚萬強（Jean Valjean）和賈維（Javert）的道德發展、道德實踐與人生觀／世界觀的關係。

# 參考文獻

李承宗、蘇聖珠、李采儒（2019）。透過教學實務探討目前科技大學生對生涯發展與規劃課程設計之期望。**教學實務研究論叢**，7，97-118。https://www.hcu.edu.tw/opfp/opfp/zh-tw/9792EA895FA041BEBAD868B8D018052D/C17D44EE65C3492DB1AFC2751024BED4

湯梅英（2009）。台灣人權教育發展的文化探究：特殊性與普世價值的對話。**教育學報**，**37**(1-2)，29-56。

胡正文（2017）。看不見的社會邊緣：從《悲慘世界》觸碰眞實與假象。**正修通識教育學報**，*14*，107-127。http://doi.org/10.29966

Kohlberg, L., & Hersh, R. H. (1977). Moral development: A review of the theory. *Theory into practice, 16* (2), 53-59.

Moore, A. (2021). The Value of Privacy. In Privacy Rights: Moral and Legal Foundations (pp. 33-56). University Park, USA: Penn State University Press. https://doi.org/10.1515/9780271056661-004

Sandel, M. [Harvard University]. (2009, September 5). Justice: What's The Right Thing To Do? Episode 01「THE MORAL SIDE OF MURDER」[Video]. YouTube. https://www.youtube.com/watch?v=kBdfcR-8hEY&ab_channel=HarvardUniversity

# 第十四章　教案：生活與生命美學

鍾敏菁（第一部分）
敏實科技大學通識教育中心兼任助理教授
陳麗珠（第二部分）
康寧大學嬰幼兒教育系助理教授

　　本章主要包括生活美學與生命美學的學習內容與教案設計等兩個部分。第一部分是從空間的活化、廢棄物的活化等，來探討生活的美學。第二部分則是透過繪本《誰生的蛋最美麗》，來分享生命的美學。

## 第一部分　生活美學

### 本課學習目標

認知與理解：學生能了解在地歷史建築，思考在地文化，以培養審美素養。

　　一、從生活中觀察古建築之美，並描述建築的美感意象。

　　二、能說出古建築活化空間與美感之關係。

　　三、能發現地方文化色彩，並察覺生活環境等問題。

　　四、能了解居家生活活化與生活的關係、思考生活與美感的關係。

情意與鑑賞：學生能欣賞及運用美學形式概念來設計創作。

技能與實踐：學生能改造生活環境之美、創發生活美學。

## 第一節　學習內容

　　本節的主要學習內容，包括要了解生活美學的意涵，以及生活美學活

化的各個層面。

## 一、生活美學的意涵

### (一) 美學

　　教育部明訂生命教育的五大學習內容與素養，包括：哲學思考、人學探索、終極關懷、價值思辨、靈性修養（教育部，2018）。其中，價值思辨素養的一個核心，是生活美學。

　　美學的內涵可以在創意、啟發、包容和人性中顯現；美學的形式分布在秩序、規律、和諧、張力之間。美不是只有複製典範，它可以從自我特色中去發現，也可以用不同視野去發掘。因為社會變遷，現今許多傳統技藝面臨失傳，透過常民文化的底蘊，可以幫助我們體驗生活文化之美、思考與保存美感價值、感受歷史沉澱的在地美學，也就是從關心，進而到珍惜這些生活文化之美。

### (二) 生活美學

　　美學的生活是一種生活方式的選擇、生活美感的享受，以及生活品味的展現。人活著的意義在於享受生活，人如果活得沒有美感、缺乏品質，就無法享受生活、體現生活、提升生活，那便失去了生命的意義。生活的美學是存在於生活細節中，以及是在「慢美感」中才能體會。

#### 1. 存在於生活細節之中

　　生活美學存在於生活細節中。生活美學是在食、衣、住、行、育、樂等生活面向上，透過聽覺、嗅覺、觸覺、味覺和視覺等五感，將體驗全面連結到記憶中。換言之，只要用心去品嘗、去體驗、去聆聽、去觸摸、去細聞生活周圍的人事物，就可以讓生活中處處有美感、時時有美感，進而實現「美感存在於生活當中」的理想。

　　每個人對美的生活的選擇內容和展現都不同，但都是一種價值。該價值與人的社經地位無關，而是取決於個人的感受力與經驗，以及個人的獨特風格與絕美品味。換言之，只要有心、願意嘗試，每個人都可以從生活細節的實踐與練習中，成為生活的美學者。

## 2. 存在於「慢美感」之中

美的生活是「減法」的生活。包括：(1) 簡單的生活：美的感受是單純的，唯有在簡單的情境中，才能品味美學的內涵與意義。所以心情愉快、身心健康等最簡單的生活，就是最美的生活了；(2) 適切的生活：美的生活不是過度的追求，而是放鬆的身心靈體驗。所以珍惜並享受目前的生活，才是最值得追求的生活品質；(3) 分享的生活：美的分享可以提升美感。善於與人分享美的感覺、勇於表達與釋放自我情感，這種把美說出來的習慣，可以讓藝術融入心靈感受，進而昇華爲人的美感關懷。

在這種「減法」的生活美感中，會形成一種「慢美感」的精神。對照於時下對摩登潮流美感的迷思，慢生活不追隨潮流，傳遞的是普遍價值及信念、不落入競爭與階級的迷思中。當在唯美空間來啟動慢生活的模式時，才能透過空間的美感覺察，來傳承歷史、連結過去文化、深化人文底蘊，以及思考美感活化的可能性。社區美感踏查、認識社區美學、探訪歷史建築屋主等藝術活動，都可以幫助學生把對美的學習場域，從書本拓展至現實生活中。

## 二、生活美學的活化

### (一) 活化

活化（activation）是在化學學門上，一個分子活躍的成爲某特定化學反應、傾向或樣態的過程。活化常與「再利用」、「再生」、「活用」等詞用混用。英文的「再利用」包括「re-use」（The Community Design Center of Pittsburgh and Cool Space Locator, 2006）、「reuse」（Aued, 2007）、「adaptive reuse」（Boyd, 2007）等意涵。中文首次出現「再利用」一詞，是在 1997 年的文化資產保護法修法中。之後傅朝卿（2001）加以釐清，強調「活用」是一種建築物從被動轉爲主動的行動歷程。「再生」是一種目的，是建築物起死回生之期望；「再利用」則是設計策略之執行，是使建築物脫胎換骨的方法。所以，任何事物若想「再生」，就必須經由「活用」的行動，並以「再利用」的方法才能達成。

活化有其不同的涵義，如活絡化、活潑化、活力化、靈活化、優質

化、強化、轉化、深化等，它是一種創意巧思的展現，也是一種永續發展的理想。根據林志成（2011），活化可以化腐朽為神奇，也可以讓事物絕處逢生、呈現新的風貌。盧維禎（2008）則認為，活化是一種行動、一種化被動為主動的過程。空間或事物若想要再生，就必須經由活化及再利用之行動來達成。

　　任何品牌都有面臨老化的可能，所以活化的第一步，是要認知到老化的事實（吳雪憶，2008），並基於該體認而進入活化的行動，如此才能啟動修正或重新建立品牌。

## (二) 生活美學的活化

　　全人角度的生命教育中包括「人與自己、人與社群、人與環境」等層面，因此生活美學的活化也可以從人、社群、環境等三個主題來分別探討。

### 1. 人的活化：思考活化

　　人的活化仰賴思考。活化是以正向思維、樂觀、愉悅、愛等正向特質，來看待人事物，並發揮個人與社會的優點與長處。它應用正向心理學、著重個體的正向特質，希望能引發學習者正向情緒、增進學習動機，並建立自我的學習信心，以便能接受更高難度的挑戰。思考活化還是一種創意的表現，包括思考的方式可以有彈性、多變、流暢、新穎，以便讓事物發揮千變萬化的功能，甚至激發他人與團體的潛能與創造力。當思維活化時，人就可以朝自我實現或鼓勵他人等方面努力，進而形成「活化模式」（鍾敏菁，2019）。

### 2. 社群的活化：社區再造

　　從社會心理學角度來看，活化是一種人際互動形成網絡的歷程，也就是經由彼此吸引力與社會距離的作用，轉換潛伏關係而產生。活化可以透過人與人的對話機制，而讓活化行為激發出來。也就是透過對話，在認知與行為中產生回應、反省、實踐，並在對話的歷程中，增加個體對彼此的了解、化解敵意或歧視，進而產生讚賞、鼓勵等美好特質。也就是，透

過表達與對話，可以誘發人與人間的良好連結，進而型塑良好的人群關係（鍾敏菁，2019）。當活化落實在社群中，會型塑出地方特色，並用不同視野來發掘生活的美感、用認識與關心來學會珍惜的一種特殊「在地文化」。

### 3. 空間的活化：空間再生

建築或空間本身是一種藝術。空間活化是在注重美感創造的前提下，透過建築美學的觀點來對空間與設施重新設計，以便充分發揮空間價值、展現在地人文特色或獨特風格，進而達到建物主體再生或社區文化樣貌重新塑造的目標（湯志民，2014）。這是一種化腐巧為神奇的樂趣、是一種創新與活力的展現，更是一種起死回生的感動。

目前的空間活化，經常是指已被棄用的閒置建築物，在工程結構安全無虞前提下，經過防震補強檢測、重新設計與改裝、依法登錄等過程，讓歷經滄桑、無人居住的空間能保留歷史時代意義，展現出美感價值，甚至成為地方或國家古蹟。也就是，空間活化是使建築物脫胎換骨、化腐巧為神奇，並得以嶄新登場的過程（傅朝卿，2001）。根據盧維禎（2008）、林志成（2011）、鍾敏菁（2019），活化概念運用在空間時，是一種再利用的概念，也就是空間可以經由某種活化之行動而再生，或可以透過改造與發揮創意等美感過程，重新賦予頹圮建物嶄新的生命力。

## 第二節　教學活動設計

本課程以藝術為媒介、奠基於地方風土人文，並延伸至教室外與自家居住空間，引導學生主動探索自身文化、啟發生活感知，並希望學生能將所學應用於生活中，以改善現有生活、實現未來生活的想像。

生活美學活化的「人、社群、空間」三個層面，可以幫助學生在社會參與中培養「關懷、尊重、和諧」等素養，並使藝術的學習落實到在地文化與生活環境中，並形成一種體驗式學習的模式。以下僅就住宅空間活化、廢棄物活化等兩個主題的教案內容逐一說明。

## 一、住宅空間的活化

從建築美學的觀點，建築本身就是一種藝術。「空間活化」是透過注重美感與氣氛的創造，或透過空間與設施的再利用，來增加或改變原有空間與設備的用途，或重新組織使其原有機能得以延續，並在機能與建物之間適當調適。這種再利用的歷程，既可以將閒置空間等公共財充分發揮其價值，也可以配合在地人文特色的資源或特質，規劃多樣性的教育功能，進而尋求在地文化存在的永續價值與美感力量。

住宅空間的活化可以扣緊「人與自己、人與他人、人與環境」等三個層面來展現。包括：

1. 「用心生活」：在「慢美感」的核心精神下，構築好的生活藍圖。理想的生活是「減法生活」，如同美的感受是單純的。在不過度追求生活模式中，「好好生活」能讓身心健康，才能轉而追求生活的品質、精神的美感。

2. 「活化空間」：活化空間是以創新活力，來找到改變陳腐、起死回生的方法。空間的活化是從建築美學的觀點，認為建築本身就是一種藝術，必須注重美感與氣氛的創造。

3. 「在地文化」：美不是複製典範，而是發現地方特色，並用不同視野發掘生活的美感，進而學會關心與珍惜。

### (一) 竹塹古建築的案例

本活動是以「竹塹古建築活化空間」的案例作為課程主軸。「竹塹」又稱淡水廳城、新竹縣城等，是臺灣在清治時代（雍正元年，1723 年）於今日新竹市所建的城廓，也是當時淡水廳廳治（北臺灣行政中心）的所在。在臺北府設立後，淡水廳城改為新竹縣城，現存的磚石城池完成於道光九年（1829 年），因此用「竹塹城」一詞來代指新竹市。

新竹市舊城區為全國古蹟與歷史建築密度最高的地區，有河道藝廊、玻璃橋、光雕，很適合親子遊憩的護城河親水公園。這個美麗城牆是日據時代由四座磚石打造而成，包括東門「迎曦門」、北門「拱辰門」、南門「歌薰門」、西門「挹爽門」。目前僅東門迎曦門保留完好，為花崗石砌

造的一柱廊式的兩層樓城，後以鋼筋混凝土仿作翻修，可謂融合傳統與現代科技的古蹟時代印記。它是竹塹城唯一留存的城門，是中華民國國定古蹟（潘國正編，1997）。

如果「竹塹古建築活化空間」的案例能與學術單位連結，那麼在地年輕學子就可以共同參與、發揮創意，而讓竹塹舊城的空間更活化了。

## (二) 日式老屋的案例

最近學生瘋迷 IG 打卡，追逐唯美日式的風格，因此「啟動慢生活—唯美日式風空間活化」是希望透過建築空間來傳承歷史、連結過去文化。臺灣歷經日據時期，遺留下的官府與私宅多有日式建築工法的痕跡。在欣賞古宅或古建物時，若能認識東洋建築的風格及特色，必能幫助對生活美學之領悟。

竹塹城的辛志平故居、竹北的哭哭咖啡，都是學生們利用手機，將喝咖啡、吃飯等生活場景上傳社群軟體，體現另一種生活美學的最佳場域。臺灣人最愛日本京都風，這些場域讓我們彷彿穿越時空，踏進日本的小庭院。從古物家具、小茶几、木櫃、擺設、器具等，全部都從日本搬運過來，成爲 IG 網紅在竹北的打卡熱點。

如果想一窺經典老屋的生活空間、裝飾擺設、造型式樣、建材工法等，就必須認識東洋建築的詞彙（江明麗，2018）。透過「必賞日式老屋特色 16 選」，可以介紹東洋的建築元素，也讓大家能更深入體驗與領略日式老屋的美感。

## (三) 公共藝術的案例

公共藝術也是一種空間活化的落實。公共藝術以提出問題爲創作目標、以解決問題爲最終導向；它更強調作品的藝術質量、民眾的精神風，以及個人與地方的影響力。其特性包括：(1) 以提出問題爲創作目標；(2) 以解決問題爲最終導向；(3) 評價標準爲強調作品的藝術質量和個人影響力；(4) 強調民眾的精神風貌和地方影響力。

公共藝術的案例可以從「TED 演講：用色彩找回你的城市」影片中看出。該影片說明 911 恐攻後，紐約市長請來一位以自然元素爲創作風格

的丹麥藝術家奧拉維爾‧埃利亞松（Olafur Eliasson）。他在紐約創造了一個瀑布，在倫敦創造了一個太陽，在丹麥的奧胡斯創造了彩虹。德國 Art + Com 設計公司在新加坡樟宜機場，更創作了一個《雨之舞》設計。當乘客在機場候機時，透過數位控制，讓雨珠隨著音樂起舞，以緩解等待班機者的焦灼情緒。從該影片可以看出，公共藝術也是讓空間更具意義、讓人更因爲空間而覺得幸福的過程。

## (四) 教案

　　本教案是先由教師說明生活美學，並請學生思考藝術如何解決生活問題，藉以帶到居家空間的活化。之後介紹「竹塹歷史建築—辛志平故居」、竹北「哭哭咖啡 Kuku kohi」、日式京都町家的一間鐵皮屋，來說明老屋改造的過程。最後，請同學討論如何透過設計，活化居家的雜亂或閒置空間。學生可以分組討論生活美感、美感教育對於生活的重要性，最後思考幸福生活的面貌、規劃未來改造藍圖。

### 準備活動

1. 教師準備：了解「活化」的概念與意義；「世界越快‧心則慢」（https://www.youtube.com/watch?v=9FkB3LfVkKE）；「竹塹古建築活化空間」案例的影片或照片；日式老屋的影片或照片；「TED 演講：用色彩找回你的城市」（https://toments.com/188130/）；【住宅改善空間方案】學習單。
2. 學生準備：居家環境的照片或影片（如櫥櫃、衣櫃、桌面等）。

### 引起動機

1. 播放「金城武中華電信 4G 廣告：世界越快‧心則慢」影片，並講述「慢美感」、「用心生活」、「在地文化」的美感生活等概念。
2. 說明生活美感的重要性，包括生活美感，美感教育對生活的重要性，並說明生活幸福感的來源。
3. 請學生思考藝術如何解決生活問題，並帶到空間活化的可能方法：空間活化、公共藝術。

**主要教學**

1. 空間活化的案例
   - 展示與介紹：竹塹城東門及融合科技的演進照片，包括適合闔家遊憩的護城河、親水公園、河道藝廊、光雕、玻璃橋等。
   - 展示與介紹辛志平校長的故居：目前為三級市定古蹟，前棟為展覽空間，後棟為校長故居。為木造玻璃屋，除保留原始建物特色，還結合地方藝文資源。該文化空間很唯美，目前為老屋再生的熱門打卡地點。
2. 日式老屋的案例
   - 介紹「必賞日式老屋特色 16 選」一文，並說明東洋的建築元素。
   - 介紹竹北「哭哭咖啡 Kuku kohi」。
   - 討論：日式建築的美感、如何從日式建築元素中找到自己居家雜亂或閒置空間的改善創見。
3. 公共藝術的案例
   - 播放「TED 演講：用色彩找回你的城市」影片。討論影片內容。
   - 說明公共藝術的特性。
   - 討論「關於空間……藝術如何解決生活問題？」
4. 分組活動：住宅改善空間
   - 提問：「關於空間……藝術如何解決生活問題？」思考及檢視目前個人的生活空間之配置情形。
   - 討論：分組討論生活美感，美感教育對於生活的重要性，並思考幸福生活的面貌。
   - 心得分享：分享空間的活化藍圖，以及目前生活的幸福來源、生活時間分配與情緒比例、讓生活更好的計畫。
   - 完成【住宅改善空間方案】學習單。

**綜合活動**

1. 課程總結：
2. 提醒下節課需準備之用具：需活化之物品（如種子、枯萎花葉、要丟棄的瓶罐、紙箱等）、彩繪工具及包裝材料（緞帶、繩索、剪刀、膠帶

等）、事先擬定的活化物品製作流程，記錄用的手機、相機、筆。

## (五) 學習單

___立_____大學生活美學課程____學年度第____學期

【住宅改善空間方案】學習單

| 修課名稱 | 住宅空間的活化 | | |
|---|---|---|---|
| 填表人 | 姓名： | 系級： | 學號： |
| 學習組織 | □個人<br>□小組，小組成員：_____ | | |
| 思考及檢視 | 1. 住宅改善空間方案：學生分組思考及檢視目前活動空間、睡眠空間、裝置空間、櫃子空間之配置情形，並描畫未來活化生活的藍圖。 | | |
| 互動與討論 | 1. 討論如何透過設計，活化居家的雜亂與閒置空間。<br>2. 討論美在日常生活中的表現與體驗，並述說美感教育對自我與他人生活的價值與重要性。<br>3. 表達歷經改造後的自我未來生活面貌。 | | |
| 描畫未來生活藍圖 | 1. 檢視目前生活的幸福來源、關照自身的時間分配與情緒比例<br>2. 描畫未來生活藍圖，思考如何讓生活更好。 | | |

## 二、舊物的活化

舊物的活化主要是一種舊瓶裝新酒的過程。根據《國語辭典修訂本》（教育部，2015），「舊瓶新酒」是指想要展現新的風貌，卻受限於舊有窠臼中。

一花一世界、一樹一菩提、一沙一天堂、一葉一如來。將垂手可得的舊物或環保物品，透過改造者思考的全神貫注、親力親爲的實踐與省思，可以給予器物新的生命契機，這就是器物活化的創造過程。把舊有的器物重新改造、美化、活化，可以爲器物注入新的生命意象、增添新意與美感、營造美的生活品質，以及讓藝術來解決生活的問題。舊物活化的創造流程包括：(1) 異想天開：同學討論要選擇哪種手作產品，儘量發揮創意。(2) 親手製作：蒐集製作物件，分別製作創意作品。(3) 創意布置：包裝環保物品、討論布置展示，以營造美感。(4) 美麗展示：分享創作歷程與展示創意作品，以表達美感。

除了空間的活化與再生，思維的創新與社區再造也是體現活化價值的重要落實。本課程設計以藝術爲媒介，引導學生探索自身文化，啟發生活感知，也藉由單元活動的落實，來鼓勵學生關心生活、珍惜生長的土地，以及讓學生透過藝術活動來檢視生活、規劃未來生活藍圖。因此，本活動是以「舊瓶裝新酒」的教學作爲課程主軸，並以彩繪牆壁的活動、廢棄物的動兩個部分說明，希望學生能因此勇敢且有創意的在日常生活應用美學。

### (一) 彩繪牆壁的活化特色

壁畫被認爲是一種最古老的藝術表現形式，並在 1851 年被法國建築學家正式認定爲公共藝術（https://kknews.cc/culture/gp9g9gm.html）。臺灣藝術家以多種方式，嘗試要進入社區，活化鄉村文化，提升民俗技藝。在不經意間嘗試了牆壁彩繪藝術，從此臺灣的鄉村變身爲絢麗童話，進而滿足社區對美感的追求、增加社區的藝術性與感染力，更憑添了歷史的深層記憶。

臺灣最早的牆壁彩繪藝術，是源起於臺中的彩虹眷村。該眷村的壁畫

結合了各項文創產業，也創造了驚人的經濟價值。在藝術加工後，普通鄉村變成絢麗的童話世界，吸引大量遊客，為當地帶來可觀的經濟效益。此外，透過共同創作壁畫的過程，居民對社區的文化、歷史意識、愛鄉與愛土的情懷，也都油然而生。從此以後，臺灣處處有彩繪村，行動藝術家也開始深入社區，並與社區居民深層互動。

## (二) 臺灣壁畫造鎮的案例

臺灣壁畫造鎮的脈絡有跡可循。最早是由教師帶領學生進入校園或社區進行彩繪，這是屬於零星、分散的活動。之後，開始有藝術家以執行藝術行動計畫的方式深入社區，例如臺西的蚵貝鑲嵌壁畫。此外，還有多位藝術家駐點創作的藝術街坊，如嘉義縣北回歸線的藝術行動，或臺南市海安路的藍晒圖等。最後，還有由政府或民間企業資助，融合各藝術型態和媒材的藝術村，如臺北市的寶藏巖藝術村、臺北市東區的粉樂町、高雄的駁二特區等。

其他還有很多有名的壁畫造鎮。例如臺南後壁的土溝農村美術館，是以「村是美術館，美術館是村」的概念，成為臺灣第一座有藝術家進駐的農村美術館。美術館的許多老照片及牆上的農村風光彩繪，不只訴說著土溝的故事，也呈顯了農民耕作的辛苦過程。臺西蚵貝鑲嵌壁畫也是由多位藝術家駐點創作的藝術街，而深獲地方人士好評的。臺南善化胡家里彩繪村，更是由幾位大人、小孩無酬完成的。再例如小金門的西方彩繪村，在閩式建築物上進行西方風格的彩繪，其用色的大膽，以及風格的衝突性，讓人感受到老房子的些許「叛逆」。其中幾幅大學生的畫作，更是讓學生有機會思考空間的文化脈絡與定位，以及外來文化所產生的影響。

## (三) 廢棄物的活化

枯萎的植物或要丟棄的器物如果能經過活化，也可以重新創造其外型與價值、融入新的生命與意象，以及讓生活增添新意與美感。透過活化廢棄物的過程與經驗，也可以讓學生開始注重美感、重拾創造的意願與勇氣，甚至讓周遭的人能共同成長與改變。廢棄物再利用的八大方法包括（高克瑋譯，2015）：舊衣服變身、尿布變建築材料、蔬菜水果延長食用

時間、蚯蚓變身肥料、農業廢物變身、廚餘變身、永續利用的建築材料、寶特瓶華麗轉身。這些都是非常簡單、環保，以及值得嘗試的美感活動。

## (四) 教案

　　第二堂課程是讓學生選擇生活中垂手可得的環保物品，將舊瓶裝成新酒。活化物可能是種子、乾燥花、枯葉或要丟棄的酒瓶等器物。當重新加以改造、美化、活化，就可以為物品融入新的生命與意象，增添生活的新意與美感。學生透過分組手工製作，能讓使用者感受手作藝術，體驗「慢美感」的精神，並在將垃圾變黃金的過程中，讓學生體會美的生活品質，以及創造嶄新生命價值的歷程。

### 準備活動

1. 老師準備：臺灣牆壁彩繪的照片、生活中的美學照片：「一生必去的七大特色彩繪村」文章（https://okgo.tw/newsview.html?id=9626）；「廢棄物再創第二春」影片（https://www.youtube.com/watch?v=BHwIVLd-7-U）；了解環保物品創作活化的概念與發想；【舊瓶裝新酒】學習單。
2. 學生準備：如上次課程中綜合活動之提醒。

### 引起動機

1. 講述舊物活化，也就是「舊瓶裝新酒」的精神。
2. 說明舊物活化的可能管道：牆壁彩繪、廢棄物再利用。

### 主要教學

1. 牆壁彩繪的活化
   - 講述「一生必去的七大特色彩繪村」，並說明彩繪牆壁的藝術特色與價值。
   - 逐一說明牆壁彩繪活化的案例：臺中彩虹眷村、臺南後壁的土溝農村美術館、臺西蚵貝鑲嵌壁畫、臺南善化胡家里彩繪村。
   - 分組討論：老舊牆面活化的好處。

2. 廢棄物的再利用
- 播放「廢棄物再創第二春」影片。
- 說明基本的環保意識：避免一次性使用物品、減少產品包裝等。
- 說明廢棄物再利用的八大方法：舊衣服變身、尿布變建築材料、蔬菜水果延長食用時間、蚯蚓變身肥料、農業廢物變身、廚餘變身、永續利用的建築材料、寶特瓶華麗轉身。
- 分組討論：如何讓生活中的垃圾聰明變身，並做出生活藝術品。

3. 分組活動
- 想法：說明活化的生活用品。說明舊物活化的創造流程：(1) 異想天開、(2) 親手製作、(3) 創意布置、(4) 美麗展示。
- 製作：引導學生就準備的廢棄物實際操作。
- 布置：包裝環保物品、討論布置展示。
- 展示：我的創意作品。

4. 設計思考（Design Thinking）
讓學生運用於物品設計，並完成【舊瓶裝新酒】學習單。

**綜合活動**

1. 教師總結說明舊物活化的精神。
2. 分組報告學習單內容。

## (五) 學習單

___立_____大學生活美學課程____學年度第____學期

【點石成金：舊瓶裝新酒】學習單

| 修課名稱 | 舊物的活化 | | |
|---|---|---|---|
| 填表人 | 姓名： | 系級： | 學號： |
| 學習組織 | □個人<br>□小組，小組成員： | | |
| 思考及檢視 | 透過分組手工製作，學生能讓使用者感受到手作藝術、體驗生活慢美感的精神。也透過實際的執行，省思與檢視生活藝術在生活中的重要性。 | | |

| | |
|---|---|
| 互動與討論 | 一、想法：牆壁彩繪的活化<br>1. 說出對牆壁彩繪活化的感想。<br>2. 討論落實牆壁彩繪活化的可能計畫。<br>3. 就計畫的可行性進行分析。<br>4. 嘗試落實計畫。<br><br>二、製作：廢棄物的活化<br>1. 腦力激盪出廢棄物的可能活化方式。<br>2. 透過手作及討論方式，將廢棄物變成成品。<br>3. 討論成品所傳達的美感。 |
| 分享與展示 | 一、布置（營造美感）：包裝環保物品、討論布置展示。<br>二、展示：我的創意作品。 |

# 參考文獻

江明麗（2018）。搞懂日式建築**16**個必賞元素，讓你看到老屋不再只有「好漂亮」。取自https://www.thenewslens.com/article/107636

吳雪憶（2008）。**老品牌活化之成效評估：以雄獅文具為例**（未出版碩士論文）。文化大學，臺北。

林志成（2011）。**特色學校理論、實務與案例**。臺北：高等教育。

金江（2017）。**如何用公共藝術解決社會問題，重塑城市空間？**引自：https://toments.com/188130/

高克瑋譯（2015）。**垃圾也能有第二春！八種廢棄物變黃金的方法**。引自：https://www.seinsights.asia/news/131/2773

教育部（2018）。**十二年國民基本教育課程綱要總綱**。引自：https://12basic.edu.tw/12about-3-1.php

教育部（2015）。**重編國語辭典修訂本**。取自http://dict.revised.moe.edu.
　　tw/cgi-bin/cbdic/gsweb.cgi?o=dcbdic&searchid=Z00000084110

傅朝卿（2001）。台灣閒置空間再利用理論建構。載於張玉璜（主編），
　　**推動閒置空間再利用國際研討會會議實錄**（1-1.1-10）。南投
　　市：行政院文化建設委員會。

潘國正編（1997）。**新竹文化地圖**，取自：https://zh.wikipedia.org/wiki/
　　竹塹城

盧維禎（2008）。學校閒置空間的再利用：以臺南縣竹門國小爲例。**校
　　園建木與運動空間活化再利用研討會論文集**（448-457）。臺
　　北：中華民國學校建築研究學會。

鍾敏菁（2019）。**國民中小學活化效能指標建構之研究**（未出版博士
　　論文）。臺北市立大學，臺北。

Aued, B. (2007). Study backs rehab, reuse of old school. Retrieved from http://
　　onlineathens.com/stories/122107/news_20071221037.shtmll.

Boyd, K.A. (2007). Second chances. American School & University, 79(13),
　　162-165.

The Community Design Center of Pittsbrugh and Cool Space Locator (2006).
　　Vacant school reuse project final report: Preparedfor A+ school. Retrieved
　　from http//www.aplusschool.org/pdf/Vacant_Schools_Final_Report.pdf

# 第二部分　生命美學

## 本課學習目標

認知：一、理解什麼是生活美學？
　　　二、思考如何從生活美學中找到生命的價值。
情意：感受生活美學省思的重要性。
技能：實踐生活美學與生命價值觀的行爲。

# 第一節 學習內容：以繪本融入生命美學

「生命需要一種美麗，它存在於生活中」這是筆者對於生活美學的闡述，藉由生活中處處可感受的美學，在美感中反思我們生命的不足與悲喜，更能夠柳暗花明，豁然開朗。

本段以《誰生的蛋最美麗》（黃鈺瑜譯，2002）繪本故事出發，在生活的美學觀感中，看見我們與別人的不同，在生命中看見不同，也看見彼此的共同點；並反思自我存在，自我特質與優勢，在互為主體的生命中，找到生命的意涵，進而從生活美學提升自我生命的意義，走出一條自己的道路。

## 一、《誰生的蛋最美麗》

筆者將《誰生的蛋最美麗》繪本故事內容分為四節：一、綠色母雞「花花」的不同；二、不懂「花花」跟我們有什麼不同？三、原來我還是一隻母雞；四、每顆蛋都是美麗的。以下是《誰生的蛋最美麗》繪本故事的說明。

### (一) 綠色母雞「花花」的不同

「花花」是農場中唯一的綠色母雞，有別於一般的母雞，花花擁有特別的綠色羽毛，因此她得意的在農場走來走去說著：「我是最棒的母雞！」這時，「噗噗」很好奇地詢問：「為什麼你最棒呢？」，「因為我是綠色的，笨母雞！」。「花花」不理「噗噗」，驕傲的走了。

看到周遭相同顏色的母雞，「花花」驕傲地走過其他母雞旁邊，她看不見其他母雞的美麗，無法感受生活中的美感，「花花」變得拒人於千里之外，不願與其他母雞說話，也不願再理會身邊的母雞，連看都不看他們一眼！

### (二) 不懂「花花」跟我們有什麼不同？

其他母雞看見「花花」這樣的舉動，心裡納悶為什麼羽毛顏色不同，就是不一樣呢？不管是白色的母雞、綠色的母雞，我們都是一樣的母雞

啊！

母雞「波波」首先發難，她去勸花花跟大家說說話，卻遭到「花花」的拒絕，「花花」說：「你們真討厭！我不想理你們。」說完還用她尖尖的喙，啄其他的母雞，用尖嘴趕走其他的母雞。

「唉呀！好痛！」母雞們被啄得好痛，都不想理會「花花」，大家趕緊走開。

「花花」這個舉動，讓所有的母雞都不敢跟她在一起，「花花」心裡想，不要來煩我最好，我不想理你們這群普通的母雞。

### (三) 原來我還是一隻母雞

雞舍中的公雞阿帝第一次看見綠色羽毛的「花花」，心裡想著：綠母雞好美麗啊！但是公雞阿帝有個疑問：綠色母雞會生綠色的蛋嗎？

公雞阿帝發號司令，把所有母雞聚集過來，告訴母雞們：「各位母雞，你們都來生蛋，我想看看誰生的蛋最美麗？」

每隻母雞都想著：一定是我生的蛋最美麗，「花花」也是，她想「一定是我生的綠色蛋最美麗，誰的蛋會比我的蛋美麗？」想著想著花花嘴角露出淺淺的笑容。

大家跟公雞阿帝有相同的想法，因此所有的母雞都專注用力的下蛋，大家都用自己的愛心，要生出一顆屬於自己的美麗雞蛋。

「咕－咕－咕」母雞妮妮首先下蛋。「咕－咕－咕」「咕－咕－咕」雞舍裡的母雞，一隻接著一隻下蛋。

公雞阿帝把所有蛋滾到中央，想選出一顆最美麗的蛋。他左看右看，發現全部都是白色的雞蛋，並沒有綠色的雞蛋，他對母雞說，每顆蛋都很美麗。「胡說！」花花抗議，「我生的綠色蛋才是最美麗的！」

阿帝嚇了一跳，問「花花」：「你生的綠色蛋，在哪裡啊？」

因為所有的蛋都是白色的，每顆蛋都一樣大、一樣圓，而且都很美麗，都是白色的。

### (四) 每顆蛋都是美麗的

母雞們各自回窩裡孵蛋，「花花」也一樣，「花花」只想著，自己能

孵出一隻跟她一樣的綠色小雞。她心裡想著，這樣就太棒了！

　　當「花花」孵出小雞時，她看見一身黃色毛絨絨的小雞，她非常訝異又失望！她孵的小雞並不是綠色的，跟其他母雞所孵的小雞完全一樣！

　　看見一身黃色毛絨絨的小雞，「花花」驚訝到說不出話，她慢慢地想想這件事，想了好久，才知道原來自己跟其他母雞是一樣的，她定下神慢慢對其他母雞說：「我們一樣都是母雞！」

　　當「花花」說出這句話後，她發現自己跟其他母雞都是相同的，雞舍從此回到平靜的生活。

## 二、生活美學之反思

　　看完《誰生的蛋最美麗》繪本故事，讓我們一起走入「花花」的內心世界，一起經歷「花花」的生命感受：

### (一) 無法感受生活中的美，一切都不美麗

　　一開場，「花花」因為自己的羽毛不同於其他母雞，深感驕傲，同時不想與其他人做朋友，不想和其他母雞說話。以自我為中心的生命觀，無法感受到生活中的美，看到周遭的母雞，無法感受到生活中的美感，「花花」變得拒人於千里之外，不願與其他母雞說話。

　　★思考：「花花」為自己綠色的羽毛深感驕傲，認為自己最棒，驕傲地走開不理會其他母雞，甚至於啄其他母雞，這些行為帶給人什麼感受？

### (二) 生活美學存在你我身邊與每個片刻

　　「花花」驕傲地走過其他母雞旁邊，她不願再理會身邊的母雞，不跟母雞們說話，連看都不看他們一眼！

　　★思考：如果你是花花，有著特別的外貌，思考如何看見其他母雞的美？

### (三) 當你看見世界的美學，一切都很美麗

　　「花花」發現所有的蛋都是白色的，每顆蛋都一樣大、一樣圓，而且都很美麗，都是白色的。

★思考：如果你是「花花」，你的心情感受如何？如何在絕望中看見生命的絕望，反思如何讓自己看見生活周遭景象的美麗？

### 三、轉彎，看見處處存在的生活美學

「絕望」與「喜樂」原本就存在（陳志偉，2021），彼此無法共存嗎？如果繪本中的「花花」能夠轉念，換個思考的角度，在生活中發現美麗，走出「絕望」，才能遇見「喜樂」。換個視角思考，走出悲傷沮喪的經歷，世界會變得不一樣，走出自我內心困惑傷悲，進而超脫過去的自我，看見超我的生命意義，感受生命的價值，展現正向的生命力量。

「一個能思想的人，才是一個力量無邊的人」（巴爾扎克），因為有思想，才有行動、才有活力，生命的意義於焉產生（黃光男，2009）。當個人與環境周遭景象產生情感，實踐生活美學，省思看見生命的價值。

藝術，是用來滿足個人情感的抒發，或對於一種觀點的詮釋與表現，主要目的是「審美」（楊清田、鄭淳恭、黃睿友、陳琪玲、莊婷琪，2020），從藝術創作中，感受到真實的生命動力；運用美學涵養，提升生活美感與生命底蘊，增強正面能量。當「花花」發現真相——「所有的蛋都是白色的，每顆蛋都一樣大、一樣圓。」，能夠看見突破外在特質的標準，發現彼此生命的相同美感，重拾起內在生命價值，重建生活美學的標準，重新找到生命的喜樂，期待你能夠將生活美學融入生命與正向價值，這樣的反思，也能發生在你我心中，重建正向的生命價值觀。轉彎，看見處處存在的生活美學，你的生命會更美！

## 參考文獻

陳志偉（2021）。當「絕望」遇見「喜樂」，世界會變得不一樣。見李子建（主編），**陶育心靈‧活出生命：生命故事與足跡**。香港：香港教育。

黃光男（2009）。探索生命美學。**生命教育議題深究與融入教學**。高雄：九華圖書。

黃鈺瑜譯（2002）。**誰生的蛋最美麗**。安東尼布原著。台北：格林文化。

楊清田、鄭淳恭、黃睿友、陳琪玲、莊婷琪（2020）。**設計概論**。新北：全華圖書。

# 第十五章 靈性修養概論

張淑美

國立高雄師範大學教育學系／生命教育專班教授

「我有明珠一顆，久被塵勞關鎖；今朝塵盡光生，照破山河萬朵。」

—— 宋‧茶陵郁禪師《悟道詩》

## 第一節　前言：靈性是人之所以爲人的核心

茶陵郁禪師在《悟道詩》中指出，人人都具有的「明珠」（自性），也可以比擬是人之所以成爲萬物之靈的「靈性」。靈性是人的內在資源，靈性的覺察促使吾人去探索人是什麼，追求生命意義與超越性、神聖性的終極目標，以及建立生活中的人生觀與價值觀，還有企求良善美好的生命境界。第一章中孫效智教授也直指「追求意義與目的是人的精神與靈性的一種展現，而精神與靈性是『操則存，捨則亡』的」，所以人必須覺察與觀照內在的靈性，使它越來越清明。越能修練或操練靈性的人，越能彰顯內在的人性光輝（inner light），越能朝向與更高的目的（higher purpose）或神性／佛性連結；反之，若不加以修練，會讓我們的「內在明珠」關鎖，耽溺在盲目追求外在物質或名利享受的目標上，而蒙上世俗物慾的俗塵，或陷入五濁煩惱之中，無法達到心靈的平安喜樂與眞正的幸福，更嚴重的可能因而影響身心健康、乃至失魂落魄、行屍走肉，甚或做出蒙昧良心的行爲而遺憾終身。

靈性需要不斷的修練，第一章說明「靈性修養」是人生三問的第三問，探討「人要如何才能活出應活出的生命」相關，涉及知情意行合一的努力歷程與方法，包含人格統整以及「誠於中，形於外」的靈性覺察，也是內化生命智慧與實踐的問題。也和「人學探索、哲學思考、終極關懷、

價值思辨」的方向與方法，能否正確清晰有關，如孫效智教授所說：「人生第三問在整個人生三問中，有畫龍點睛的作用」。靈性具有宗教性的神性與人同此心，心同此理的心靈特性，許多相關領域也提出各種對靈性的界定與修養的方法。

## 第二節　生命教育課綱中的「靈性修養」

根據《十二年國民基本教育課程綱要議題融入說明手冊》中的說明，「靈性」指的是人自我超越、追求真理、愛與被愛、企向永恆的精神特性。而「靈性修養」則包括「靈性自覺與發展」以及「人格修養與人格統整」。靈性修養「使人的知、情、意、行整合，突破生命困境，達致幸福人生，追求至善理想」（教育部，2021；張淑美主編）。從〈十二年國教生命教育學習重點與補充說明〉（教育部，2019，頁 97-98），也可以精簡地了解靈性的意涵、特性，以及人格統整和靈性修養的關係、修養的途徑與展現。擷取如下表 15-1：

表 15-1　生命教育科學習重點與補充說明

| 類別 | 項目 | 學習表現 | 學習內容 | 補充說明 |
|---|---|---|---|---|
| E. 靈性修養 | a. 靈性自覺與修養 | 生 5a-V-1 在日常生活的行住坐臥中保持靈性自覺，實踐靈性修養。 | 生 Ea-V-1 靈性修養的內涵、途徑、階段及所需要的素養。 生 Ea-V-2 慈悲、智慧、愛與靈性修養之間的關係。 | 1. 靈性指的是人靈明不昧的本性，這本性讓人能自覺與覺他，也讓人能進行判斷與抉擇，更讓人探索意義、追求真理、渴望美善與嚮往神聖。<br>2. 靈性是「操則存，舍則亡」的，操持而擴充深化之，即靈性修養。東西方文化與宗教累積了許多靈性修養的智慧。這包含了對靈性修養的困難與經驗的了解，以及對突破困難的各種方法、途徑與階段的掌握。<br>3. 西方文化常使用的「愛」與佛教的「慈悲」有相似，也有差別之處。 |

| 類別 | 項目 | 學習表現 | 學習內容 | 補充說明 |
|------|------|----------|----------|----------|
| | | | | 「愛」是一個多義詞，人間有各種可能的「愛」，希臘思想則用 eros, philia, storge, agape 等不同概念說明。「慈悲」比較接近 agape，代表一種同情同理而願意自我犧牲成就他者的情懷。慈悲與智慧是靈性修養的核心。 |
| b. 人格統整與靈性修養 | | 生 5b-V-1 能以靈性修養為基礎，進行哲學思考、人學探索、終極關懷與價值思辨。 | 生 Eb-V-1 人格統整的途徑及與靈性修養的關係。 生 Eb-V-2 不同學科或宗教在人格統整和靈性修養上的觀點。 | 1. 英文 integrity 一般多譯為「正直」，其實較正確的翻譯應是「統整」，指人內外一致，心口與言行一致的境界。很多困難與原因，造成人格不統整或知行不一，了解問題的根源是尋求突破的起點。 2. 人格統整與靈性修養密切相關，不同學科或宗教均關注人格統整與靈性修養的課題。 |

　　再者，從《議題融入說明手冊》中說明國小、國中到高中的靈性修養主題與實質內涵，雖然是有由淺到深、廣度面向的不同，但就發展以及操練的角度來看，也仍然是大學生乃至成人都需要去練習與思維的主題與靈性修養的途徑，如下（E 指國小、J 指國中、U 指高中階段）（教育部，2021）：

生 E7　發展設身處地、感同身受的同理心及主動去愛的能力，察覺自己從他者接受的各種幫助，培養感恩之心。

生 J6　察覺知性與感性的衝突，尋求知、情、意、行統整之途徑。

生 J7　面對並超越人生的各種挫折與苦難，探討促進全人健康與幸福的方法。

生 U6　覺察人之有限與無限，體會人自我超越、追求真理、愛與被愛的靈性本質。

生 U7　培養在日常生活中提升靈性的各種途徑，如熱愛真理、擇善固執、超越小我、服務利他。

　　從上述可以歸納出靈性修養的內涵與途徑，包括：「同理心、慈悲、智慧、愛、感恩、覺察衝突與統整、超越挫折與苦難、熱愛眞理、擇善固執、超越小我、自覺與覺他、服務利他」等等，也帶引出靈性修養的基本功夫。莫看中小學學生要學的靈性功夫太簡單，在靈修的旅途上，重要的是眞修實練，不是年齡大小。唐朝鳥巢大師回答白居易佛法大義是：「諸惡莫作，眾善奉行」，面對白居易輕忽其太簡單，鳥巢大師說：「三歲兒童雖懂得，八十老翁行不得」。我們都要謙卑並踏實地從基本功與日常生活中，時時觀照內心與內外如一地表現出來。

## 第三節　靈性自覺、靈性修養與人格統整

　　從前面十二年國教課綱中靈性修養的說明，主要包括「靈性自覺與修養」以及「人格統整與靈性修養」兩大項及其修練途徑／方法，兩者關係密切。

### 一、靈性、靈性自覺與靈性修養的義涵與重要性

#### (一) 靈性的義涵與重要性

　　「靈性」，不管是中西方、在文字文義上、是宗教或非宗教的，包括哲學、心理學等相關學門都有探討，但都很難有衷於一是的定義。靈性和宗教雖然關係密切，但一般來說，靈性是比宗教更具包容性，涉及與開展的範圍更廣。Wong（2007）則認爲「靈性和意義是一體兩面的，因爲兩者均關注人生的大哉問，例如：世界觀、個人認同、人類共同命運、終極關懷，以及個人在更大的範疇中的定位爲何；除了和上帝或更高力量的連結之外，靈性也被界定是人類特有的「意義探求」（quest for meaning）與超越自我以及當前處境的能力」（頁 353）。

　　英國靈性教育學者 Wright（2000）說明英文「spiritulality」的相關字源，在希伯來語和希臘語的「spirit」、ruah 和 pneuma 等字詞都說明是看不見的、像無形的空氣流動的。又，根據聖經創世紀第二章的說法：「上帝用大地的土壤塑造了人，將生命的氣息吹入鼻孔，人就成了活物」（創

世記 2:7）。他認為雖然靈性有無法抓摸與神祕性的特性，但也用一種可以運作的方式來界定靈性是：「吾人對終極意義與生命目的／意義的關切」，也就是說靈性同時具有神秘性但又是充滿生氣與活力，呼應前述意義學者 Wong 強調的靈性之意義探求的特性，也說明了靈性充滿世俗的生命力與具有上帝的精神性。Wright 並詮釋《簡明牛津字典》中對「靈性」（spirituality）的定義，包括：

1. 相對於物質而言的精神性。
2. 與神聖的或宗教性事物有關。
3. 靈性是精煉與敏覺的靈魂（a refined and sensitive soul）。

　　三者雖存在差異，但都關切終極意義與目的等人類實存的問題，第三種定義揭示出吾人連結真實靈性的方式，是可以透過各自私有的內在以及培養內在的感受與情緒來發展自我覺察（self-awareness）。靈性覺察或靈性自覺可以透過個人自主性的探求、內省性的自我理解、自我接納，包括可以借助當代自助技術。靈性追尋的重點是要幫助人們從物質世界的限制中解脫，朝向神聖性邁進，並且向自身的內在空間探索，可以不假外求。

　　Banks, Poehler 與 Russell（1984）的研究，歸納出靈性的意義與重要性如下：

1. 是與生俱來的，能統合個人的力量。
2. 是一種生命的意義，協助個人獲得成就感。
3. 是人與人之間共通的結合力量，包括與神的聯繫。
4. 是個人的感受力和信念，以及對超自然和無形力量的認知和看法。

　　靈性不僅引領人們向上向善與向聖，活出有意義與幸福的人生。越來越多證據指出，健康是身心靈整合的，健康的核心更來自於靈性的健康（張淑美主譯，2007；Wong, 2007）。許多正向心理學家都認為，尋求聖潔可以提升人們對自我與自我生活的深入理解，促進正向特質與情緒等幸福感，獲得人生的目的與意義。還有，許多研究發現靈性會關聯到人們的心理健康、物質濫用管理、婚姻功能、教養、因應，以及死亡率等（曾文志校閱、吳煒聲譯，2016，頁 310-310）。可見，靈性需要去觀照與修養，使其朝向聖潔。

## (二) 靈性的特性與靈性自覺、靈性修養

　　從上述靈性的描述，可以歸納出靈性因為是非物質的，是一種生氣或有活力的能量，所以需要用心、用內在的方式，去感受、去體悟、去關聯，進而把這種潛能開展發揮到和神聖性合一的境界。而人是身心靈的存在體，身心靈是交互關聯影響的，所以靈性修養也必須兼具身心的照護與道德精神層面的修持。就基督宗教來說，人與物質世界都是上帝所創造的，但惟有人獨享上帝給予的氣息、神性，靈性的探索與修養並非是要脫離物質世界，而是要擺脫就上帝而言，屬於墮落的、邪惡的與不愉快的部分，去擁抱正直的、聖潔的與神聖的神性。所以，人需要不斷地操練這與其他動物所不同，而獨具的神聖的靈性。

　　John Miller 在其靈性教育專書中，介紹不同宗教，包括印度教、佛教、基督教、猶太教回教與哲學傳統，如柏拉圖、波洛特那斯（Plotinus）與愛默生（Emerson）的思想，以及當代的靈性觀點。而靈性的特性可說是內在的、精神性、動能性、關聯性、超越性的，靈性追尋意義與連結，關照靈性的方式是修練內在課程（張淑美主譯，2007）。誠如，Thomas Moore 指出：「一個人之所以成為人的關鍵，在心靈而非頭腦」。生命教育的主體是人，不管是施教者或受教者，讓我們生氣盎然、充滿意義的關鍵，就是人的心靈與靈性。古今中外全人教育、靈性教育思想家，對於人、生命與教育的觀點，也涉及教導吾人回到靈性自覺與靈性修養，可說是引領我們找回生命與教育的靈魂（張淑美，2007）。

## 二、人格統整與靈性修養的關係與重要性

## (一) 人格統整與靈性修養的關係

　　有關於人格統整和靈性修養的關係與作用，靈性修養是根本、是體性、是核心、是內在的能量；人格統整是靈性自性的運作與展現的方式，是相互為用、相輔相成的。靈性清明則能引領內在修養與人格展現的統整，而人格統整的修養也會提升靈性的境界。人格統整與靈性修養會引領人們朝向清晰正確地進行探索自我與生命的終極意義，以及進行價值思辨，展現倫理道德德行，也能用清明靈犀的心靈之眼去欣賞、品味生活與

生命中各種人事物境的美好與良善，讓自己的、乃至社群、自然、整個大我的生命，能朝向更良善、更美好、更幸福的方向。人格統整代表靈性自覺與邁向清明和諧的過程，但人格統整旨在知行合一與自我面向的統整，以達致內在的和諧與寧靜；可能未必一定是朝向企求神性或宗教性的境界，因此，人格統整仍然需要終極信仰的引領。

　　人格統整的意義與狀態為何？王淑俐（2000）說明：「人格統整是一個尚未完全確定的名詞，有許多同義字，如自我實現、成熟、心理健康等。可由人格結構及人格發展兩方面來解釋。以人格結構來說，人格統整是指組成人格的各種成分和特質具有整合性及持續性。整合性是指人格的各種成分或特質能分工合作，互相協調與補足。如精神分析學派所認為的人格三個部分，本我、自我與超我，要相互調和作用，不會有衝突或矛盾，即是正常的狀況，亦即顯示人格的統整；以人格發展來說，人格統整是指人格發展至成熟及自我實現的階段。如艾利克森（E. H. Erikson）所提倡的『心理社會發展論』，將人的一生分為八個發展階段，最後一個階段即『統整或失望』階段（integrity vs. despair），當個人對其一生做一回顧時，一切心安理得、問心無愧時，即可稱為人格統整；又如馬斯洛（A. H. Maslow）所說的自我實現者，及其最後提出的超越性需求或靈性需求的層次，也是最高層次的人格統整」。

　　人格成熟、人格統整的心理學看法，人本主義心理學的說法最是真切，可說是活出本真的、自在的、理想的自我。吳皓玲、陳美琴（2016）說明：「Rogers（1961）認為『全然功能性的個人』（fully functional person），就是一個能夠向自己的經驗開放的人，全然地生活在每一個時刻，對自己不斷增加的內在信任感，讓自己在任何生存情境所產生的應對行為都感到相當滿意，並且能夠完全地與自己的感受和反應相連結。Maslow（1971）說明能達到自我實現的人是能接受現實的人，負責任、有道德、自發且自律，對世界總是抱持著感恩、好奇且敬畏的態度。自我實現的人們會感受到一種很獨特的所謂的『高峰經驗』，感到奇妙、神聖和經驗無比的喜樂。在這種經驗過後，他們感覺到自己被激勵，變得強而有力，而且被更新、或者說是被轉化了」（頁23-24）。

　　然而，人如果「知行不一」或「人格不統整」，可能會造成心理問

題，影響心理與人格的健康發展與運作，而言行不一，更是倫理道德上的嚴重問題。人格不統整的深層理由在於道德認知沒有內化成為信念與人格、品行的涵養。再者，也和缺乏生命意義與堅定的價值觀有關；情緒與理智的不統整也會造成想做但是無法自律、自覺地落實實踐。這也涉及「終極關懷」與「價值思辨」的探索與確立。因此，更可見需要靈性覺察與修養的功夫，不斷操練與提升知情意行的統整。

華人傳統儒釋道本土文化也都強調，邁向成聖成賢的人格統整與修養的重要性與方法。夏允中、黃光國（2019）認為儒釋道文化自我觀，是以自性覺醒的修養歷程來減少或根除慾望的我，達到終極快樂的境界。儒釋道文化教導吾人要透過修養來解構自我，達到自性的覺醒，回到我們原來的本性，最終達到個人與環境之間的和諧關係。再者，傳統文化中，王陽明提倡的心學：「心即理」、「致良知」與「知行合一」[1]，也揭示了人格／自性修養的重要性與方法。

## (二) 人格統整與靈性修養的重要性

傅佩榮（2016）提出身心靈的整合性系統架構，以「身心靈」為一個人的生命架構，說明整全的人格修養之重要性。包括身體的維護與健康，調整心智「知、情、意」這三項潛能的實現，展現在獲取知識、發展人際情感與培養志趣上，以及積極進行靈性的修養。只有身、心、靈三者協調定位，朝著一致的、整合的方向前進，人生才能圓滿與幸福。他認為靈性的修養最為重要，並說明靈性修養有四種作用與重要性。

第一，身心活動由此獲得意義。靈性修養協助吾人突破身心活動與自我的侷限，在遇到「痛苦、罪惡、死亡」的威脅時，不會茫然失措與痛苦不堪。人為了理想、為了未來的目標，可以放棄眼前的短暫享受而刻苦奮鬥；父母傳承先祖家訓，為了下一代犧牲奮鬥等等，也可說是一種超越性的靈性修養，讓身心活動因而有寄盼、充滿意義。

---

[1]　王陽明說：「知之真切篤實處，即是行；行之明覺精察處，即是知」（《答顧東橋書》），清楚點出真知就是實行，這實在是非常清明的靈性覺察、人格統整與修養。

　　第二，**潛意識的情結可以由此化解**。心理治療發現人的潛意識藏有許多情結，使人產生特定的情緒反應與心理疾病。然而，靈性可以超越身體、突破心智。因此，透過靈性自覺、發展靈性，靈性修養可以使人不再受苦於潛意識所留下的情結，不再受限於意識中區辨人我關係，進而可以幫助吾人走上單純而統一的「人」的領域，產生統合的自我與合一的生命共同體感受。

　　第三，**命運可以由此轉化為使命**。靈性修養可以轉化所遭逢的命運，因為靈性對身心處境的超越能力，可以將命運超越，轉變成為往上提升的墊腳石，因此可以化被動的命運為主動的使命。

　　第四，**靈性修練使人在宗教信仰上可以自在無礙**。宗教是信仰的體現，而信仰是人與神明之間的關係。神明（或信仰的對象）是大的靈，人身上有小的靈；人只有發展靈性、修養靈性，才可能回歸神明、連結到更高的神靈。

　　再就靈性具有宗教倫理與世俗道德的功用來看，也可說明人格統整與靈性修養對宗教倫理的重要性。道德的覺察與修養是一種知行合一的智性與生命的改變；其超越性的特質包括宗教體驗與世俗各種領域的提升與超越性經驗，靈性修養可提升神性與世俗的生命境界；而且靈性讓倫理思辨兼顧理性與情感，更貼近人性關懷。龔立人（2006）認為靈性本身就是對人生的美善和整全尋求的嚮往與投入，應包含「神聖或超凡的經驗」與一切在平凡經驗中所體驗的「神聖」，後者包括個人內在覺醒的提升、個人的成長和發展。因此，靈性、靈性的學習對宗教倫理的理解有三方面的貢獻：

1. 靈性強調學習者在知識的行動中改造，智性也改變生命，並為德性倫理提供一個實踐的引導。
2. 靈性可以超越歷史的限制，超越並不必然等同於非物質或一種宗教經驗，這種超越性在現代社會的困局下，也引起不同學科對靈性的興趣。靈性不再只是宗教人的追求，也是現代人的嚮往。靈性並沒有孤立宗教倫理，反將倫理帶向另一層深度與不同學科領域的面向。
3. 靈性兼顧冷靜的理性倫理與個人情感。靈性照顧到康德式倫理（純粹理性、尋找普遍倫理原則），沒有處理的個人情感，個人情感不需要負

面地被看待，而可以放在靈性下去理解、發掘和提升，理性倫理與情感可以配合，而非對立。

## 第四節　靈性修養與人格統整的途徑與方法

前述靈性的意義、特性，以及從各種學科及華人本土文化的角度探討人格統整與靈性修養的關係與重要性，那該如何統整人格，邁向成熟發展，進而時時刻刻修養與操練靈性，邁向至善至福的人生呢？同樣地，可以從宗教性與非宗教性的層面，從自身自覺，進而向外覺他的途徑來說明。

### 一、宗教的途徑與方法

僅以佛教和基督宗教的修養／操練途徑，簡要介紹如下：

佛教的靈性修養可以說是修練眾生本具的佛性，學習開悟成佛之道，包括勤修「聞思修」三慧、「苦寂滅道」四聖諦、六度、八正道……，還有八萬四千法門之說。茲以達賴喇嘛說明的最根本的佛法與修持的精髓，來掌握最基本的宗旨。達賴喇嘛（2011）指出：「修習佛法主要講的是，要不斷改善心性。藏文的「法」choe，是調整、改進、變得更好的意思，最基本的觀念就是轉化那些產生痛苦的來源，克服剛強難調的心。梵文的「法」dharma，是執持的意思，即持有對治苦因的方法，以保護我們免於領受不想遭受的苦楚。我們經由修行發展出對不良身、語、意行為的矯正對治，因而保護自己，免受造作這些惡業的痛苦。在這個脈絡下，宗教由煩惱之對治以及不被煩惱果報所害（無煩惱的自由）這兩者所構成。從佛教的傳統來看，這就是宗教的基礎」（頁34）。達賴喇嘛（2012）說明修持心性的意涵：「所謂的修持心性，指的是持戒攝心，也意味著要加強對某個選擇對象（對境）或主題的熟悉度。梵文 bhavana 這個字，其中隱含著「培養」之意，而與其對應的藏文 gom，則含有「熟悉」之意。這兩個名詞在英文常被譯為「禪修」（meditation，也譯為靜坐、禪坐、禪定、冥想、靜思等），指的是全方位的內心修行，而不是像許多人以為的，只

是簡單的放鬆技巧。兩個名詞原本的含義，是一種熟悉某事物的過程，無論是習慣、看事情的方法，或者是生活方式」（頁202）。

　　基督宗教靈性操練的途徑與方法也很多，例如祈禱與實際的服事行動等，祈禱更是基督徒非常重要的接近神的方法，也和佛教或任何正信宗教所啟示的一樣，都需要真誠一致性地從內心去祈禱、真心誠懇地祈禱／祈求。張琴惠（2021）在〈心靈的祈禱〉一文中強調「真祈禱出自內心」，是沙漠教父所堅持的。「心」，代表人的中心，是身體、理性、情感、意志、道德能力的源頭。它主理我們的生活，決定我們的人格，不只是神居住的所在，也是「撒旦」猛烈攻擊的地方（這更可見靈性需要操練）。「心靈的祈禱」，有三個重點：

1. 「短」而精簡的禱告，像呼吸一口氣那麼短。例如：「主啊！請改造我！」專注在重複精簡的祈禱語，能幫助祈禱的「頭腦」，進入「內心」。
2. 「不住」的心靈禱告。用一句簡短的禱文，「不停住」的禱告，時時刻刻都在內心唸誦禱文，甚至連睡覺都在唸誦，讓整個人被禱文所充滿，如此的禱告成為不住的，由主動變成被動，不再是人自己在追求，而是心靈充滿、自動被神提升了。
3. 「含括一切我們所關心的」。全心祈禱所有與我們的生命有關聯的人事物都被帶入神的同在中。這樣的祈禱力量可以發揮無窮的、不可思議的力量。

　　真正的心靈祈禱，久而久之，也會發生如偉大的靈性導師、吸引力法則鼻祖 Dr. Murphy 教導的「潛意識力量」（朱侃如譯，2009）的產生，也呼應《零極限》的不可思議力量（宋馨蓉譯，2009）。

## 二、非宗教的途徑與方法

　　前面歸納生命教育課綱中，有關靈性修養的內涵與方法，其中最基本、也可以貫穿不同宗教或超越宗教性的，那就是「愛」。一般人容易把愛當名詞，而不是日常修養的動詞，以及經常把愛限制在兩性之愛慾或小我的愛。因此，特別介紹佛洛姆（E. Fromm）對愛與如何去愛的詮釋如下：弗洛姆在他的名著《愛的藝術》（梁永安譯，2021）書中闡述的愛，

並非狹隘的男女之愛，而是眞正的長情大愛，他認爲每個人都兼具有父親的理智智慧與母親的慈悲關愛的兩種天性與原型，而眞正的愛的展現，也就是靈性眞我的生命樣態。他說明：「在他的給予中，豐富了他人；通過提高自己生命感，也提高了別人的生命感。他並不是爲了得到才給予；給予自身就是一種異常的愉悅。但是在他的給予中，不可避免地會在對方身上喚醒某些東西，而這些被喚醒的東西則返回到他自己身上；在眞正的給予中，他禁不住會接受從對方身上返還的東西。」所以，愛是自由的、尊重的，是給予而不是擁有，也就是佛洛姆分析的「本是」（to be）與「擁有」（to have）的不同生命樣態。在「有」的生存型態中，我跟世界的關係是一種占有或擁有的關係，我要每個人事物包括自己本身，都是我的財產。在「是」的生存型態中，是跟「有」的情態相對照的，意謂著活潑盎然與對世界的眞誠關切，以及跟「外表」相對照，是眞正的本性，也就是眞實的存在。所以，去看清、分析、覺察「有」的樣態，進而回到「是」的生存樣態、回到本眞的靈性自我的樣態，這也是一種人格統整與靈性修養。

### 三、跨宗教的靈修原則

孫效智（2010）認爲「人生無常，唯愛永恆」，所建構出來的靈修六原則，如下：
1. 在每一個人身上看見神、看見佛、看見人。
2. 第一個去愛、第一個去給。
3. 給人信心、給人希望、給人歡喜、給人方便。
4. 緩於發怒、敏於寬恕、勇於道歉。
5. 擇善固執、不變隨緣。
6. 誠意正心、戒愼恐懼。

孫效智（2010）建議「靈修六原則」操練的祕訣是：「每天早上剛醒來，先將六原則在心中默念幾遍，同時也思考它們的意涵，並定下在每一分每一秒貫徹的決心，然後開始一天的生活。晚上睡覺前，再讓自己有一個放空、冥想或祈禱的機會，去省思從靈修六原則的角度來看，今天是否

有所心得或虧欠？又是否有什麼特別的經驗？好的經驗就心存感恩，不好的則要用力懺悔，並準備明天重新出發。」

　　上述靈修的原則與操練是跨宗教性的，包含基督宗教以及傳統儒釋道的靈性修練方法，都是要「吾日三省吾身」，「佛法不離世間覺」，要從內心確實、踏實的時時勤拂拭，去實踐、去省思、去體悟，「有，則勉之；過，則懺悔、修改之」。

　　此外，華裔加拿大正向心理學家 Paul Wong 提出第二波正向心理學（Positive Psychology 2.0, pp. 2.0），相對於以 Seligman 為主的正向心理學，正視生命中苦難的眞實性與力量，彰顯人類獨具的探尋意義與靈性的本質，強調轉化與超越苦難，才能達致內心眞正的平安與幸福，他稱爲「成熟的幸福」（Mature Happiness），用 CasMac 模式來強調修練眞實幸福的原則與方法（Chen, Chang & Wu, 2021; Wong, 2018, 2019）：

1. Courage：勇氣。勇敢迎向人生的陰暗面，使自己的生活產生積極的改變。
2. Acceptance：接納。接受那些我們不能改變或者無法控制的現實。
3. Self-transcendence：自我超越。克服或轉化挫折、障礙與內外在的限制，努力對別人做出貢獻。
4. Meaning-mindset：保持意義心態。內心保持意義心態來看待整個生活與現狀，去觀看與發現什麼是好的、美麗的與正確的事情。
5. Appreciative attitude：欣賞的態度。用欣賞與感恩的心去對待生活中的人事物境，包括令人不愉快的情況與挫折。
6. Compassion：悲憫。對所有的人、有生命的東西，以及自己都懷抱著憐憫的慈悲心。

　　Wong（2019）指出 CasMac 是靈性修養的原則，也可以說是「意義中心正向教育」（Meaning-Centered Positive Education）的方法，值得加以推廣研究。

## 四、日常生活中的修練

　　靈性課程承認與重視內在生命，尋求內在與外在生命之間的平衡與

連結。Miller 提出營造內在生命課程的四個要素與方法：(1) 冥思、(2) 意象化、(3) 夢的運作、(4) 日誌寫作。還有老師或一般人修練的方法：透過音樂與藝術來滋養靈性、身體動作的關聯（如瑜珈、太極和合氣道等修練）、「愛—仁慈」的祝禱、寫心靈日記／札記、布置環境與內心的寂靜空間、練習專注覺察（正念，mindfulness）……等等（張淑美主譯，2007）。其中的正念／專注覺察，因爲卡巴金的倡導，至今依然全球風行，儘管已經出現誤用與負面結果。靈性修養需要不斷的自學與共修，必須在內心以及與外在世界的緊密關聯，包括與他人、與社會、與自然環境關聯，進而達到天人合一，企求神聖的品格與心靈的境界。

　　聖潔的追尋往往被視爲追求改變生命的艱辛旅程，但其實，每天一步一腳印地實踐便可完成這項任務。紐約大學的喬‧海特（Jon Haidt）提出下面的練習，讓一般人能夠尋求聖潔的靈性（曾文志審閱、吳煒聲譯，2016，頁 300-301）：

1. 每天花五分鐘去放鬆、思考人生意義與自己的定位。
2. 每天花五分鐘去想想你對這個世界與你的社區可以貢獻些什麼。
3. 閱讀一本宗教或靈性書籍，或者每天參與宗教服務。
4. 探索不同的宗教。可以去圖書館或上網查資料，或者詢問有宗教信仰的朋友。
5. 每天花幾分鐘去冥想或禱告。
6. 閱讀有關自我肯定或樂觀語錄的書籍。每天都讀幾頁。

　　此外，第一章中孫效智教授提到幾個宗教團體或具有宗教背景的大學所主張的，與生命教育意涵相通的理念與實踐方法（三好運動、觀功念恩、天人物我的和諧），以及張淑美（2021）強調生命教育學習途徑，可運用 4H 並用原則：「Head, Heart, Hands, Holy」，亦即「用腦思辨、用心感受、經驗體悟，以及靈性／神性關聯與開展」來實踐，也都可以做爲人格統整與靈性修養的途徑／方法。而且，追求生命至善至福的目標，是跨宗教、文化，也超越宗教、跨文化的。因爲，這是人之所以爲人的萬物之靈所本具的天性與潛能。所以，修持靈性自覺或覺察、靈性修養的途徑及方法，除了非宗教性的方法之外，也不要去排斥宗教性的方式，只要是適合自己的，都可以去嘗試並持之以恆實踐，逐漸找到屬於自己可以在日常

生活中不斷操練的方法，則人人都可以統整人格與邁向理想的人學圖像。

## 五、結語：邁向圓融的至善至福

靈性修養讓我們不畏艱辛與苦難，勇敢超越自我與困境，逐漸修養自性，活出意義與生命的良善美好，以邁向圓融的至善至福。茲引用幾句銘言做爲結語及提醒：

Wong（2019）激勵吾人面對痛苦時的勇氣宣言，可以總結 PP 2.0 的特點，也是強有力的信心銘，每一句都可以是自我超越的靈性修養指引：

「無論如何，對生命說『是』，並向前邁進；
勇敢面對橫阻在前的不確定的未來與群山峻嶺；
忍受痛苦和黑暗，相信終究會過去；
追求理想，無論反對力道多麼強大；
追求生活目標，無懼於失敗或挫折。」

寧靜禱文是最早由神學家尼布爾開始的無名祈禱文，後來被稱爲寧靜禱文，往往帶給人信心、勇氣與平安的力量：

「主啊！
請賜給我寧靜，讓我接受無法改變的事情；
請賜給我勇氣，讓我改變能去改變的事情；
請賜給我智慧，讓我能區別這兩者的不同。」

——卡爾‧保羅‧雷恩霍德‧尼布爾

最後，靈性企求終極的神聖性，讓我們體悟到利他的慈悲，才是眞正的快樂：

「這個世界上不管有什麼樣的喜悦，
完全來自希望別人快樂；
這個世界上不管有什麼樣的痛苦，

完全來自希望自己快樂。」──寂天菩薩（鄭振煌譯，1998，頁129）

# 參考文獻

王淑俐（2000）。人格統整。**國家教育研究院教育大辭書**。https://terms.naer.edu.tw/detail/1301597/

朱侃如（譯）（2009）。**潛意識的力量**（Murphy, J.R.，著）。新北：印刻。

宋馨蓉（譯）（2009）。**零極限：創造健康、平靜與財富的夏威夷療法**（Joe Vitale、Ihaleakala Hew Len，著）。臺北：方智。

吳皓玲、陳美琴（2016）。探討正念與個人成熟度之關聯性。載於陳美琴（主編），**身心靈整合之處遇Ⅲ邁向身心靈健康**（頁21-45）。新北：輔大研發處輔仁學派身心靈整合組。

曾文志審閱、吳煒聲譯（2016）。**正向心理學：人類優勢的科學與實務探索**（S. J. Lopez, J. T. Pedrotti, & C. R. Snyder著）。臺北：雙葉書廊。

夏允中、黃光國（2019）。開啟以儒釋道文化的修養諮商心理學理論與實徵研究：邁向自性覺醒的心理療癒。**中華輔導與諮商學報**，54，1 - 20。

孫效智（2010）。**臺大學生的生活筆記：靈修六原則**。臺北：聯經。

教育部（2019）。**十二年國民基本教育課程綱要國民中小學暨普通型高級中等學校—綜合活動領域**。https://www.k12ea.gov.tw/files/class_schema/課綱/14-綜合活動。

教育部（2021）。**生命教育—摘錄自十二年國民基本教育議題融入說明手冊**。中華民國109年6月。教育部。https://life.edu.tw/zhTW2/node/856

張淑美（2007）。找回生命與教育的靈魂。載於張淑美主譯（John. P. Miller著），**生命教育——推動學校的靈性課程**（序）。臺北：學富。

張淑美（2021）。生命教育的「教與學」心法，載於紀潔芳（主編），

創新與傳承—大學生命教育課程規劃與教學實務（頁131-145）。臺北：心理出版社。

張淑美（2007）（主譯）。生命教育—推動學校的靈性課程（John P. Miller，著）。臺北：學富。

張淑美（主編）（2021）。高中生命教育教材教法。臺北市：五南。

張琴惠（2021）。心靈的祈禱。https://www.chinesebible.org.tw/?p=3942

梁永安譯（2021）。愛的藝術（Erich Fromm著）。新北：木馬文化。

達賴喇嘛（2011）。開心：達賴喇嘛的快樂學。臺北：天下文化。

達賴喇嘛（2012）。超越生命的幸福之道。臺北市：時報出版。

傅佩榮（2016）。人生，一個哲學習題：認識自我、開發潛能、修養靈性的追求。臺北：天下文化。

鄭振煌（譯）（1998）。西藏生死書（索甲仁波切，著）。臺北：張老師文化。

龔立人（2006）。倫理以外的基督宗教倫理：靈性的再發現。輔仁宗教研究，13，159-176。

Banks, R. L., Poehler, D. L., & Russell, R. D. (1984). Spirit and human- spiritual interaction as a factor in health and in health education. *Health Education, 15(5)*, 16-19.

Chen, C. H., Chang, S. M. & Wu, H. M. (2021). Discovering and approaching mature happiness: The implementation of the CasMac Model in a university English class. *Front. Educ.* 6:648311. doi: 10.3389/feduc.2021.648311

Wong, P. T. P. (2007). A transformative approach to compassionate and spiritual care. In P. T. P. Wong, L. C. J. Wong, M. J. MaDonald, & D. W. Klaassen(Eds.). *The positive psychology of meaning & spirituality* (pp. 357-368). Vancouver, BC.: INPM.

Wong, P. T. P. (2018). *Inspirations for difficult times*. Toronto, ON: INPM Press.

Wong, P. T. P. (2019, May 14). *The positive education of character building: CasMac. Dr. Paul Wong.com.*. Retrieved from http://www.drpaulwong.com/the-positive-education-of-character-building-casmac/

Wright, A. (2000). *Spirituality and education.* London, UK: Routledge Falmer.

# 第十六章　教案：靈性自覺與修養

張哲民

崇仁醫護管理專科學校通識教育中心助理教授

## 本課學習目標

認知：能初步了解靜坐冥想在當代興起的背景、跨學科研究應用及操作風
　　　險評估。

情意：能透過圖像引導的放鬆冥想，畫出體會到的內在意象，提升想像
　　　力、創造力與情意表達能力。

技能：能自我操作呼吸調整、全身放鬆的步驟，舒緩壓力，提升專注與覺
　　　察力。

## 第一節　學習內容

### 一、靜坐冥想在當代西方世界興起的背景

　　在放鬆、專注的靜坐狀態下進行身心靈整合的靈修練習，絕不只出
現在受到佛、道教影響的亞洲文明，亞伯拉罕宗教（猶太教、基督宗教、
伊斯蘭）其實也有著類似的靈修祈禱與專注練習。例如：口禱頌讀／唱
（recitation）、心禱默想（visualization）與默觀（unmediated practices）
（Eifring, 2018, pp. 6-7）。以基督宗教為例，早期教會的教父們便常教導
信友歸心與默觀祈禱（Pennington, 1999）。撇開神觀的不同，基督徒默觀
祈禱與佛教禪修方法的確若有雷同，兩者都有漸進式的操作與逐步的靈性
轉變（李純娟，2012）。這些祈禱方法直到現在都還能在東正教與天主教
的修道院中發現，也在信徒的靈修指導中傳承著。

　　歷史上靜坐冥想的確與宗教密切相關，宗教學更認為靜坐不僅是能在
平日進行的心靈練習，更具有透過短暫的「分離」（separation），使人

從混亂狀態下「過渡」（transition）到另一個穩定，且具有新的「整合」（incorporation）意義或角色的社會功能（Turner, 1997）。人類學家與社會學家都發現在社會重大集會進行前，人們往往會騰出一段時間與空間，在靜心的專注或隆重的儀式下進行自我或集體意識的沉澱轉化。這些操作可長可短，目的在使參與者能從混亂無序的生活中暫時脫離，重新找回內在的純淨與專注力，以達到心智的清明與生命存續的和諧之道。

　　然而，這種身心靈整合的操練在 18 世紀的基督教世界中飽受挑戰。受啟蒙運動影響，當時西方世界普遍認為宗教必須符合人類理性邏輯，這使得超越理智的啟示或超自然元素被理性主義者拒絕。直到 20 世紀，以科技理性和工業文明自豪的西方世界，因兩次世界大戰的摧殘而開始反省，這種一味追求進步與自我實現的生命價值觀，究竟為人類的生活帶來了什麼破壞時，以美國為首的學者們也開啟了一場心靈文化反省。在心理學發展中，我們把這個新的趨勢稱為超個人心理學（Transpersonal Psychology）。

## 二、以超個人心理學為代表的跨學科研究

　　超個人心理學在 1960 年代後期發跡，其特徵是引進東方的冥想、瑜珈，甚至穆斯林蘇菲教派和原住民的生命智慧。西方白人不僅開始把這些價值元素應用到現代生活中，甚至醫學與心理學界也開始研究不同傳統文化的心理治療力量（羅嘉玲，2008）。許多學者在這過程中，也重新發現基督宗教中的靈修寶藏。這當中最為人知的心理學家當屬馬斯洛（Abraham Maslow），他不僅涉略中國與印度文化，也曾親自到印地安部落進行田調。他描述黑足印地安人（Blackfoot Indian）非常強調對貧弱者的慷慨，因為如此不僅能獲得族人真正的尊重，也才能找到生命中最高的存在意義與安全感（Hoffman, 2000）。換言之，個人的社會成功與物質富裕對黑足印地安人不具終極意義，而是在於能否共好的真幸福。這種人生幸福觀與西方資本主義追求個人財富實現與社會名望成就顯著不同。

　　其實 1958 年來自印度的馬赫西（Maharishi Mahesh Yogi）便已將超覺靜坐（Transcendental Meditation）引入美國，在對異文化充滿好奇的時代背景下引發流行。1975 年 11 月 13 日的《時代週刊》（TIME）便將

其做為封面人物，並以「冥想：你所有問題的答案？」（Meditation: The Answer of all Your Problem？）為標題。此外，當時許多歐美學者也認識日本的鈴木大拙（D. T. Suzuki）及他帶來的東方禪學。心理學家弗洛姆（Erick Fromm）更曾與其合著了《禪與心理分析》一書（弗洛姆、鈴木大拙，1989），可見西方大眾對源自東方的靈修練習已不像過去充滿偏見與排斥。

關鍵是這些來自醫學、心理學、哲學、宗教學與人類學家們所進行的跨學科研究，促使靈性、靜坐、冥想、瑜珈等原本帶有宗教色彩的名詞與活動，如今能在不牽涉歷史包袱的環境下，進行中性的討論與體驗，尤其他們不再使用深奧的神學或哲學語言，而是常識性的科普概念。換言之，靈性不等於宗教！許多學者如今都能接受靈性是人類這種特殊物種追求自我超越的共同先天性基礎，它與受到後天社會文化影響下的信不信教或信什麼教？沒有顯著的關聯（潘震澤，2005）。

20 世紀開始的許多臨床研究證實靜坐冥想的確能影響大腦功能。例如 60 年代開始印度、日本、俄羅斯到瑞士、美國之間紛紛開始利用腦波圖（EEG）、電腦斷層（CT）和磁振造影（MRI）的實驗方式進行觀測。科學家發現靜坐冥想能使大腦 $\alpha$ 波與 $\theta$ 波增強與左側化，這是人類在清醒專注時的腦波特徵，且與正面情緒的幸福、滿足感相關。另外 $\gamma$ 波也能在靜坐冥想時引發高振幅的同步化，導致認知與情緒在專注力、工作記憶與學習、覺知能力的長久改變（朱迺欣，2010；朱迺欣，2014）。

不同的靜坐冥想方法會激發不同的腦波變化，而且因為腦神經具有可塑性，所以即便是成人的大腦仍可透過學習而產生可測量的腦區體積變化。例如學會小提琴時，負責操控小提琴手指的腦部區域會變大，這也發生在靜坐冥想練習時，大腦功能性迴路發生改變時的現象。腦造影技術清楚看到靜坐者在靜坐開始且心思游移時，大腦內側前額葉皮質、後扣帶迴皮質、楔前葉、頂下葉及外側顳葉皮質的神經元活動增加，而這部分正是人腦負責長期記憶的認知部分。其次，當靜坐者察覺到自己分神時，大腦前腦島和前扣帶迴皮質的活動會增強，這部分是人腦負責偵測新事件發生的主觀知覺部分。第三，當靜坐者試圖奪回注意力時，背外側前額葉皮質與頂下葉的活動量大增。最後，當靜坐者專注在韻律的呼吸時，大腦背外

側前額葉皮質的神經元會高度活躍（Mathieu Richard, 2014）。

## 三、通俗流行與謹慎提醒

　　雖然相關研究與傳統宗教中提倡的靈修結果，在許多方面不謀而合，但兩者之間還是不能劃上等號（李安德，1992）。不過靜坐冥想的確越來越成爲被現代醫學認可的操作體驗活動。練習者在任何地方都能透過調整自己的呼吸，覺察自己心理紊亂的思緒而不被其控制，就能明顯的降低壓力，對情緒和認知的影響而提升專注力。

　　2003 年 10 月 27 日的《時代週刊》以「靜坐的科學」（The Science of Meditation）爲標題，邀請當時好萊塢性感偶像海瑟・葛拉罕（Heather Graham）擔任封面主角，可見靜坐冥想 30 年來仍未褪去流行，甚至更通俗化、生活化而容易親近。前蘋果電腦執行長賈伯斯（Steve Jobs）、NBA 籃球明星喬丹（Michael Jordan）、黑曼巴科比（Kobe Bryant）、前總統柯林頓（WilliamJeffrtson Clinton）、副總統高爾（AI Gore）、電視名主持人歐普拉（Oprah Gail Winfrey）、艾倫狄珍妮（Ellen DeGeneres）、名演員克林伊斯威特（Clint Eastwood）、休傑克曼（Hugh Jackman）、麗芙泰勒（Liv Tyler）、湯姆漢克斯（Tom Hanks）等等，這些名流人士都曾學習過靜坐冥想。甚至在西點軍校、學校、醫院、律師事務所、政府單位、公司行號與監獄，開設靜坐冥想的練習班越來越多。2007 年美國政府調查，幾乎每 11 人就有 1 人曾有靜坐冥想的經驗（盧國慶，2018）。許多醫師推薦靜坐冥想的原因是，它不僅能讓人提升專注力、反應力，更能在臨床上減低、舒緩各種疾病帶來的疼痛與不適。從預防醫學的角度而言，實在沒有什麼理由反對。

　　然而過於簡化甚至誇大的媒體炒作，卻也引起憂慮，部分宗教人士甚至認爲靜坐冥想可能走火入魔、與鬼交通。不少精神科醫師也警告可能引起意想不到的結果，需謹慎對待。美國精神醫學會（APA）與國家替代醫學研究中心（NIH）就曾建議精神分裂症、創傷後壓力症候群及憂鬱症患者都不適合進行冥想，因爲可能反使病況加重，包括自殺、憂鬱、負面情緒與創傷回憶的二次傷害等等（Nicholas & Van Dam, 2018）。如此看來，靜坐冥想的確需要一套風險評估機制。尤其在教學現場，一位教師可能帶

領多達 50 位以上的同學進行體驗，教師不太可能知道每一位同學的身心靈狀態，加上許多同學可能毫無背景知識與心理準備，甚至還有可能帶有偏見排斥與嘻鬧嘲笑。著名的靈性教育學者約翰米勒（John P. Miller）便提到，這就是爲何有一些團體一直強烈反對透過靜坐冥想來察覺學生自我的情緒狀況，因爲這種涉及內在生命經驗的教學法的確有其難度與爭議。不過他隨後也說，不管有多麼困難，越來越多的老師開始實施冥想都發現益處多於擔憂。例如提升課業表現與同儕關係、預防壓力引起的生理、心理與情緒疾病等等。米勒建議，關鍵是老師必須自己評估何種方式對學生或團體是最適合的，以及執行降低風險的評估措施（Miller, 2007）。

## 四、教學現場的運用與注意事項

　　關於放鬆冥想的課堂實施，約翰米勒《生命教育：推動學校的靈性課程》一書有很值得採用的許多建議，特別是教學活動方法的運用。例如「隨著呼吸的韻律」：引導同學透過腹式呼吸法調整呼吸韻律。「與身體聯繫」：引導學生透過有意識的漸次放鬆身體各肌肉部位。以及「冥思和意象化」：在教師清楚的圖像引導下，運用意象化冥想來激發學生的想像力（Miller, 2007）

　　將「意象化／圖像引導」的放鬆冥想作爲課堂體驗活動的設計會是不錯的選擇，因爲這是運用的最廣且最能培養學生想像力的方式，藉以喚起內在的意象（Miller, 2007）。而冥想結束後「創造性的寫作」在以一次課程 2 小時的考量下，筆者改以「創造性的繪畫」將學生放鬆冥想之旅，以現場彩繪的方式塗鴉記錄下來，然後先透過 6-8 人的小組分享，幫助學生結合抽象的主題轉化爲個人自我內在的生命經驗，每小組再選出一人爲代表來進行大組分享。

　　大組分享時，教師可透過學生繪畫內容進行象徵詮釋。修過心理學的同學會聯想起弗洛伊德（Sigmund Freud）與榮格（Carl Gustav Jung）有關夢的解析與象徵理論。依據經驗，同學對此部分的興趣很高，甚至都會主動留下與老師進行談話和圖畫的詮釋分享。但筆者提醒教師們要避免被同學視爲算命仙或神通者。激發引導同學進一步的研究興趣和生命反省是一回事，但讓自己成爲偶像崇拜，可就違反教師的專業倫理了！

　　許多教師可能疑惑，如果自己的專業不是心理學相關，是否能帶這樣的放鬆冥想或象徵詮釋？其實從跨學科整合研究的角度來看，學術的專業並非如此壁壘分明。約翰米勒也認為在教室中進行圖像的詮釋時，教師不需要預設一定要是這方面的專家才行，因為即使應用許多非專業的直覺來處理也是非常有效的。重要的是教師必須知道如何傾聽和保持不批判、不判斷的態度，且樂於承認自己的無知。教師不需要解析學生的圖像，而是欣賞。因為當學生自己檢視、詮釋自己的圖像時，這個用語言自我書寫生命的歷程，自然就會浮現出某些意義來（Miller, 2007）。教師只是如同蘇格拉底般與學生對話的催產士而已。

　　以下是筆者參照約翰米勒上述大作的內容加以修改，而提出的預先準備注意事項與風險預防評估。

## (一) 預先注意事項

### 1. 空間、聲音與燈光準備

(1) 放鬆冥想不需在特定的宗教模式與空間下舉行，不過最好能在一個相對安靜、較不受外界打擾的室內或室外活動空間。有的學校可能有佛堂或教堂，但其實不建議使用，因為空間象徵太過具體且強烈，反而容易引起主觀偏見或排斥。非教條式的中立環境與氛圍是應當考量的重要因素。

(2) 空間內若能提供盤腿而坐的臀部坐墊當然很好，因為大部分人未經練習都不能盤腿久坐。不過這種場地多半會要求脫鞋，應先考量氣味與通風的問題。其實，只要場域內能有足夠的座位即可，最好是有椅背，不過沒有也沒關係，因為教師會在身體放鬆前引導同學正確的坐姿。

(3) 為了放鬆冥想結束後，能進行繪畫和小組分享，教學現場最好能有組合式的桌子，至少也需要有能夠書寫繪畫的桌板。當然在乾淨的教室地板或椅面上作畫也是解決的辦法。

(4) 有電腦和投影設備較為理想，因為可以在大組分享時投射繪圖成果。若沒有，則可請一位同學將代表分享之圖以走動方式展現。

(5) 廣播系統很重要，因為教師需用柔和的語調引導學生，以免聲嘶力竭而讓學生感到不適與壓迫。另外，令人愉悅的背景音樂也很關鍵，能有效幫助學生進入狀況。建議教師可在學生進入教學空間前就播放音樂，營造氣氛。另外，若主機距離太遠，最好使用遙控器來控制，以免頻繁走動或聲音忽大忽小而影響品質。最後強烈建議不要使用有具體歌詞或明顯宗教性的音樂。

(6) 燈光也很重要，如果在室內，建議不要全部熄滅，至少保留一小盞光源在教師所在的位置。室外場地則要考慮日照與遮蔭，如果風太大或太熱、太冷，都不適宜。

## 2. 教材準備

(1) 每一位教師自己都應當事先測試相關設備是否堪用，及確定能在一人的情況下操作。教師不應預設會有助理協助。

(2) 準備音樂 CD 或 MP3，不要使用網路 YouTube 播放，因為除了可能延遲或斷線外，最令人困擾的就是插播廣告。

(3) 常發生的狀況是麥克風電池沒電、外接音源線 3.5mm 轉 2.5mm 的轉接頭沒準備等等。請注意這些小細節。

(4) A4 紙、蠟筆、彩色筆需多準備，務必事先檢查是否缺損需要補充。

(5) 衛生紙是需要的，提供學生在分享時可能的情緒波動。

## (二) 風險預防評估

1. 所有的教學體驗應該是以自願或受邀請的方式進行，絕不可硬性要求。教師要尊重學生的個人自主與隱私權，不得強迫學生揭露內心世界。這部分應當在活動前預先告知，選擇不參加的同學可在旁擔任參與觀察者，進行記錄。

2. 雖有實際困難，但如果教師能事先知道某些同學的身心靈狀態可能不適宜進行活動會是最理想的。邀請這些同學擔任觀察記錄者，可讓同學在受到尊重的前提下，避免無法預估的狀況發生。

3. 如果能有助教在旁注意同學的狀態會是更為周全的作法，以免教師因專心帶領而無法兼顧個別特殊情況。

4. 睡著很正常，學生打工或熬夜晚睡的狀況很普遍，如果放鬆冥想能獲得 25 分鐘良好品質的睡眠，也是功德一件。

5. 部分同學可能因缺乏安全感而不自覺升高防衛機制，擔心自己被錄影、拍照，也可能會想偷看別人。這部分教師可事先要求，為了活動順利進行與保障隱私，請嚴格遵守關閉手機（勿轉震動，因為安靜時震動還是很大聲，且震動感會影響自己與別人）。當然，也沒有必要中途偷看別人，專心自己的狀態才是重要的。

6. 經驗中常發現臺灣學生會把放鬆冥想嬉鬧地與觀落陰做聯想。教師務必強調這是具有現代醫學與心理學理論基礎的體驗活動，絕不是任何宗教的法事或通靈。同學在過程中看到的圖像，都是教師引導而產生的心理暗示與個人想像。這部分必須嚴肅地申明。

7. 放鬆冥想不是催眠，因為深度催眠會進入潛意識中，而這僅是一個 25 分鐘的體驗活動，目的只是要同學體驗圖像式思考與感性的想像力、創造力和認知、情緒、感受的生命歷程自我表述。重點是同學如何把這樣的過程與自我生命歷程產生意義的關聯，發現自我靈性生命的潛在能量與價值，進一步賦予各生命階段正向意義，獲得自我釋放和療癒的身心靈統整。

8. 教師需事先告知同學，整個過程中同學都是可以自我控制的。如果過程中感到任何的不舒服，可以隨時睜開眼睛並停止體驗，不必為此感到不安或自責。

9. 分享並詮釋個人冥想旅程中的圖像時，並沒有所謂的正確答案，每一個圖像都是值得欣賞與讚嘆的，個別的差異性是美麗而值得尊重的。教師與同學討論圖像時，應營造安全的環境氣氛，多聆聽、讚美與鼓勵。

10. 小組分享的時間很重要，教師不必急著趕進度。不過還是需注意課堂時間規定，以免影響其他課程進行。

11. 體驗前的學理介紹是必要的，具備一定知識背景的同學收穫會比較全面。課後同學可以運用放鬆技巧，透過調整呼吸來提升專注力與安撫情緒。此練習由於未涉及到更深一層的靈修操練，因此可以放心自行操作。

12. 再次強調本教案僅是一個針對多元感官情意的初步探索和體驗，提供

同學省思自我內在生命歷程轉化的表述練習，激發想像力與創造力。若想更進一步學習，則還是需要找有經驗、可信賴的教師或團體帶領。不過由於可能牽涉到校外的進修或部分宗教團體，因此同學需要具備分辨能力。學校若能提供有關選修課程來裝備學生這方面的知識和能力，例如：科學與宗教、東西方靈修研究、超個人心理學、靈性發展專題等等，會是令人期待也符合理想的。

## 五、閱讀媒材

### (一) 網路媒體短片

1. ABC Science, The science of meditation | Catalyst，（網址：https://www.youtube.com/watch？v=BI5JNDs-Azk&ab_channel=ABCScience）2021.12.10.。（25 分 28 秒）。

2. Big Think, How meditation can change your life and mind | Sam Harris, Jon Kabat-Zinn & more | Big Think，（網址：https://www.youtube.com/watch？v=jCJdl6Vs7wg&ab_channel=BigThink），2021.12.10。（27 分 25 秒）。

3. David Lynch Foundation, Neurologist explains the benefits of the Transcendental Meditation technique（網址：https://www.youtube.com/watch？v=tb3aapcs_xU&ab_channel=DavidLynchFoundation）2021.12.10。（3 分 01 秒）。

4. Meditation and your brain - 6 Minute English.（網址：https://www.youtube.com/watch？v=sm6EtQg-hxw&ab_channel=BBCLearningEnglish），2021.12.10。（6 分 35 秒）。（可做英聽練習）。

5. 【好葉】冥想的 5 大好處！（科學證實）- 現在就開始練習冥想，（網址：https://www.youtube.com/watch？v=w1Dqx3FF8W4&ab_channel=BetterLeaf%E5%A5%BD%E8%91%89）。2021.12.10。（7 分 04 秒）。

6. 【好葉】怎樣練習冥想【完整教學】- 動畫講解，（網址：https://www.youtube.com/watch？v=NLJcwbpkiJ0&ab_channel=BetterLeaf%E5%A5%BD%E8%91%89）。2021.12.10。（6 分 19 秒）。

7. 一個可以徹底改變你生活體驗的練習 - 正念冥想，（網址：https://www.youtube.com/watch？v=WK2_133NzpY&ab_channel=%E6%80%9D%E7%B6%AD%E5%92%96%E5%95%A1。2021.12.10。（13 分 19 秒）。

8. 宅在家冥想好處多！每天 1 小時持續一週　他身體出現驚人變化－民視新聞，（網址：https://www.youtube.com/watch？v=gQ-wqriGIDc&ab_channel=%E6%B0%91%E8%A6%96%E6%96%B0%E8%81%9E%E7%B6%B2FormosaTVNewsnetwork）2021.12.11，（7 分 23 秒）。

## (二) 可參考之背景音樂

1. In the Midst of Angels - Dan Gibson's Solitudes（網址：https://www.youtube.com/watch？v=tr7MR-L2Adc&ab_channel=SolitudesbySomerset。2021.12.10。（56 分 29 秒）。

2. ♫ 乾淨無廣告 ♫ 空靈禪樂 & 打坐 . 靜心冥想音樂 Zen Meditation to Calm your Mind，（網址：https://www.youtube.com/watch？v=uPaV4YtrHr8&ab_channel=DHARMASOUL），2021.12.10。（5 小時 23 分 33 秒）。

3. 宮崎駿水晶音樂放鬆身心輕音樂─適合放鬆療癒舒眠減壓看書給寶寶聆聽 CRYSTAL MUSIC RELAX MUSIC（網址：https://www.youtube.com/watch？v=dDiRMWkEKgY&ab_channel=KylanBuch）。2021.12.10。（3 小時 42 分 57 秒）。

## 第二節　教學活動設計

本教案設計以一節課 50 分鐘，2 節課共 100 分鐘來執行，結構如下：

| 節數 | 內容 | 時間 |
|---|---|---|
| 一 | 引起動機 | 5-10 分鐘 |
| | 體驗比較腹式與胸式呼吸 | 5-10 分鐘 |
| | 放鬆肌肉練習 | 3-5 分鐘 |
| | 放鬆冥想體驗 | 25 分鐘 |

| 節數 | 內容 | 時間 |
|---|---|---|
| 二 | 內在意象繪製 | 10-15 分鐘 |
| | 小組分享 | 10-15 分鐘 |
| | 大組分享和教師回饋、總結 | 15-20 分鐘 |

## 一、第一節課：引起動機（5-10 分鐘）

想像以下幾個情境，同時也試著靜下心來覺察身體在此情境下的感受（眼、耳、鼻、舌、身、意）有沒有什麼變化？

1. 人閉上眼睛後，還能看見什麼嗎？體驗一下是否能在黑暗中看見黑暗？
2. 閉上眼睛，心中想像你正在吃檸檬（或巧克力、苦瓜、辣椒、臭豆腐），仔細覺察你的身體或感受是否有什麼變化？例如流口水、變熱、嘴有苦味或聞到臭味？
3. 分享一個身歷其境的夢境，描述當時在夢裡的感受。例如被狗追、騎機車吹著風，感受被狗追時的緊張、心跳加速、騎車時風吹著頭髮、眼睛被風吹的乾澀等等。

我們常會直覺地以為閉上眼睛後什麼都看不見也感受不到，但其實人在睡覺時眼睛是閉的，周圍燈光是暗的，為什麼在夢裡卻看的如此清晰、感受也很明確呢？另外，當我們在意念中專心想著吃檸檬的畫面時，仔細覺察就會發現唾液也開始分泌。這些經驗都讓我們體認出人的所有身心靈感知與行動，都是生命活動時可能動用的資源，而不僅限於我們熟知的理性意識或外在感官（James, 2001）。

## 二、第一節課：發展活動（40 分鐘）

不容易覺察到自己的思緒意念、情緒波動與身體變化，常是因為心靜不下來所致。呼吸的調整能使我們安靜專注，提升覺察敏感度。因此接下來我們要學習呼吸的調整。

## (一) 體驗比較腹式與胸式呼吸（5-10 分鐘）

　　雖然大多數人其實都是混合使用這兩種呼吸方式，不過腹式法由於在吸氣時橫隔膜下壓較多，使得胸腔擴張更大，吸氣量自然較多。而吐氣時因腹部肌肉收縮，使肺部擠壓更多而讓氣體的交換率提升。胸式法主要是用胸肌和肋間肌運動，這使得胸部的擴張和壓縮較小，換氣量自然較少。

　　我們可以刻意體驗兩種呼吸法所帶來的不同感受，不過這裡要先提醒，如果有氣喘的問題就不建議體驗以下操作，以免造成換氣過度而引發氣喘。

　　首先調整坐姿，如果有椅背，請還是要坐正，讓腰部、背部挺直。若是沒有椅背，則兩腳平放，兩腿平開，臀部坐 1/2 椅面，此時為了保持平衡，身體的腰部、背部會自然挺直。切忌翹腿或交叉，因為這樣不僅坐不穩，也阻礙血液循環。最後，若是坐在地板上，最好能有讓臀部墊高的座墊，因為大部分的人沒經過練習無法盤腿久坐。還有也請不要躺在地板上，因為很容易睡著也影響他人。

　　現在，我們將左手放在自己的胸口上，右手放在肚臍下方三個手指幅的丹田位置，然後刻意讓吸、吐都是透過鼻腔，感受只有左手起伏，右手不起伏的狀態。大約只要 5-8 次的吸吐就會明顯感受到需要吸吐的更快，吸吐的程度也會越來越淺，甚至有人會出現頭暈症狀，這就是大腦偵測到缺氧而有的反應。

　　現在我們體驗腹式呼吸法。同樣，我們將左手放在胸口上，右手放在丹田，然後緩緩的、深深的由鼻子吸氣。吸氣時仔細感受空氣是由鼻腔下後方有點靠近咽喉處緩緩吸入，有點像是把空氣吞下去的感覺，此時會發現腹部自然隆起。若是經由鼻腔上端靠近眼睛的地方吸入空氣，則胸腔會自然隆起。

　　接著，我們想像這口氣慢慢的被送到肚子裡，同學可以故意把肚子凸出來，感受自己的肚子裡有剛吸進的大量空氣。不要急著把氣吐出來，而是試著繼續緩緩的吸氣，想像丹田裡有一個壓縮機，把吸進來的空氣轉送到全身，輸送到每一個血管末稍、每一根手指頭、腳指頭。當你被充氣到滿滿、飽飽、漲漲的時候，千萬不要一口氣全數吐出來，而是慢慢的從嘴巴吐氣。

　　教師可提醒同學覺察自己在練習腹式呼吸時，每次吐完氣到下次需要吸氣的間隔時間是否越來越長？如果是，就表示現在身體的換氧效率變好了。接下來再重複進行時，教師就可以在引導中慢慢加入一些指導語，例如：「想像中，吸進充滿光明、希望、喜樂、勇氣的空氣，金光閃閃的圓潤、明亮、跳躍的空氣，你感覺到越來越輕鬆，越來越平安。你只需要把注意力放在老師的聲音上……很輕鬆、很平安……我們再做一次……吸氣……吐氣……　」。教師記得語調柔和、緩慢、自然。提供教師一個小技巧，當說話時尾音自然的拉長一點，語調就會變柔和而不會急促高亢。

　　部分同學可能此時會有點想睡覺了，教師不用勉強，只需提醒接下來的冥想旅程才是精彩可期的，但如果真的在冥想過程中睡著了，就平安的睡吧！

## (二) 放鬆肌肉練習（3-5 分鐘）

　　接下來我們要逐步放鬆身體各部位，這部分的操作可以直接接續在腹式呼吸的練習之後，不用刻意分開，也可以很自然的接著放鬆冥想。再次提醒，務必關閉手機，也可以把手錶、眼鏡或項鍊暫時拿下收好，減輕束縛。

　　現在，閉上眼睛，坐好，重複幾次呼吸調整，同時如上指導語所述，在吸氣時想像吸進的是充滿光明、希望、充滿能量、金黃色、溫暖的、透亮的空氣；吐氣時想像吐出身體內黑暗、沮喪、憂愁、憤恨、羞愧、冰冷、汙濁的空氣。你現在感到很輕鬆、很平安，你只需要把注意力放在老師的聲音上。暫時把一切功課、壓力與惱人的事都放下。接下來的時間是我自己獨享的，我要去好好享受這趟充滿驚喜的心靈之旅。跟著老師，我們從 10 數到 1，開始慢慢放鬆我們的身體：

十：現在讓我們的頭頂的頭皮、天靈蓋的地方，開始放鬆。額頭、眉毛、太陽穴的地方可以動一動，感覺它的存在與緊張，然後有意識地讓它放鬆……放輕鬆。把那些平日煩惱的事，令我們皺眉頭、傷腦筋、頭疼的事情都暫時放下、放鬆……。

九：現在讓我們的眼皮、眼球、眼睛四周的肌肉開始放鬆，眼睛一直在看電腦、手機，好累喔！現在讓它放鬆……。

八：現在讓臉部兩邊的臉頰肌肉、咬著很緊的牙齒、一直說話的舌頭、嘴巴、喉嚨都慢慢的放鬆……。

七：現在讓辛苦的脖子、一直當低頭族看手機辛苦的脖子、兩邊的肩膀，也有意識的讓它放鬆……（你現在感到越來越輕鬆、越來越平安，你只需要把注意力放在老師的聲音上……）。

六：現在讓你的兩個手臂大肌肉、手肘、手腕、手掌、每一根手指頭，都很自然的放鬆並垂放在雙腿上。

五：現在讓你的胸部、腹部、背部脊椎骨兩側的大肌肉、腰部的肌肉也完全的放鬆（有椅背者：你可以讓你的背部完全依靠著椅背）。

四：你的臀部、大腿的肌肉現在也開始放鬆，你還是可以很安全平穩的坐著，不用擔心，你感到很輕鬆……很平安……。

三：現在你的膝蓋、小腿的肌肉也讓它放鬆……。

二：你的兩個腳踝，腳掌以及每一根可愛的腳指頭，現在也都讓它放輕鬆……放鬆……。

一：你現在已經完全的放鬆，進入到內心的專注與思緒的清澈、明晰、透亮。現在我們就要開始這趟心靈的奇幻之旅……。

## (三) 放鬆冥想體驗（25 分鐘）

現在讓我們在心中跟著老師數到 3，然後就讓我們的心靈飛出自己的身體，開始往上飛翔。準備囉，1……2……3！離開自己的身體……像小鳥一樣往上飛，越飛越高，感覺到很輕鬆、很平安！你只要專注在老師的聲音上。一陣風吹來，讓自己順著這陣風，越飛越高。遠遠的，看到了 ×× 教學大樓的屋頂在我們腳下、屋頂上的太陽能電池板、學校的操場、×× 廣場、廣場上的小小人群，看到了學校大門、外面的省道、一大片的稻田、平交道。越飛越高，看到了 ×× 小鎮、×× 地標。你感覺到很輕鬆、很平安，你只需要專注在老師的聲音上。越飛越高，穿越了天空中白色的雲朵，你可以伸出手去摸摸雲是什麼感覺？你也可以咬一口雲，嚐一嚐是什麼味道？越飛越高，看到了 ×× 平原、中央山脈在我們腳下，美麗的臺灣、臺灣海峽、深藍色的東海岸與太平洋、日本、韓國、中國大陸、菲律賓……越飛越高……好漂亮的一顆星球，藍白相間，

那是我們賴以生存的地球，好美麗的一顆寶石啊！原來，我們已經飛到了太空，一望無際的太空……你感覺到好輕鬆、好平安……現在，我們往太空的深處飛去，不要害怕，老師就在你的身邊，我們一起往宇宙的深處飛去……。

月球從我們身邊擦身而去，紅色的火星在我們前方，也慢慢的從我們身邊飛去。遠遠的，一條銀白色的腰帶橫亙在遠方，好美啊！原來那是銀河。我們繼續往前飛行，經過了好大的木星，小心！別撞上了土星的光環，就在我們的前方。天王星、海王星、冥王星，都從我們的身旁經過，我們已經離開了太陽系，往宇宙的深處飛去。你感覺到很輕鬆，很平安，你只需要專注在老師的聲音上……遠遠的，遠遠的……好像有一個……隧道口，我們一起飛過去看看。哇！真是一個隧道口啊！讓我們一起進去，看看會通往哪裡？不要害怕，老師就在你身邊，跟著老師，我們一起去看看。現在，我們一起進來隧道，你可以用腳踩踩看地上，用手摸一摸隧道的牆壁。是軟的？硬的？是石頭？磚塊？你也可以用鼻子深吸一口氣，是否有什麼味道？隧道的溫度，是溫暖的？還是寒冷的？

遠遠的，在隧道的另一頭，有亮光！亮光處，就是隧道的出口。我們一起往出口走去……喔，這個出口……有一層好像是小時候吹的泡泡，也好像是保鮮膜的透明膜呢！你可以用手摸摸看……可以穿過去啊！真的呀！好有趣喔！我們一起數到3，然後全身穿越過去，去看看隧道外的那裡。準備囉！1、2、3，穿過去了！……哇！……是這麼漂亮的地方啊！現在把你的眼睛當作是相機的鏡頭，你可以到處走走看看。這裡很安全，老師就在這裡守候大家。你可以放心的到處走走、看看，記錄下你所看到、感受到的一切……到處走走看看。（等候一段時間）

遠遠的……遠遠的，在一個小山坡上有一棵樹，樹下……有一個人……那是誰啊？你可以往前走過去，仔細看看他／她是誰？不要害怕，好難得的機會居然能在這裡見到他……他在等你過去，不要害怕，可以去跟他打聲招呼，跟他問聲好……。原來，他是你最想念、最愛、最在乎、最放不下的人……你可以跟他問聲好、握握手，或是給他一個大擁抱。跟他說說話，把你一直隱藏在心中，來不及、不敢說的……全都勇敢說出來……把握這次難得的機會與時間喔！不要害怕，上前去跟他說說話。你

也可以把你最近感到困擾或一直以來都有的疑問向他提出，聽聽他的想法。把握機會喔！老師就在隧道口等候著大家，不要害怕，去吧！……（等候一段時間）

　　起風了……下雨了，是時候，準備要回家了喔！把握時間喔！（可以重複提醒 2-3 次）現在，回頭看看剛剛的隧道口方向，老師在這裡等大家，可以跟他說再見了喔！……最後的一個擁抱……說再見了喔！來老師這裡集合了喔！不要回頭，不要流連，不要捨不得，對！來老師這裡集合。不要回頭，帶著他給你的祝福和回答，來集合了喔！……欸欸欸，對！就是你，來集合了，不要再捨不得了，就剩下你了！……好，大家都到了，現在我們數到 3，一起穿過薄膜，回到隧道去。準備囉，1、2、3，穿過去了，我們已經進入隧道中了。現在，跟著老師，我們一起穿過隧道，從另一端出口飛出，你感覺到很輕鬆，很平安，收穫滿滿的跟著老師與同學們飛離了隧道。我們往太陽系的方向一起飛過去。經過冥王星、海王星、天王星，它們再次從我們的身邊經過。遠遠的，再次看到美麗透亮的銀河像是腰帶一樣灑落在廣闊無際的宇宙……土星的光環從身旁飛過，好壯觀啊！飛過超大的木星之後，看到了紅色的星球，那是我們的鄰居，火星。前方好美的一顆藍白相間的寶石星球，那是我們的家，地球。現在，我們慢慢的下降，準備回家了囉！

　　緩緩的下降，看到亞洲大陸，太平洋……穿過白雲，看到了日本、韓國、中國大陸、越南、菲律賓、臺灣。我們又穿過一片白雲，趁著機會，你可以再次抓一把或咬一口雲當作回味。慢慢下降，看到美麗的臺灣，中央山脈、×× 平原、×× 地標。慢慢的看到了 ×× 小鎮，看到了鐵路、平交道、省道、學校的大門、×× 大樓、×× 教室，我們現在穿過窗戶進來教室，找到自己的身體，坐下來與自己的身體結合，然後從 1 數到 10，我們慢慢的甦醒起來。

一：現在動動我們的每一根腳指頭、腳掌、腳踝，讓它們甦醒起來。

二：動動你的小腿肌肉、膝蓋，讓它甦醒起來。

三：現在動動你的兩條大腿肌肉、臀部肌肉，讓它們醒來。

四：接下來動動你的腰，挺起來，讓你的腹部、背部肌肉甦醒、伸展，深呼吸一口氣，讓你的腹部、胸部起伏，甦醒起來。

五：動動你的每一根手指頭、手掌、手腕、手肘，還有手臂的兩個大肌肉，也都甦醒、有力起來。

六：現在轉轉你的肩膀，輕輕擺動你的脖子，讓它們甦醒起來。

七：動動你的舌頭、嘴巴、牙齒，吞一口口水滋潤一下你的喉嚨，笑一個，釋放你的臉頰肌肉。

八：扭一扭可愛的鼻子，轉轉你的眼珠，感受一下眼睛旁邊的太陽穴，讓它們都甦醒起來。

九：動動你的額頭、頭皮，現在讓你的整個大腦重新開機，完全甦醒起來。

十：現在慢慢的張開你的眼睛，感覺到一個嶄新的自己，現在你已經完全甦醒了！一個全新的自己。

## 三、第二節課：發展活動與總結（50 分鐘）

### (一) 內在意象繪圖（10-15 分鐘）

建議教師務必在下課鐘響前結束放鬆冥想，另外，可以鼓勵同學趁著記憶猶新利用下課時間在教室內，把剛剛的冥想過程與內在圖像畫在空白 A4 紙上。若同學擔任參與觀察者，則可利用 A4 紙進行記錄報告撰寫。

若學校有 ZUVIO、MOODLE 等可以上傳作業之網路平臺，則請同學將完成的個人圖畫簽名後，以手機照相上傳，作為這一次課程活動的點名依據。請注意，這不是作業，教師不需打分數。

此時可以持續播放冥想時的音樂並開亮教室燈光，保持寧靜的氣氛讓同學作畫。

### (二) 小組分享（10-15 分鐘）

依照班級人數，教師進行分組後隨即開始進行小組分享。每位同學依序跟小組伙伴分享圖像內容，然後每一小組選出一名代表（圖樣最豐富、故事最感人、最具代表性），等一下在大組分享。

若有涉及個人隱私，不方便或不願意分享的內容，可以自己斟酌保留。另外，若有同學因冥想過程的內容分享而哭泣流淚，教師、助教和參與觀察者不用太過緊張，先在旁觀察確認沒問題後，就無需介入。

## (三) 大組分享與教師回饋、總結（15-20 分鐘）

小組分享完後隨即開始進行大組分享，若沒有投影設備，則可以走秀的方式讓各小組看到報告者的圖畫內容。

每一位代表分享完後，教師可立即給予回饋。教師應當營造一個安全、溫暖的氛圍，多聆聽、讚美、鼓勵同學，不需刻意的解析圖像，但可透過象徵的詮釋，引導同學重新發現圖畫中可能沒有意識到的細節含意。例如：畫了一個小房子，但是門窗緊閉（或沒有門窗）。一條小河，但裡面沒有任何一條魚蝦，或是充滿各種豐富的生命。一棵大樹，但沒有樹根、沒有葉子。一棵充滿生命力的大樹，樹上好多果子，小鳥築巢，而且樹根很廣、很深等等。教師不需要去定義這些不同的象徵圖樣，而是去引導同學在對話中重新發現可能的新意義。

教師回饋需掌握時間，以免到下課時還沒有分享完。如果時間不夠，教師可以不用每一個都回饋，因為同學也可利用下課時間個別前來與教師討論。

整體來說，透過這次的練習體驗，同學可以發現人的所有身心靈感知能力的確都是生命活動時可動用的資源，而不僅限於我們熟知的理性意識或外在感官。我們在冥想中透過具體的圖像導引，宛如整合了擴增實境（AR）、虛擬實境（VR）與混合實境（MR）一樣，甚至是一種無需 3C 裝備的元宇宙（metaverse）體驗。這是我們人類特有的抽象思維能力，它不是虛幻的，而是會真實影響我們身心靈整合狀態的能力。現代許多跨學科的研究已證實這種大腦的操練，確有其影響與功效。

再者，腹式呼吸對於心緒沉澱的確有幫助，同學可以在日後多多練習，能有效幫助同學舒緩壓力與情緒。最後，配合呼吸調整與身體放鬆，也能幫助同學藉由身心的重新開機而提升專注力、活化思緒與降低緊張情緒。具體圖像引導的放鬆冥想，也能促進創造力、想像力及情意表達能力的提升。當然，這一切的練習和操作都只是初步的體驗，尚沒有進入到更深的靈修層次，如果同學有興趣想進一步認識與學習，則需透過有經驗、可信賴的老師、課程與團體進一步來研究、指導。

## 四、評量方式

同學需將繪圖或觀察記錄報告拍照上傳至教學平臺中，作爲點名記錄，其餘教師無需評分。

另外，教師可考量另出一份 800-1000 字的心得報告，讓同學自己試著詮釋個人畫作內容與放鬆冥想的心得感受。

最後，在取得學生同意的前提下，教師可辦理一場心靈藝術美展的成果發表，以畫廊的方式展示具代表性的作品，並請同學爲自己的繪畫取名，寫下 150 字左右的短文介紹，放在作品下方。

## 參考文獻

弗洛姆、鈴木大拙（1989）。**於禪與心理分析**（孟祥森譯）。新北：志文。

朱迺欣（2010）。**打坐與腦：打坐的腦中腳印**。新北：立緒。

朱迺欣（2014）。**靜坐：當東方靜坐遇上西方腦科學**。新北：立緒。

朱迺欣（2014年12月）。**東西禪意大不同**。科學人雜誌，154。

李安德（1992）。**超個人心理學：心理學的新典範**（若水譯）。臺北：桂冠。

李純娟（2012）。默想-默觀。輔仁神學著作編譯會（編者），**神學辭典**（頁1336）。臺北：光啟。

潘震澤（2005年9月）。靈性、宗教信仰與基因。**科學人**，43。

盧國慶（2018年8月1日）。論靜坐與身心、行爲改變的關聯性研究——以現代科學研究爲例。**國防大學通識教育學報(8)**，1-20。

羅嘉玲。（2008年12月5日）。超個人心理學治療與冥想技術。**諮商與輔導**，276，2。

Eifring Halvor (ed.)(2018). Meditation in Judaism, Christianity and Islam: Cultural Histories: Technical Aspects of Devotional Practices. 2021 年12月13日，取自ResearchGate：https://www.researchgate.net/publication/325127111_Meditation_in_Judaism_Christianity_and_Islam_

Technical_Aspects_of_Devotional_Practices_In_Halvor_Eifring_ed_ Meditation_in_Judaism_Christianity_and_Islam_Cultural_Histories_ London_Bloomsbury_Academic_2

Hoffman (2000)。**人性探索家馬斯洛：心理學大師的淑世之旅**（許晉福譯）臺北：Mcgraw-hill國際出版。

William, J. (2001)。**宗教經驗之種種**。臺北：立緒。

Mathieu Richard, Lutz, Richard J. Davidson Antoine（2014年12月）。大腦靜定冥想的科學。**科學人雜誌**，*154*。

Miller, P.J. (2007)。**生命教育 —— 推動學校的靈性課程**（張淑美主譯）。臺北：學富文化。

Nicholas T. & Van Dam et al.（2018年1月）. Mind the hype: A critical evaluation and prescriptive agenda for research on mindfulness and meditation. *Perspectives on psychological science: A journal of the Association for Psychological Science, 13*(1), 36-61.

Pennington Basil M. (1999)。**神妙的歸心祈禱 —— 基督徒祈禱的古法更新**（姚翰譯）。臺北：上智。

TurnerVictor. (1997)。過度儀式與社群。見亞歷山大（AlexanderSteven） Jeffrey）、謝德門（Seidman（主編），**文化與社會**（古佳豔譯），新北：立緒。

**學習單**

引導：您可以想像這是一份到遠地旅遊時寄給自己的一張明信片，除了美麗的照片或圖畫
之外，更會寫下當時自己的心情、感想與期許。

| 課程名稱 | | | | | |
|---|---|---|---|---|---|
| 課程單元 | | | | | |
| 系級／班別 | | 姓名 | | 學號 | |
| 我的圖畫<br>（明信片封面） | 手機拍照後，直接將照片檔案插入即可，無需修圖。 | | | | |

| | |
|---|---|
| 旅遊日記 | 記錄下您在這趟放鬆冥想的心靈旅遊中，從呼吸調整、身體放鬆、放鬆冥想的過程感受。<br>例如：其實我從來沒有這樣注意過自己的呼吸……練習身體放鬆時才發現平常我的牙齒一直咬的很緊……那位在樹下等我的人，居然是我思念已久的…… |
| 明信片後面，寫給自己的話 | 經過這次的體驗，你想跟自己說的心情、感想和期許。 |
| 寫給老師的話 | 您對這次擔任導遊領隊的老師，有什麼感謝、鼓勵或提醒建議的話。 |

國家圖書館出版品預行編目資料

生命教育理論與實務：素養導向／孫效智，黃雅
文，張碧如，張淑美，李玉嬋，葉至誠，吳娟
娟，黃正璋，陳詠琳，蘇倫慧，蔡昕璋，王燕
雪，黃麗娟，王惠蓉，賀豫所，康瀚文，黃曉
令，楊清貴，李采儒，鍾敏菁，陳麗珠，張哲民
著. -- 初版. -- 臺北市：五南圖書出版股
份有限公司, 2022.03
　　面；　公分
　　ISBN 978-626-317-626-3 (平裝)

1.CST:生命教育　2.CST:通識教育
3.CST:高等教育

525.33                          111001731

5JOF

# 生命教育理論與實務——
# 素養導向

總 召 集 — 孫效智
總 策 劃 — 黃雅文（311.2）
作　　者 — 孫效智、黃雅文、張碧如、張淑美、
　　　　　　李玉嬋、葉至誠、吳娟娟、黃正璋、
　　　　　　陳詠琳、蘇倫慧、蔡昕璋、王燕雪、
　　　　　　黃麗娟、王惠蓉、賀豫所、康瀚文、
　　　　　　黃曉令、楊清貴、李采儒、鍾敏菁、
　　　　　　陳麗珠、張哲民
編輯主編 — 王俐文
責任編輯 — 金明芬
封面設計 — 王麗娟
出 版 者　五南圖書出版股份有限公司
發 行 人 — 楊榮川
總 經 理 — 楊士清
總 編 輯 — 楊秀麗
地　　址：106臺北市大安區和平東路二段339號4樓
電　　話：(02)2705-5066　　傳　真：(02)2706-6100
網　　址：https://www.wunan.com.tw
電子郵件：wunan@wunan.com.tw
劃撥帳號：01068953
戶　　名：五南圖書出版股份有限公司
法律顧問　林勝安律師
出版日期　2022年 3 月初版一刷
　　　　　2025年 3 月初版二刷
定　　價　新臺幣400元

※版權所有‧欲利用本書內容，必須徵求本公司同意※

五南
WU-NAN

全新官方臉書

五南讀書趣

WUNAN
Books since1966

Facebook 按讚

1 秒變文青

★ 專業實用有趣
★ 搶先書籍開箱
★ 獨家優惠好康

不定期舉辦抽
贈書活動喔！！

五南讀書趣 Wunan Books

# 經典永恆・名著常在

## 五十週年的獻禮 —— 經典名著文庫

五南，五十年了，半個世紀，人生旅程的一大半，走過來了。

思索著，邁向百年的未來歷程，能為知識界、文化學術界作些什麼？

在速食文化的生態下，有什麼值得讓人雋永品味的？

歷代經典・當今名著，經過時間的洗禮，千錘百鍊，流傳至今，光芒耀人；

不僅使我們能領悟前人的智慧，同時也增深加廣我們思考的深度與視野。

我們決心投入巨資，有計畫的系統梳選，成立「經典名著文庫」，

希望收入古今中外思想性的、充滿睿智與獨見的經典、名著。

這是一項理想性的、永續性的巨大出版工程。

不在意讀者的眾寡，只考慮它的學術價值，力求完整展現先哲思想的軌跡；

為知識界開啟一片智慧之窗，營造一座百花綻放的世界文明公園，

任君遨遊、取菁吸蜜、嘉惠學子！